Klaus Kokemoor

Von der Ohnmacht zur Handlungskompetenz

In der Reihe »Neue Wege für Eltern und Kind« sind bisher folgende Bände erschienen:

Band 3 Mechthild Deyringer: *Bindung durch Berührung. Schmetterlingsmassage für Eltern und Babys*. 2008 (Neuauflage 2016).

Band 4 Dirk Beckedorf, Franz Müller: *Von der Resonanz zur Bindung. Förderung von Wahrnehmung und Bindung durch die Systemische Hörtherapie*. 2010 (Neuauflage 2016).

Band 5 Ursula Henzinger: *Bindung und Autonomie in der frühen Kindheit. Humanethologische Perspektiven für Bindungstheorie und klinische Praxis*. 2017.

Band 6 Thomas Harms (Hg.): *Körperpsychotherapie mit Säuglingen und Eltern. Grundlagen und Praxis*. 2017.

Band 7 Michel Odent. *Die Wurzeln der Liebe. Wie unsere wichtigste Emotion entsteht*. 2001 [1999] (Neuauflage 2018).

Band 8 Franz Renggli: *Früheste Erfahrungen – ein Schlüssel zum Leben. Wie unsere Traumata aus Schwangerschaft und Geburt ausheilen können*. 2013 (Neuauflage 2018).

Band 9 Thomas Harms: *Keine Angst vor Babytränen. Wie Sie durch Achtsamkeit das Weinen Ihres Babys sicher begleiten*. 2018.

Band 10 Thomas Harms: *Keine Angst vor Babytränen. Wie Sie durch Achtsamkeit das Weinen Ihres Babys sicher begleiten. Das Elternbuch*. 2019.

Band 11 Ursula Henzinger: *Stillen. Kulturgeschichtliche Überlegungen zur frühen Eltern-Kind-Beziehung*. 2020.

Band 12 Franz Renggli: *Verlassenheit und Angst – Nähe und Geborgenheit. Eine Natur- und Kulturgeschichte der frühen Mutter-Kind-Bindung*. 2020.

Band 13 Matthew Appleton: *Kindern ihre Kindheit zurückgeben. Selbstregulation in der Erziehung – das Beispiel Summerhill*. 2021.

Band 14 Eva Reich, Eszter Zornànszky-Gramantik (Hg.): *Lebensenergie durch Sanfte Bioenergetik*. 1997 (Neuauflage 2021).

Band 15 Markus Wilken: *Frühkindliche Nahrungsverweigerung. Ursachen verstehen und Behandlungswege finden*. 2022.

Band 16 Evelin Kirkilionis: *Ein Baby will getragen sein. Alles über das Tragen und seine Vorteile*. 2013 [1999] (Neuauflage 2022).

Neue Wege für Eltern und Kind · Band 17

Herausgegeben von Thomas Harms

Klaus Kokemoor

Von der Ohnmacht zur Handlungskompetenz

Die Begleitung von Kindern mit herausforderndem Verhalten

Mit einem Vorwort von Karl Gebauer

Psychosozial-Verlag

Bibliografische Information der Deutschen Nationalbibliothek
Die Deutsche Nationalbibliothek verzeichnet diese Publikation
in der Deutschen Nationalbibliografie; detaillierte bibliografische Daten
sind im Internet über http://dnb.d-nb.de abrufbar.

3. Auflage 2024

E-Mail: info@psychosozial-verlag.de
www.psychosozial-verlag.de

Umschlagabbildung: *Mature female teacher embracing and comforting little crying boy in kindergarten*, 2018 @iStock/alvarez
Umschlaggestaltung & Innenlayout nach Entwürfen
von Hanspeter Ludwig, Wetzlar
Satz: metiTec-Software, me-ti GmbH, Berlin
www.me-ti.de
ISBN 978-3-8379-3145-7 (Print)
ISBN 978-3-8379-7835-3 (E-Book-PDF)
ISSN 2625-1043

Inhalt

»Ein Buch das Mut macht und Lösungen dort aufzeigt, wo wir es im Alltag am wenigsten vermuten. Dieses Buch gehört in die Grundausstattung jeder Pädagogin und jedes Pädagogen.«

Dagmar Berwanger

Vorwort

Karl Gebauer

Die Bedeutung früher Bildung für die Gesamtentwicklung eines Kindes ist in den letzten 20 Jahren in das Bewusstsein einer breiten Öffentlichkeit gerückt. Forschungsergebnisse haben Eingang in die KiTa-Gesetze und Bildungspläne der Bundesländer gefunden. Die Erwartungen der Gesellschaft an eine qualitativ gute Arbeit in den Kitas sind in diesem Zusammenhang sehr gewachsen. Das hat zu einer Aufwertung des Berufsbildes von Erzieher*innen geführt.

Die in den Bildungsplänen formulierten Ziele einer guten frühkindlichen Bildung sind aber nur dann zu erreichen, wenn Erzieher*innen einen angemessenen Zeitrahmen für ihre Vorbereitungen und die nachfolgenden Reflexionen haben. Daran mangelt es.

Es ist nämlich nicht so, dass eine Fachkraft nach ihrer Ausbildung das Gelernte im Umgang mit Kindern nur umsetzen müsste. Der Kita-Alltag hält permanent Ereignisse bereit, deren Bedeutung für ein Kind oder eine Kindergruppe erst noch entschlüsselt und interpretiert werden muss. Daraus folgen dann Überlegungen für die nächsten Schritte. Diese Aufgaben ist am ehesten in einem Team zu leisten. Dafür braucht es Zeit und entsprechende Methoden.

Klaus Kokemoor verfügt über eine Fülle von Erfahrungen, die er im vorliegenden Buch *Von der Ohnmacht zur Handlungskompetenz* beschreibt. Im Zentrum seiner Arbeit steht die Videointeraktionsanalyse (Marte Meo). Sein Buch – es ist seine dritte Publikation – enthält eine Fülle von Überraschungen.

»Für mich gibt es gerade nur Anton« – damit deutet Klaus Kokemoor an, dass er die vielen Ereignisse eines Tages, die Erzieher*innen und die Kita-Leitung immer auch im Hinterkopf haben müssen, für den Augenblick der Beobachtung außer Acht lassen kann. Diese Fokussierung seiner Beobachtung ermöglicht es, kleinste Bewegungen, Gesten, Laute oder Lippenbewegungen zu entdecken, die Aufschluss geben über das innere Erleben eines Kindes. Ein Erleben, in dem sich Einsamkeit, Verlassenheit oder das Nicht-Gesehen-Werden andeuten können. Oft zeigt sich aber auch ein Anflug von Freude.

Gleichzeitig werden die Aktivitäten einer Fachkraft sichtbar. Die Interaktion zwischen Kind und Erzieherin wird deutlich, und bei genauem Hinsehen in der anschließenden Betrachtung lässt sich oft erkennen, welche Aktivitätsanteile vom Kind und welche von der oder dem Erzieher*in ausgehen. Es können die Elemente einer gestalteten Beziehung zwischen Erzieher*in und Kind entdeckt werden. Oft handelt es sich dabei nur um Lippenbewegungen oder ein gehauchtes Ah.

Die oft nur verzerrt wahrgenommenen Beziehungen, die sich im Kita-Alltag abspielen, können in der anschließenden Betrachtung der Videoaufzeichnung konkretisiert und als grundlegende Erkenntnisse für zwischenmenschliche Prozesse erkannt und beachtet werden.

Oft haben wir ein Bild vom Kind, das sich aus Verhaltensweisen zusammensetzt, die uns missfallen. Hinzu kommt in vielen Fällen, dass wir uns den Grund für das aggressive, passive, oppositionelle oder scheinbar desinteressierte Verhalten nicht erklären können. Wir stoßen an Grenzen des Erklärbaren. Was bleibt, ist ein verzerrtes Bild vom Kind. Dieses Bild kann eine Eigendynamik entwickeln und eine fatale Wirkmächtigkeit entfalten, die einen klaren Blick auf das Erleben eines Kindes trübt. Seine Bedürfnisse, aber auch sein Können bleiben dann weitgehend verborgen. Klaus Kokemoor spricht in diesem Zusammenhang vom »Sorgenbild«. Es verstellt uns die schlummernden Verhaltenspotenziale eines Kindes.

Die Potenziale eines Kindes entdecken
Wenn unsere Wahrnehmung getrübt oder verzerrt ist, sind wir mitverantwortlich dafür, dass sich eventuell keine lebendige Beziehungsgestaltung zwischen uns und dem Kind entwickeln kann. Damit ist ein ethisches Problem angesprochen.

Die zentrale Botschaft des Autors liegt darin, dass er den Leser*innen zeigt, dass und wie dieses »eingefrorene« Bild vom Kind zum Leben erweckt werden kann.

»Es sind bewegte Bilder, die das Kind in seiner Differenziertheit und individuellen Art sich zu bewegen, zu handeln, zu kommunizieren oder zu spielen zeigen.« Die präzisen Beschreibungen Klaus Kokemoors haben konkret mit dem Einsatz von Videoaufzeichnungen und der anschließenden gemeinsamen Analyse des Gesehenen zu tun. In allen Beispielen wird deutlich, dass die beteiligten Erzieher*innen sich selbst in ihren Interaktionen mit dem Kind sehen können. Dieses Sehen kann sie zu der Erkenntnis führen, dass sie es sind, die durch verständnisvolle Gesten einem Kind helfen, ein neues und anderes Verhalten zu zeigen.

»Es ist mir gar nicht bewusst gewesen, dass ich das alles mache«, stellte eine Erzieherin erstaunt bei dem gemeinsamen Ansehen der Videosequenz fest.

Eine oder ein Erzieher*in kann und darf sich in einer solchen Situation als Initiator*in eines gelungenen Veränderungsprozesses fühlen. Diese Selbstentdeckung ist möglich durch das Medium der Videoaufzeichnung. Und genau diese Zusammenhänge sind es, die das Buch aus der Fülle anderer Buchpublikationen hervorheben: Klaus Kokemoor zeigt nicht nur den Prozess der Interaktion zwischen Erzieher*in und Kind. Er eröffnet Erzieher*innen in der Nachbetrachtung die Möglichkeit, ihre eigene Selbstwirksamkeit zu erkennen. Sie können entdecken, dass sie – oft intuitiv – das Bedürfnis eines Kindes verstanden haben und so darauf reagieren, dass sich das Kind wahrgenommen und verstanden fühlt.

Erzieher*in und Kind erleben sich in ihrer Selbstwirksamkeit. Daraus ergeben sich für beide Seiten neue und hoffnungsvolle Interaktionen. Es entsteht eine Dynamik der Hoffnung.

Damit ist der Kern einer gelungenen Beziehung beschrieben.

Göttingen, April 2021

1 Einleitung

In der Erziehung, Begleitung und Betreuung von Kindern kommt es immer wieder zu Momenten, in denen wir uns als Eltern, Erzieher*innen oder Lehrer*innen überfordert fühlen und uns Sorgen machen. Das uns anvertraute oder eigene Kind bringt uns in eine Situation, in der wir uns ratlos oder ohnmächtig fühlen. Für das schwierige, oppositionelle, aggressive oder auch passive Verhalten scheint es keinen Grund oder eine erkennbare Ursache zu geben. Das Kind folgt nicht mehr unseren Vorstellungen, Wünschen, Aufforderungen oder Erwartungen, sondern zeigt Verhaltensweisen, die uns missfallen und uns in ihrer Häufigkeit oder Deutlichkeit an unsere eigenen Grenzen bringen. Aus diesem Erleben, welches mit starken Gefühlen einhergeht, machen wir uns ein Bild vom Kind, das sich zunehmend aus diesen belastenden Momenten und Eindrücken zusammensetzt. Dieses Bild, welches in unserem Kopf entsteht, entwickelt genährt durch weitere Momentaufnahmen ein Eigenleben, welches die Wirklichkeit nur noch verzerrt darstellt (Urban, 2002). Das Sorgenbild scheint eine regelrechte Distanz zu dem herzustellen, was das Kind sonst noch auszudrücken vermag. Doch auch unser Selbstbild als Elternteil, Erzieher*in oder Lehrer*in kann diesem negativen Einfluss unterliegen (vgl. Ebring, 2014, S. 235). So ist es nicht verwunderlich, dass ich in den allermeisten Beratungssituationen in erstaunte Gesichter von pädagogischen Fachkräften und Eltern schaue, wenn ich ihnen Videoaufnahmen von ihnen sowie ihrem Kind oder dem ihnen anvertrauten Kind zeige, wie es angemessen spielt und sich unspektakulär verhält. Das Erstaunen basiert auf der Tatsache, dass diese Bilder, die ein Stück des realen Alltags des Kindes abbilden, sehr oft nicht denen entsprechen, die die pädagogischen Fachkräfte oder Eltern im Kopf haben. Die erstaunten oder auch enttäuschten Betrachter*innen sprechen dann vom Vorführeffekt, den es nicht gibt, wie der Neurowissenschaftler Hennig Beck erklärt, da er nur ein Konstrukt ist, um unser Weltbild aufrechtzuerhalten (vgl. Beck, 2020, S. 123). In meinem Buch *Das Kind, das aus dem Rahmen fällt* spreche ich in diesem Zusammenhang von den »Sonnenscheintagen«, und ich kann sagen, dass diese Tage oder Momente absolut überwiegen. Es ist der Wechsel der Perspektive, der es uns ermöglicht, ein anderes Bild vom Kind zu erhalten (vgl. Ebring, 2014, S. 235). Es sind bewegte Bilder, die das Kind in seiner Gesamtheit und seiner individuellen Art, sich zu bewegen, zu handeln, zu kommunizieren oder zu spielen, zeigen. Dieser Perspektivwechsel ist wichtig, denn das Sorgenbild in unserem Kopf hilft uns nicht weiter, da es das Bedürfnis, welches sich hinter dem Verhalten des Kindes verbirgt, nicht abbildet und so dem Kind nicht gerecht wird (vgl. von Lüpke & Voß, 1997, S. 2).

Dieses Buch setzt bei dem Bedürfnis des Kindes an, welches sich hinter seinem Verhalten verbirgt.

> »Denn es gibt keine Handlung ohne Grund, und das, was ein Kind spontan tut, entspricht immer seiner tiefen Motivationen. An uns liegt es, zu verstehen, was dieses Tun wirklich ausdrückt – und dadurch durch unser eigenes Tun zu antworten« (Aucouturier & Lapierre, 1982, zit. n. Esser, 1995, S. 22).

Nun gibt es viele Eltern und pädagogische Fachkräfte, die bei dem Satz »Es gibt keine Handlung ohne Grund.« schon das Bild eines Kindes vor Augen haben, welches, wie oben beschrieben, keine erkennbaren Gründe zeigt und bei dem man das Gefühl erhält, das destruktive, aggressive oder verweigernde Verhalten des Kindes komme aus dem Nichts. Ja, dieses *Nichts* ist oft schwer zu erkennen. Es verlangt die gezielte und bewusste Beobachtung sowie die Beschäftigung mit den Momenten, in welchen dieses Verhalten auftritt, um herauszufinden, welches Bedürfnis oder welches Leid diesem Verhalten zugrunde liegt.

Zu Beginn des Buches beschreibe ich den Moment der bewussten Beobachtung, welche eine zentrale Hilfestellung besonders im Kindergarten darstellt. Ich spreche in diesem Zusammenhang auch von der reinen Beobachtung, die uns hilft, die Initiativen und Handlungen besser zu erkennen und zu verstehen, über die das Kind seine Bedürfnisse sowie sein inneres Bewegtsein zum Ausdruck bringt. Das Beobachten und Verstehen sollte in diesem Kontext zunehmend Grundlage unseres Handelns werden, um angemessen auf die Bedürfnisse des herausfordernden Kindes zu reagieren.

Es geht beim Verstehen nicht nur um die Handlung des Kindes, sondern auch um die Basiselemente der Interaktion, mit denen die Erwachsenen dem Kind begegnen und Interesse, Achtsamkeit, Solidarität, Respekt und Anerkennung ausdrücken, um es in seiner Entwicklung zu unterstützen. Damit Eltern und pädagogische Fachkräfte in den Phasen der Ohnmacht oder Hilflosigkeit wieder ihre individuellen Ressourcen erkennen, konzentrieren wir uns bewusst auf die entwicklungsunterstützenden Momente der Interaktion, denn der Schlüssel für eine Stabilisierung des Kindes und die Qualität seiner Entwicklung liegt auf der sozialen Interaktion mit einem stabilen Erwachsenen (vgl. Wildgruber et al., 2014b, S. 183). Denn das gesunde Selbst des Kindes entwickelt sich immer in der sozialen Wechselbeziehung mit der/dem Anderen (vgl. Trautmann-Voigt & Voigt, 1998, S. 44).

Natürlich haben wir alle den Wunsch, dem Kind mit den oben beschriebenen Attributen zu begegnen, doch es gibt äußere Faktoren wie Bildungsaufträge, Personalmangel, Erwartungen von Anderen sowie die Einflüsse der eigenen Vorstellungen, der eigenen Wünsche, die eigenen Unsicherheiten, der Faktor Zeit sowie eine Vielzahl an Anforderungen, die an uns Erwachsene gerichtet sind und die es erschweren, diesen Wunsch zufriedenstellend in die Wirklichkeit umzusetzen (vgl. Pianta, 2014b, S. 129). Im Besonderen in den Bildungseinrichtungen Schule und Kindertagesstätte gehen hier nicht selten der eigene Anspruch und die Wirklichkeit weit auseinander und führen bei den Fachkräften zur Unzufriedenheit und dem Eindruck, dem Bildungsauftrag nicht mehr gerecht zu werden (vgl. Weltzien, 2013, S. 61).

Auch wenn allen hinreichend bekannt ist, dass der stärkste Einfluss der kindlichen Entwicklung von der Qualität der Beziehungen abhängig ist, belegen zahlreiche Studien, wie wenig Berücksichtigung diese Erkenntnis in Bildungseinrichtungen findet (vgl. Hobson, 2003, S. 23).

Das Anschließen über Blicke, Worte und Emotionen an die Interessen, Handlungen und Initiativen des Kindes ist die Form von sozialer Resonanz, die zur Aktivierung der Motivationssysteme im kindlichen Gehirn und somit zur Bildung seines Selbst beiträgt (vgl. Bauer, 2017, S. 22). Es ist exakt dieser Zusammenhang, der sich immer wieder beobachten lässt, wenn es uns gelingt, Anwesenheit zu zeigen, mit dem Kind im Hier und Jetzt, in dem Erleben der ungeteilten Aufmerksamkeit zu sein. Doch viel zu oft sind wir Erwachsenen, im Besonderen in stressigen oder belastenden Momenten, mit unserem Aufmerksamkeitsfokus bei unseren Vorstellungen, Erwartungen, Konzepten und Ängsten und verlieren so die Beziehung zum Kind sowie die Präsenz als verlässlicher Interaktionspartner aus dem Blick (vgl. Omer & von Schlippe, 2017, S. 29f.).

Das in diesem Buch beschriebene Dreiraumprinzip ist eine von Fachkräften geschätzte Struktur und Hilfestellung, um eine Priorisierung der Aufgaben und Inhalte im pädagogischen Alltag vorzunehmen. Es geht darum, bewusster den Unterschied und die Wechselwirkungsprozesse zwischen der direkten und indirekten Arbeit am Kind wahrzunehmen. Ich werde durch das Dreiraumprinzip, dessen Grundstruktur auch in Dienstbesprechungen Anwendung findet, auch den pädagogischen und den entwicklungspsychologischen Themen wieder mehr Raum und Bedeutung geben. Hier sehe ich es als Geschenk, dass sich ebendiese Themen in den Fragestellungen von Eltern und Fachkräften abbilden, wenn ich ihnen Videosequenzen von den entsprechenden Kindern zeige. Für mich gehören in jede Dienstbesprechung bewegte Bilder zu einem Kind. Dadurch werden wir zunehmend feststellen, wie wir unsere Wahrnehmung in Bezug auf den individuellen Ausdruck der Entwicklungsbedürfnisse der Kinder wieder öffnen und sich Gefühle der Ohnmacht in Wissen und Handlungsmöglichkeiten wandeln. Dies ist ein Rahmen, in welchem im eigenen Praxisfeld auf kollegialer Ebene Professionalisierung und Kompetenzentwicklung stattfindet (vgl. Friedrich & Schelle, 2017, S. 384).

Anhand von vielen Praxisbeispielen werde ich beschreiben, wie sich entwicklungspsychologische Inhalte, pädagogisches Handeln und die Bedeutung der Basiselemente der Kommunikation anschaulich darstellen. In diesem Zusammenhang ist es möglich, die Theorie aus der Praxis heraus zu begreifen (vgl. von Schlippe, 2009, S. 11f.). Genau diese Erfahrung machen die pädagogischen Fachkräfte, wenn ihre Fragestellungen anhand von Videoaufnahmen gemeinsam betrachtet und besprochen werden. Theoretische Zusammenhänge aus der täglichen Praxis abzuleiten und zu verstehen ist auch eine Möglichkeit, etwas Distanz zu dem eher emotionalen Erleben, das uns gerade bei Kindern mit herausforderndem Verhalten beeinflusst, herzustellen und wieder handlungsfähig zu sein. Die fundierte und regelmäßige Auseinandersetzung mit dem eigenen Handeln sowie dem Handeln des Kindes führt zu einer Erweiterung der eigenen Handlungskompetenz (vgl. Herrmann & Sauerhering, 2019, S. 20). Genau hier ist in der Entwicklungsbegleitung eine deutliche Parallele zum Kind zu sehen, dem es in seiner aktuellen Situation gelingt, über die Handlung und das Spiel zunehmend Distanz zu einem vorwiegend affektiven Erleben herzustellen.

Es geht darum, die Antworten auf die Fragestellungen aus den realen Bildern der Praxis abzuleiten und zu geben. Die Marte-Meo-Videointeraktionsanalyse ist hier ein für mich nicht mehr zu ersetzendes Instrument. Auch bei schwierigen Fragestellungen geht es zunächst um das Erkennen und das Anerkennen von Fähigkeiten, die das Kind und die/der Erwachsene bereits entwickelt haben. Es ist ein gemeinsames Beobachten und Lernen am eigenen Modell und somit ein sehr basaler und unmittelbarer Zugang, um den ratsuchenden Eltern oder pädagogischen Fachkräften entwicklungsunterstützende Handlungsoptionen zu zeigen und diese weiterzuentwickeln. Marte-Meo bedeutet »aus eigener Kraft« und zeigt Lösungen auf, die in uns selbst liegen, um sie dann bewusst einzusetzen (vgl. M. Aarts & J. Aarts, 2019, S. 7). Bei diesen Beobachtungen, mit einer Art mikroskopischem Blick, zeigt sich sehr deutlich, wie beispielsweise physische und psychische Nähe dazu beitragen, Konfliktsituationen mit Kindern auf eine deeskalierende und konstruktive Weise zu lösen. Doch wir werden in diesem Buch auch sehen, dass dies nur eine Möglichkeit darstellt, dem Kind zu helfen, sich von seinem destruktiven Verhalten zu lösen, und wie wichtig hier eine präventive Pädagogik, eine achtsame Haltung und ein Denken im System sind.

In den vielen Geschichten und Beispielen geht es auch um ein Wechselspiel zwischen der Bedeutung von inneren und äußeren Bildern, die Fluch und Segen sein können. Auf der einen Seite sind es die inneren Bilder, wie das oben angesprochene Sorgenbild vom Kind, die uns in der Beziehung zum Kind behindern, wobei wir hier die Videos als äußere Bilder nutzen, um wieder Beziehung zu ermöglichen. Auf der anderen Seite leben wir in einer Gesellschaft, die einzelne Kinder über den Konsum von

Medien dazu verführt, vorwiegend in äußeren Bildern zu denken. Die Kinder verfügen nicht selten über eine mangelnde Anschlussfähigkeit an das Spielen der anderen Kinder und zeigen darüber hinaus oft Probleme in der Selbstregulation, was sich durch Unkonzentriertheit, Sprachentwicklungsverzögerungen und eine Neigung zur Hyperaktivität ausdrückt (vgl. Büsching & Riedel, 2017, S. 7). Es muss uns gelingen, diese Kinder wieder an das symbolische Spiel, welches von inneren Bildern genährt wird, heranzuführen, um ihnen zu helfen, ihr affektives und intellektuelles Gleichgewicht herzustellen und sich somit zu regulieren (vgl. Piaget & Inhelder, 1996, S. 66). Doch wir brauchen hier auch die Zusammenarbeit mit den Eltern, um einen angemessenen Umgang mit den Medien zu finden.

Schließlich skizziert das Buch einen pädagogischen und strukturellen Rahmen, der eine Hilfestellung in der Entwicklungsbegleitung von Kindern darstellt, der auch ihre Rechte einschließt. Das Achten der Kinderrechte sollte zum festen Bestandteil unseres pädagogischen Handelns werden und sich in der Beziehungsgestaltung abbilden (vgl. Maywald, 2017, S. 323). Destruktives oder aggressives Verhalten von Kindern ist nicht selten ein Resultat, wenn Kinder sich ihrer Bedürfnisse, ihrer Interessen, ihrer Wünsche oder ihrer Würde beraubt sehen. Wo die Rechte des Kindes im pädagogischen Handeln sowie in der Qualität der Beziehung zum Kind keine Berücksichtigung finden, ist eine regelmäßige und tiefgreifende Reflexion im Team dringend erforderlich. Wenn wir einen Rahmen der Kommunikation herstellen, der von Vertrauen, Offenheit, Respekt und Achtsamkeit geprägt ist, erschaffen wir immer wieder eine Kultur des Dialogs auf Augenhöhe, der dann auch bei den Kindern ankommt (vgl. Krappmann, 2014b, S. 11f.). Denn ich bleibe bei der Hypothese: »Es gibt kein Kind, das aus dem Rahmen fällt, wenn wir für das Kind einen geeigneten Rahmen entwickeln« (Kokemoor, 2018, S. 9).

2 Vorgeschichte

Es geht um Simon, der die Fachkräfte in einer Kindertagesstätte beschäftigt, da er dafür verantwortlich ist, dass eine Erzieherin im Krankenhaus behandelt werden musste. Simon hatte ihr einen Eimer mit Sand gegen den Kopf geschleudert. Das Ergebnis war eine blutende Platzwunde, verbunden mit der Frage, ob sich die Kollegin möglicherweise auch eine Gehirnerschütterung zugezogen hat.

Bei meinem ersten Beratungsbesuch war die Erschütterung wie auch der Konflikt, die dieses Ereignis im Team und im Kontakt zu Simons Mutter ausgelöst hat, deutlich zu spüren. Die Mutter von Simon kommt aus Ghana, ist alleinerziehend und lebt erst seit der Geburt von Simon, der gerade fünf Jahre alt geworden ist, in Deutschland. Sie war zunächst nicht mit einer Beratung einverstanden gewesen, da sie die Befürchtung hatte, mein Besuch könnte den Ausschluss von Simon aus der Kindertagesstätte besiegeln, da es schon mehrere Vorfälle gegeben hatte. Auch dem Wurf mit dem Eimer ging ein Konflikt voraus, den Simon mit einem anderen Kind hatte. Nach Aussagen der pädagogischen Fachkräfte habe er diese Konflikte ständig und die Kolleginnen seien den ganzen Tag damit beschäftigt, Konflikte zu lösen oder Simon im Auge zu behalten. Nach dem Vorfall mit dem Eimer steht nun wirklich die Frage im Raum, ob Simon weiter in ihrer Einrichtung betreut werden könne, da eine permanente Einzelbetreuung nicht zu leisten sei.

Nach einem Vorgespräch mit den Erzieherinnen begebe ich mich auf das Außengelände der Kindertagesstätte, um Simon zu beobachten.

Da Simon gerade damit beschäftigt ist, einen Eimer mit Sand zu füllen, habe ich ihn sofort entdeckt. Er scheint nicht allein zu spielen, da er sich beim Befüllen des roten Eimers immer wieder zu einem anderen Jungen umschaut. Simon beendet seine Handlung auch erst, als der andere Junge seinen Eimer ganz gefüllt hat, um danach mit dem Eimer ein paar Schritte am großen Sandkasten entlangzugehen. Nun wird das Ziel deutlich, welches die beiden verfolgen, denn am Ende des Sandkastens haben ein paar Kinder eine Pyramide aus Sand errichtet. Hier entladen die beiden ihre Eimer, indem sie den Sand recht gleichmäßig auf die Seiten der Pyramide verteilen. Als dieser Vorgang beendet ist, läuft Simon mit dem anderen Jungen wieder zum Ausgangpunkt meiner Beobachtung zurück, um die Eimer erneut zu füllen. Diese gerade beschriebenen Handlungen wiederholen sich viele Male und es wird dabei unter anderem ein Zusammenspiel wie auch eine Kooperation zwischen Simon und dem anderen Jungen deutlich.

Dann nimmt sich Simon ein grünes Förmchen, welches einer Tasse gleicht, und klettert damit zielstrebig auf das Klettergerüst, das direkt unter einem großen Baum steht. Mit langem Arm reißt er ein Blatt vom Baum und reibt es zwischen seinen Händen, sodass die kleinen Blätter in die grüne Tasse rieseln. Als er fertig ist hebt er den Kopf, schaut wieder zu dem anderen Jungen und ruft laut über das Außengelände: »Tee, ich mache Tee!« In der Folge kann ich mit meiner Videokamera viele Momente aufnehmen, in denen Simon engagiert in ein Spiel vertieft ist und auch den Kontakt zu anderen Kindern sucht.

Als ich den pädagogischen Fachkräften später die Szenen zeige, wirken sie zunächst enttäuscht, da die Videos Simon nicht so zeigen, wie sie ihn sonst erleben und wie sie ihn mir eigentlich zeigen wollten. Ich bringe zum Ausdruck, dass mir diese Enttäuschung im Kontext meiner Beratung sehr vertraut ist. Doch dann arbeiten wir anhand der Videobeobachtung die Kompetenzen heraus, die Simon bereits entwickelt hat. Verhaltensweisen, die ihn befähigen, angemessen zu kommunizieren und mit anderen zu spielen.

- Die Kolleg*innen sind beeindruckt über die vielen Spielideen, die Simon zeigt.
- Wir beobachten im Video, wie konzentriert er spielt und gleichzeitig seine eigenen Handlungen stoppt, um jemand anderem Aufmerksamkeit zu widmen.
- Er kann eigene Initiativen benennen, die Initiativen von anderen erkennen und daran anschließen.

- ➢ Er scheint auch selber von seiner Idee begeistert zu sein, er möchte und kann eine klare Spielgeschichte präsentieren.
- ➢ Im Besonderen aus dem Eindruck heraus, Simon könne nicht kooperieren oder hören, was man ihm sagt, ist es beeindruckend zu sehen und sich darüber auszutauschen, wie er zusammenarbeiten, aushandeln und sich einfühlen kann.

Ich habe hier nur eine kleine Auswahl an Punkten aufgezählt, die Simon in der Beobachtungssituation zeigen konnte und über die wir gemeinsam sprechen. Beides, die Betrachtung der Bilder sowie das In-eigene-Worte-Fassen der Beobachtung durch die pädagogischen Fachkräfte, schafft in der Beratungssituation Distanz zu den bisherigen Eindrücken und Bildern, die die die Kolleginnen zum Kind im Kopf hatten. Die Bilder machen sehr deutlich, dass Simon grundsätzlich in der Lage ist, ein sehr positives, konstruktives und soziales Verhalten zu zeigen. Gleichzeitig ist mein Besuch nur ein kleiner Ausschnitt und nicht repräsentativ. Vor diesem Hintergrund wünschen sich die Fachkräfte einen Termin zu einem Zeitpunkt, an welchem Simon ihrer Erfahrung nach immer Konflikte mit anderen Kindern hat. Ich soll ihn beim nächsten Mal beobachten, wenn er mit den anderen Kindern frühstückt.

Als ich etwa zwei Wochen später wieder in der Kindertagesstätte bin, sitzt Simon mit drei weiteren Jungen am Tisch und frühstückt mit ihnen zusammen. Wobei das Frühstücken nur ein Mittel zum Zweck zu sein scheint. Im Vordergrund stehen für die Kinder in der aktuellen Situation die Kommunikation und die Interaktion untereinander, die mit vielen Worten und Bewegungen einhergehen. So fällt es den Jungen schwer, sich auf das Einnehmen der Mahlzeit zu konzentrieren. Hier unterscheidet sich Simon jedoch nicht von den anderen Kindern am Tisch. Als dann der Erste sein Geschirr zum Teewagen bringt, folgen die anderen spontan, obwohl noch nicht alle mit ihrem Essen fertig sind.

Am Teewagen gibt es nun beim Abstellen von Teller, Tasse und Besteck ein Gerangel, bei dem es sehr körperlich zugeht, auf welches ein Erzieher aufmerksam wird. Er ruft: »Hey Simon, warte bitte, bis du dran bist! – du musst auch noch den Tisch abwischen!«, worauf weder Simon noch einer der anderen reagiert. Der Kollege wiederholt seine Worte mit etwas mehr Vehemenz, doch seine Worte bleiben ohne Reaktion. Im Gegenteil, dass Gerangel sowie der damit verbundene Lärmpegel nehmen zu. Nun geht der Erzieher zu den Kindern, berührt Simon an der Schulter und sagt: »Simon, du musst noch den Tisch abwischen!« In diesem Moment reagiert Simon, schaut zum Frühstückstisch und ringt sich ein leicht genervtes »Okay!« ab. Im Bewusstsein, dass der Kollege länger in unmittelbarer Nähe verweilt, nimmt auch das Gerangel ab und die Kinder verschwinden im Bewegungsraum, nachdem sie ihr Geschirr abstellen konnten.

Simon folgt den anderen Kindern ebenfalls in den Bewegungsraum, als er mit dem Tisch abwischen fertig geworden ist. Dort setzt sich das Gerangel fort und die Jungen bewerfen sich mit quadratischen Schaumgummiblöcken. Simon nimmt sich ebenfalls einen Schaumgummiblock und beginnt, damit in einer Ecke eine kleine Wand zu bauen. Während die vier anderen Jungen weiter damit beschäftigt sind, auf einer körperlichen und eher kämpferischen Ebene zu interagieren, baut Simon in aller Ruhe an einer Wand, die sich nach etwa einer Viertelstunde als Tresen oder Verkaufsstand entpuppt. Nun sammelt er noch viele kleine Objekte wie Seile, Puzzleteile aus Schaumgummi, Bälle und Holzkeulen, um seinen Verkaufsstand damit mehr Gestalt zu verleihen. In seinen Handlungen wirkt er sehr konzentriert und zunächst auf sich bezogen. Doch dann beginnt Simon, durch Rufe, die einem Marktschreier ähneln, auf sich aufmerksam zu machen. »Pizza, wer möchte Pizza!«, füllen seine Rufe den Bewegungsraum, während er die Puzzleteile in die Luft hält. Doch nun ergeht es ihm wie dem Kollegen vorher, seine Rufe werden von den Jungen nicht erhört. Doch Simon gibt nicht auf und wird zunehmend kreativ: »Pizza für alle umsonst!«, doch auch darauf gibt es keine Reaktion der anderen Jungen, die sich nicht als Markbesucher erleben, sondern sich eher mit Kriegern identifizieren. Als seine Bemühungen auch nach mehreren Versuchen keinen Erfolg haben, beginnt Simon seine Pizzen wie ein Markschreier unters Volk zu werfen. Doch auch diese Bemühungen werden erst registriert, als Tobias eine Pizza direkt ins Gesicht bekommt und dieser sofort laut »Auaaaah!« schreit. Genau in diesem Moment kommt eine Kollegin in den Raum, die Simon sofort streng anschaut und »Stopp!« ruft. Simon wirkt erschrocken, während sich die Kollegin Tobias zuwendet. Dann macht Simon einen Schritt auf Tobias und die Kollegin zu und sagt: »Ich wollte nur Pizza verkaufen!«

In der anschließenden Videoberatung konzentrieren wir uns auf die Szene am Teewagen sowie das Spiel im Bewegungsraum. Zunächst einmal fühlten sich die Kolleg*innen etwas entlastet, da es in ihrer Alltagsbeobachtung zwei Momente gab, in welchen Simon an Konflikten beteiligt war, und dies ein wenig ihrem bis dahin gewonnenen Bild von Simon entsprach. Besonders der Wurf der Pizza ins Gesicht eines anderen Kindes ergab von den Bildern her eine Parallele zu der Ausgangsgeschichte mit dem Eimer. Aus diesem Grunde waren die Kolleg*innen zum Ende der Videoberatung sehr verwundert darüber, welches Gesamtbild von Simon sowie den anderen Protagonist*innen sich aus den Bildern ergab.

Ich habe mich in der Szene am Teewagen auf den Moment konzentriert, der bei Simon zur Veränderung in seiner Aufmerksamkeit geführt hat. Es waren nicht die Worte des Kollegen, sondern es war seine leichte Berührung an der Schulter, die Simon für die Worte des Erziehers geöffnet hat. Im Video wird sehr deutlich, dass der Erzieher die Kinder auf der körperlichen Ebene, auf der sie sich alle im Gerangel gerade befunden haben, abgeholt hat. Hier war es zum einen die Berührung an der Schulter und zum anderen sein Verharren in der Nähe der Kinder. Hier braucht es in der Videoberatung keine weiteren Erklärungen zur Wirksamkeit der Handlung, denn das Bild der Berührung ist eine anschauliche Information, die für sich spricht. Ich ergänze dieses Bild noch durch eine weitere Information und sage, dass die Jungen sich in dieser Situation in einem vorwiegend sensomotorischen Erleben befinden und es daher zielführender ist, sie auch auf körperlicher Ebene anzusprechen.

Im Bewegungsraum befinden sich die kämpfenden Jungen weiter in einem sensomotorischen Erleben und die Schaumgummiblöcke werden von ihnen eher über taktile, visuelle und sensomotorische Empfindungen wahrgenommen. Es geht bei diesen Kämpfen und Bewegungen auch um die Interaktion untereinander. Simon hingegen nutzt den Raum und das Material jedoch eher für ein symbolisches Spiel. Er verwendet die Steine für eine Konstruktion und folgt damit einer Vorstellung, die er bereits als inneres Bild hat, oder es bauen sich durch die Konstruktion innere Bilder auf, die sein kreatives Spiel zunehmend anreichern. Das heißt, wir haben es im Raum gerade mit zwei ganz unterschiedlichen Spielszenen zu tun, die parallel stattfinden.

Irgendwann zeigt sich bei Simon das Bedürfnis nach Beziehung zu den anderen oder der Wunsch, seine Konstruktion, seine Spielidee den anderen zu präsentieren. Doch leider gelingt es ihm nicht über Worte, die Aufmerksamkeit der anderen zu gewinnen.

Beim Betrachten der gesamten Szene wird deutlich, wie ungerecht es eigentlich ist, dass die Kollegin genau in dem Moment hereinkommt, als Simon mit Nachdruck auf sich aufmerksam zu machen versucht und bei einem seiner vielen Versuche Tobias ausgerechnet im Gesicht trifft.

Wir stellen uns nun die Frage, welche Möglichkeit wir gehabt hätten, wenn wir von Beginn an in der Situation gewesen wären, um Simon zu unterstützen, seine Bedürfnisse zu verdeutlichen. Es kommt unmittelbar der Vorschlag, bei ihm einzukaufen und zu betonen, welche tollen Sachen er in seinem Einkaufladen zu verkaufen hat. Denn wenn wir bei ihm einkaufen, geben wir seiner Handlung, seiner Spielidee mehr Bedeutung und machen sie »größer«. In der Regel reagieren die anderen Kinder darauf, wenn wir uns einem Kind zuwenden. Wir können dies sehr gut nutzen, um das Spiel der Kinder miteinander zu verbinden.

Im weiteren Beratungsgespräch legen wir unseren Schwerpunkt dann wieder auf die Kompetenzen, die Simon schon entwickelt hat. Es wird allen sehr deutlich, dass er schon über viele Spielideen verfügt und wie wichtig es ist, ihm dies zu spiegeln, damit es ihm gelingen kann, die negative Rolle zu verlassen. Wobei wir uns im gleichen Moment die Frage stellen, ob es nicht vielleicht vielmehr darum geht, dass die Erwachsenen ihre Wirklichkeitskonstruktion in Bezug auf das Verhalten von Simon überprüfen müssen!?

Beide Aspekte haben ihre Bedeutung, doch wie schon oben angesprochen unterscheiden sich die Videosequenzen von den Kindern in den allermeisten Fällen sehr deutlich von den Wirklichkeitskonstruktionen, die die pädagogischen Fachkräfte oder die Eltern zu dem entsprechenden Kind im Kopf haben. Dies ist ein bedeutender Aspekt, mit dem wir gut arbeiten können, denn das Kind zeigt uns in diesem Moment, dass es grundsätzlich in der Lage ist, ein Verhalten zu zeigen, mit welchem wir einverstanden und zufrieden wären.

Doch neben diesem Effekt gelingt es uns, über die Videografie eine nicht zu leugnende Realität vom Kind zu betrachten und somit Distanz zu unseren eigenen Empfindungen und inneren Bildern herzustellen. Darüber hinaus können wir eine Art »Schablone« auf die Bilder legen, um unseren Blick in Bezug auf das Kind zu weiten. Wir können uns zum Beispiel die Frage stellen, welche Kompetenzen das Kind entwickelt hat, um mit anderen Kindern zu spielen oder Konflikte selber zu lösen, während wir die Bilder betrachten.

Simon musste die Einrichtung nicht verlassen, da es den pädagogischen Fachkräften gelungen ist, die beschriebenen Bilder an sich heran sowie in sich wirken zu lassen und dem Kind angemessen über Worte, positive Blicke und Emotionen zu spiegeln.

Wie bereits oben angesprochen, nutze ich für meine Beratung die von der Niederländerin Maria Aarts entwickelte Marte-Meo-Videointeraktionsanalyse. Die Betrachtung von bewegten Bildern, die eine reale Situation aus dem pädagogischen Alltag oder einer Familie darstellen, gibt uns die Möglichkeit, mit etwas Abstand eine andere Perspektive zum Kind einzunehmen und ein kompletteres Bild vom Kind und seinen Kompetenzen zu erhalten. Weiter geben die Bilder, die eine Interaktion mit dem Kind darstellen, den pädagogischen Fachkräften sowie den Eltern ganz konkrete Hinweise darauf, wie sie das Kind im Alltag durch ihr eigenes Verhalten unterstützen und Feinfühligkeit entwickeln (vgl. Hawellek & von Schlippe, 2005, S. 26f.). Marte-Meo setzt an den eigenen Ressourcen an, denn die Protagonist*innen erhalten zwar gezielt Hinweise darüber, *wann* sie etwas tun, *was* sie konkret tun, *warum* ihr Tun so wichtig ist, doch die Veränderung, die sich aus ihrem Tun ergibt, gehört ihnen selbst (vgl. ebd., S. 31). Es ist in der Marte-Meo-Beratung darum zu informieren und nicht zu korrigieren (vgl. M. Aarts & J. Aarts, 2019, S. 62). Ein weiterer Schwerpunkt liegt darauf, die Kompetenzen der Kinder zu identifizieren, zu aktivieren und weiterzuentwickeln. Wir kehren in unserer Betrachtung zu den Wurzeln, den grundlegenden Elementen der Kommunikation zurück. Wir erhalten in den Videos konkrete und detaillierte Informationen darüber, was bereits vorhanden ist und welche Möglichkeiten wir haben, das Vorhandene zu erweitern. So können Probleme auch die Gelegenheit geben, daran zu wachsen (vgl. Aarts, 2012, S. 91f.).

Die Beratungsmethode ist eine Möglichkeit, die Perspektive zu wechseln und sich mit einer Art mikroskopischem Blick in kleinsten Schritten eine ganz reale, nicht zu ändernde Situation vor Augen zu führen. Da sich die Marte-Meo-Methode an den Ressourcen der Personen orientiert, die im Video abgebildet werden, verändert oder erhellt sich der Blick auf das Kind. »Wir wollen mit positiven Seiten des Kindes arbeiten. Wir interessieren uns für das, was es zu tun vermag, und nicht für das, was es nicht kann« (Aucouturier & Lappiere, 1998, S. 20).

3 Entwicklungsbegleitung

In dem folgenden Beispiel liegt der Schwerpunkt mehr auf den Ressourcen des Erwachsenen. In der Beratungssituation wird mir ein Junge beschrieben, der auf die Erzieherinnen oft passiv, lustlos und antriebsarm wirkt. Er spielt nicht, zeigt keine Anzeichen von Sprache und auch die anderen Kinder zeigen kein Interesse an ihm. Als ich Jan, der noch nicht ganz zwei Jahre alt ist, sehe, habe ich für einen kurzen Moment einen Eindruck davon, was die pädagogischen Fachkräfte meinen. Vor mir sitzt ein kleiner Junge im Langsitz auf dem Boden des Bewegungsraumes. Seine Arme hängen, sein Mund ist leicht geöffnet und sein Muskeltonus wirkt schlaff.

Die Erzieherin sitzt ebenfalls auf dem Boden, während ein paar andere Kinder dabei sind, den Bewegungsraum zu verlassen, um nach draußen zu gehen. Auch wenn sie eine ähnliche Körperhaltung wie Jan einnimmt, wirkt sie präsent und zeigt ein leichtes Lächeln. Jan wirkt einerseits regungslos, doch seine Augen richten ihre Aufmerksamkeit auf die Kommunikation und die Aktivitäten der anderen Kinder, die in diesem Bild ein Gegengewicht zu seiner scheinbaren Passivität darstellen.

Doch genau betrachtet ist es eine scheinbare Passivität. Denn wie es Paul Watzlawick schon in Worte gefasst hat, können wir nicht nicht kommunizieren, und durch die Beobachtung der anderen Kinder zeigt Jan einen Ausdruck von Interesse, eine Initiative oder im weitesten Sinne eine Handlung. Der Ausdruck von Jan zeigt sein Interesse und den Moment, dem seine Aufmerksamkeit gehört. In diesem Moment fasst die Erzieherin, die ihre Augen abwartend auf Jan gerichtet hat, seine Beobachtung, seine Initiative in Worte: »Die gehen raus, die Kindergartenkinder!« Es sind nur Worte, doch diese verbinden sich unmittelbar mit den Augen und somit mit dem Aufmerksamkeitsfokus des Kindes. Hier bekommt Jan das Gefühl, gesehen zu werden und trotz seiner scheinbaren Passivität in den Augen einer oder eines Anderen zu existieren. In dieser kleinen Szene findet auch die in der Pädagogik sehr häufig verwendete Formel »das Kind dort abholen, wo es sich befindet« ihren Ausdruck. Das Gefühl, im eigenen Interesse oder momentanen Aufmerksamkeitsfokus abgeholt zu werden, löst den Handlungsimpuls in Jan aus, seinen linken Arm auffordernd in den Raum zu strecken. Die Erzieherin folgt unbewusst seiner Handlung und macht die gleiche Geste. Diese unbewussten Spiegelungen der/des Anderen sind hier ein Hinweis für die Präsenz der pädagogischen Fachkraft. Sie ist im Hier und Jetzt und folgt in ihrer Aufmerksamkeit den Impulsen und Initiativen des Kindes.

Nun wird es ganz still und die Kollegin wartet sehr lange auf weitere Initiativen vom Kind. Als Jan dann einen Ton macht, sagt sie: »Jah!, und folgt ihm so auch in seiner Initiative, zu kommunizieren. Es wird deutlich, wie sich dadurch die Aufmerksamkeit von Jan für sein Gegenüber steigert. Einen Moment später verändert die Erzieherin ihre Sitzposition, sie setzt sich in den Kniesitz und richtet ihre komplette Aufmerksamkeit auf Jan. Exakt in diesem Moment verändert sich auch die Körperhaltung des Kindes. Jan, der immer noch sitzt, baut deutlich mehr Tonus auf und streckt seinen gesamten Körper durch. Er wirkt nun hochkonzentriert, steht unmittelbar auf und geht in den Raum. Er beobachtet, ob die Erzieherin ihm weiter mit ihren Blicken, ihrer ungeteilten Aufmerksamkeit folgt, und beginnt, große Schaumgummibausteine umzustoßen, die er nach einer Weile wieder zu stapeln beginnt. Die Erzieherin begleitet seine Initiativen weiter mit Blicken, Mimik, Gesten und Worten. Jan, der noch vor zwei Minuten scheinbar tatenlos wirkte, ist nun total motiviert, engagiert und zielstrebig darin, einen Turm aus den Bausteinen zu bauen. Er vergisst dabei nie, sich darüber rückzuversichern, ob die Kollegin ihn weiter aufmerksam begleitet. Dann läuft er strahlend mit einem grünen Baustein auf sie zu und sie sagt: »Ah ein grüner!«, bevor Jan ihr den Baustein überreicht. Sie stahlt nun auch und fragt ebenfalls rückversichernd, während sie zu dem Turm schaut: »Da oben drauf?« Jan lacht nun stolz und sie sagt, während sie mit dem Stein in den Händen aufsteht: »Da muss ich aufstehen, so hoch ist der Turm schon!«, und macht Jan im übertragenen Sinne größer.

In der anschließenden gemeinsamen Videobeobachtung, die wir als Review, eine Rückschau in eine nicht zu leugnende Vergangenheit, bezeichnen, führen wir uns die Situation noch einmal vor Augen. Ich zeige der Kollegin zunächst einen Ausschnitt von einer Minute und beobachte, wie sie auf die Szenen reagiert. Bei der pädagogischen Fachkraft erlebe ich nun wieder genau das Erstaunen, welches ich oben beschrieben habe. Sie ist begeistert von der zunehmenden Aktivität und Spielfreude von Jan. Sie wirkt selber engagiert, wenn sie einzelne Momente aus dem Video kommentiert. Dann zeige ich ihr gezielt einzelne Szenen, um ihr zu verdeutlichen, welche Wirkung ihr Verhalten auf das Kind hat. Ich beginne mit der Anfangsszene, in welcher Jan passiv wirkt, jedoch aktiv die anderen Kinder beobachtet. »In dieser Szene beobachtest auch du Jan ganz genau und geduldig. Du zeigst hier eine sehr aufmerksame und abwartende Haltung. Mit deinen Worten ›Die gehen raus!‹ folgst du seinem Blick, und verbindest deine Worte mit den Augen des Kindes. Du zeigst, dass du dich für ihn interessierst und gibst ihm so das Gefühl, gesehen zu werden« (vgl. Aarts, 2012, S. 54).

Wir gehen weiter in sehr kleinen Schritten durch das Video und es ist wichtig, sehr konkret zu betrachten und zu beschreiben, wann was wozu genau passiert. »Als er einen gelben Stein auf den Turm setzt, sagst du: ›Jaaah, da oben drauf!‹ Er nimmt wahr, wie sich deine Worte, deine gesamte Aufmerksamkeit an seinen Handlungen orientieren. Er bekommt so wichtige Worte, die sich auf seinen Handlungskontext beziehen, und macht so die wertvolle Erfahrung der Selbstwirksamkeit. Als er dann mit dem grünen Stein in den Händen auf dich zukommt und dich anschaut, sagst du lächelnd: ›Ah ein grüner!‹ Jan lächelt und erhält das Gefühl, in deinen Augen, den Augen der oder des Anderen, zu existieren. Darüber hinaus gibst du ihm Worte, die sich auf seinen unmittelbaren Handlungskontext beziehen, und leistest einen wichtigen Beitrag zu seiner Sprachentwicklung« (vgl. ebd., S. 125).

Beim Betrachten des Videos ist die Erzieherin weiter zunächst total begeistert vom aktiven Spiel, der Kommunikation und der Engagiertheit des Kindes. Sie spricht zwar nicht direkt vom Vorführeffekt, doch sie bringt deutlich zum Ausdruck, dass sie Jan noch nie so erlebt hat. Es ist auch zunehmend eine Begeisterung für ihr eigenes Handeln, welches sich wunderbar in dem Video abbildet, zu spüren. Irgendwann sagt sie: »Es ist mir gar nicht bewusst gewesen, dass ich das alles mache!« Hier erhält der Name Marte Meo, *aus eigener Kraft*, seine tiefgreifende Bedeutung (vgl. Hawellek & Meyer zu Gellenbeck, 2005, S. 75).

3.1 Die Potenzierung der Aufmerksamkeit

Das Erstaunen der Erzieherin, welches ich in meiner Beratung zu 80 bis 90% erleben darf und das ich in meinem Buch *Das Kind, das aus dem Rahmen fällt* mit Sonnenscheintagen umschreibe, hat mehrere sehr logische Gründe, dem Mythos des Vorführeffektes seine Existenz abzusprechen (vgl. Beck, 2020, S. 23). Ich habe in vielen Analysen zusammen mit den pädagogischen Fachkräften die Hintergründe herausgearbeitet und möchte an dieser Stelle schon einmal einen wesentlichen Indikator herausstellen.

Durch den Besuch einer externen Person in einer Familie oder einer Kindertagesstätte erhöht sich die Aufmerksamkeit für die Gesamtsituation. Allein schon mit dem Erstellen des Videos liegt ein besonderer Aufmerksamkeitsfokus auf der Situation, in der auch weniger Störungen zugelassen werden. Aus diesem Erleben heraus erhöht sich auch die Aufmerksamkeit der Erzieher*innen für sie selbst. Die Selbstreflexion, die Konzentration und das Im-Hier-und-Jetzt-Sein nehmen zu. Diese besondere Aufmerksamkeit gibt den pädagogischen Fachkräften die Möglichkeit, einen anderen, komplexeren Blick auf das Kind einzunehmen. Sie realisieren mehr Handlungen, Bewegungen und Interaktionen des Kindes, die jenseits des problematischen Verhaltens liegen. Doch es wird in dem Beispiel oben auch deutlich, dass unsere Aufmerksamkeit für das Kind die Aufmerksamkeit des Kindes für sich selbst, die/den Andere*n, das Material, den Raum und die Situation verbessert oder in einigen Fällen auch erst möglich macht.

Die anschließende Rückschau, das Review, welches zusammen mit den Fachkräften oder Eltern durchgeführt wird, ist ein weiterer Moment der besonderen Aufmerksamkeit (vgl. Bünder et al., 2009, S. 125). Hier erhalten die Ratsuchenden eine sehr ressourcenorientierte und wertschätzende Rückmeldung, die über die bewusste Verdeutlichung der Interaktion mit dem Kind ein kreatives und sehendes Milieu schafft, welches auch das eigene, möglicherweise sehr kritische innere Selbstbild verändert (vgl. Kokemoor, 2016a, S. 236f.). Die kleinschrittige Analyse gibt alltäglichen

Handlungen eine besondere Bedeutung und diese ist dann auch in den Gesichtern der Betrachter*innen zu beobachten.

In einem mir angekündigten Krisengespräch, in welchem ein Vater den Erzieher*innen im Vorfeld des Gesprächs ihre Kompetenz abspricht und es auch Beleidigungen gegeben hatte, weil die Erzieher*innen die Eltern ihre Sorge in Bezug auf eine mögliche Entwicklungsverzögerung des Sohnes zum Ausdruck gebracht hatten, gab es eine plötzliche Wendung. Der Vater sitzt neben mir und wirkt gut vorbereitet auf eine Attacke, die er in Richtung Erzieher*innen fahren möchte. Vor ihm liegt ein Zettel mit Punkten, auf dem Vorwürfe formuliert sind, die die Kompetenz der pädagogischen Fachkräfte infrage stellen. Nebenbei bemerkt ist dies ein häufiger Reflex, wenn die Fachkräfte die »regelgerechte« Entwicklung eines Kindes infrage stellen. Dann überprüfen viele Eltern zunächst die Qualität der Einrichtung und stellen diese und die der pädagogischen Fachkräfte nicht selten infrage.

Nun lasse ich gerne erst die Eltern von ihrem Kind berichten, doch der Vater wollte unbedingt hören, was die pädagogischen Fachkräfte zu sagen hätten. Zwischen seinen Worten war etwas zu vernehmen wie: »Was habt ihr meinem Sohn (mir) vorzuwerfen!« Als nun eine Erzieherin begann, den Sohn zu beschreiben, wirkte sie sichtlich aufgeregt, weil Aggression und Anspannung im Raum zu spüren waren. Es fiel der Kollegin in dieser Situation nicht leicht, Daniel differenziert zu beschreiben, und ich bot daraufhin den Beteiligten an, die Beschreibung durch eine Videosequenz zu verdeutlichen. Beim Betrachten der Bilder, die einen interessierten, wachen und zugewandten Daniel zeigen, erhellen sich die Blicke aller Betrachtenden, im Besonderen die des Vaters. In solchen Momenten kann es sehr hilfreich sein, einfach die Bilder sprechen zu lassen (vgl. Hawellek, 2005, S. 67). Vor dem Hintergrund dieses Eindruckes bleibe ich zunächst dabei, weitere kleine Szenen zu zeigen, die die Aktivitäten des Kindes und die Reaktionen der Fachkräfte demonstrieren. Wir sehen einen schönen Moment der Interaktion zwischen der Erzieherin und Daniel, in welchem sich beide anschauen und lachen. Ich kommentiere diese Szene und lasse dieses Bild einfrieren, da es nach meinem Eindruck einen Gegenentwurf zu den Sorgen und Befürchtungen der Eltern darstellt. Der Vater dreht seinen Zettel, um sich auf der Rückseite etwas zu notieren. Er schaltet nach meinem Eindruck von Angriff auf Zuhören um. Am Ende des Gesprächs bringt mir der Vater seinen Dank über die so detaillierte Beschreibung seines Sohnes zum Ausdruck und schaut dabei auch die Erzieher*innen an. Dann formuliert der Vater noch einen kleinen Auszug seiner Kritik, doch auf eine zurückhaltende Art, die von allen Beteiligten besser angenommen und somit auch besser verstanden werden kann. Wenn wir Eltern mit den möglichen Problemen ihres Kindes konfrontieren, löst das in diesen auch in der Regel die Frage nach dem eigenen Versagen als Eltern aus und sie gehen nicht selten in den Widerstand. Wenn wir gemeinsam auf die Stärken des Kindes schauen, betont diese Betrachtung auch immer den Anteil der Eltern an den Stärken des Kindes und wir öffnen sie für die Zusammenarbeit (vgl. Brazelton, 2008, S. 223). Dann schaffen wir auch eine Grundlage, um problematische Verhaltensweisen gut ansprechen zu können, wenn es nötig sein sollte.

Mir wird in dieser Situation wieder deutlich, welche Kraft von den Bildern ausgeht, die das Vorhaben des Vaters erschüttern lassen und eine Atmosphäre des gegenseitigen Respektes schaffen (vgl. Hawellek & von Schlippe, 2005, S. 30). Die Bilder können jedoch auch an Kraft verlieren, wenn es uns nicht gelingt, die Qualität zu erkennen, da wir zu sehr durch die Brille unseres Welt- oder Wertesystems schauen. Ich zeige das oben beschriebene Video mit dem zweijährigen Jan fast in allen meiner Vorträge und Fortbildungen, da mich die abwartende Haltung der pädagogischen Fachkraft in dieser Szene fasziniert. Durch diese abwartende Haltung kommt sie überhaupt erst in die Position, die Initiativen von Jan zu erkennen und zu benennen. Dieser Punkt wird auch von den Teilnehmenden in den Vorträgen und Seminaren hervorgehoben, wenn ich sie vorher dazu auffordere: »Achtet auf die positiven Handlungen der pädagogischen Fachkraft!«

In zwei Seminaren habe ich ein Experiment gemacht und die Gruppe vor dem Betrachten der Bilder geteilt. Gruppe A erhielt die eben beschriebene Aufgabe und Gruppe B den Satz: »Achte auf die Handlung der pädagogischen Fachkraft!« Es war interessant, dass die Teilnehmer*innen aus Gruppe B in beiden Seminaren die abwartende Haltung kritisch bewertet haben und es in der Videobetrachtung eine Tendenz gab, vermeintlich negative Handlungen der Erzieherin hervorzuheben. Ich hatte in der Aufgabenstellung lediglich das Wort *positiv* weggelassen. Das war ein Experiment, doch diese Tendenz beobachte ich auch häufiger, wenn ich im Seminar bei der Aufgabenstellung vergesse, explizit darauf hinzuweisen, auf das Positive in den Videos zu achten. Hier bekommt Bernard Aucouturiers Satz »Ich interessiere mich für das, was du zu tun vermagst [...]!« (Aucouturier & Lapierre, 1998, S. 20) seine fundamentale Bedeutung, da wir gerade in belastenden und überfordernden Situationen dazu neigen, das halbvolle Glas zu sehen.

Es ist wichtig, einen Rahmen zu schaffen, in welchem wir uns den Raum nehmen, auf die positiven Aspekte, die in der Regel deutlich überwiegen, zu schauen. Der zwischenmenschliche Kontakt, die Qualität der pädagogischen Beziehungen haben in der Begleitung von Kindern oder Beratung von Erwachsenen den stärksten Einfluss auf die Entfaltungsmöglichkeiten des Einzelnen (vgl. Hobson, 2003, S. 23). Wie oben beschrieben kann die persönliche Blickrichtung Entwicklungsspielräume einschränken oder fördern. Die Haltung, die wir dabei einnehmen, hat immer eine Auswirkung auf das pädagogische Klima (vgl. Prengel, 2013, S. 9). Es braucht gute zwischenmenschliche Beziehungen, um so auf das Zentralnervensystem (ZNS) des Menschen einzuwirken, damit seine Motivationssysteme aktiviert werden. Wir müssen von Anderen gesehen und geachtet werden, um uns zugehörig zu fühlen (vgl. Bauer, 2017, S. 22).

3.2 Das innere Bewegtsein

Anton ist vier Jahre und wird mir auch als Kind beschrieben, welches kaum Sprache zeigt und keinen Kontakt zu anderen Kindern findet. Am liebsten sitzt er am Boden und beschäftigt sich mit Autos. Dabei bewegt er auch seine Lippen, doch diese bilden keine verständlichen Worte. Auf Ansprache und Aufforderungen reagiert Anton eher ausweichend und mit einer Art innerem Rückzug. Es lässt sich keine Sprache entlocken. Manchmal entsteht der Eindruck, er spricht einzelne Worte in seiner Muttersprache Polnisch.

In der Beobachtungssituation begebe ich mich in seine Nähe und sehe einen Jungen, der wie beschrieben am Boden sitzt und mit einem großen Krankenwagen spielt. Doch sein Spiel wird immer wieder durch seine beobachtenden und suchenden Blicke in den Raum unterbrochen. Anton beobachtet vorsichtig, fast schüchtern und mit ganz kurzen Blicken das

Spiel und die Interaktion der anderen Kinder. Es entsteht der Eindruck, als beinhalte dieser Blick auch die heimliche Suche nach Kontakt zu den anderen Jungen, die sich aktiv und kommunikativ im Raum bewegen.

Das Spiel der Jungen, die ebenfalls mit Autos spielen, wird angetrieben durch ihre Fantasie, ihre Emotionen sowie ihre gelebte Lust an der Beziehung zum Gegenüber. Das gleiche Interesse hat möglicherweise Anton, doch es gelingt ihm nicht, seine Bedürfnisse, sein inneres Bewegtsein, so zum Ausdruck zu bringen, dass er hinreichend von den anderen wahrgenommen wird.

In meiner Beobachtung als Berater kann ich mich von meiner eigenen inneren Aufmerksamkeit ganz und gar auf diese Situation einlassen. Ich bin frei von allen Dingen, die sonst den Alltag in Kindertagesstätten bestimmen. Ich habe keine direkte Verantwortung für die anderen Kinder und mich beschäftigen auch keine Gedanken in Bezug auf den organisatorischen Rahmen. Für mich gibt es gerade nur Anton, dem es nach meinem Eindruck nicht gelingt, seine Bedürfnisse angemessen und für alle sichtbar zum Ausdruck zu bringen. Ich kann für einen Moment ganz und gar eintauchen in die Beobachtung eines Kindes und ich lasse mich auf dieses Ereignis ein, da ich die Erfahrung gemacht habe, in diesen Momenten mehr zu sehen, als uns sonst in der Vielfalt des Alltags möglich ist.

Anton ist in diesem Moment mit seinen Augen auf seinen großen Krankenwagen konzentriert. Er betrachtet die beiden Blaulichter am Fahrerhaus und berührt diese nacheinander mit seinem Zeigefinger. Dann fällt sein Blick auf einen roten Bauklotz, der in der Nähe des Fahrzeuges liegt, und er nimmt sich diesen Stein, um ihn oben durch eine kleine Dachöffnung des Krankenwagens zu stecken. Er wirkt in diesem Moment etwas versunken in seinem Spiel und sein Körper folgt seinem Interesse, sich diesen Stein wieder durch die Hecktüren des Krankenwagens zu holen. Er versucht die Türen zu öffnen, beugt sich dabei nach vorne, um von hinten in das Auto schauen zu können. Nun holt er den Stein wieder hervor und versucht die Türen zu schließen, doch in diesem Moment scheint sein Spiel einem anderen Einfluss zu folgen. Anton beachtet den roten Stein nicht mehr, sondern wirkt aufgeregt und versucht mit sehr hektischen Bewegungen, die Hecktüren des Krankenwagens zu schließen. Durch seine hektischen Bemühungen gehen die Türen immer wieder auf und es ist zunächst nicht zu erkennen, welches Motiv hinter seinem Handeln steckt. Dann gibt es Stimmen, welche die gleiche Aufgeregtheit ausdrücken, und für einen Moment entsteht der Eindruck, es seien die Worte von Anton. Seine Bewegungen, sein ganzer körperlicher Ausdruck passt zu den Stimmen und Tönen im Raum. Doch es sind die anderen Jungen, die sprechen und intensiv miteinander im Kontakt sind. Die Handlungen und Bewegungen von Anton, die Synchronizität mit den Stimmen der anderen Kinder ist nach meinem Eindruck ein Versuch, Nähe oder eine Verbindung herzustellen.

Dieser Moment, der eine Minute der Realität von Anton zum Ausdruck bringt, zeigt die Zerrissenheit und Sehnsucht eines Kindes, welches in seinem Spiel alleine bleibt. Doch wir können diese Situation mit einer ganz einfachen Intervention ändern und Anton das Gefühl geben, dazuzugehören und Teil einer Gemeinschaft zu sein.

Ich bitte eine Erzieherin, die sich ebenfalls gerade in diesem Raum befindet, sich zu Anton auf den Boden zu setzen, um sein Spiel für einen Moment mit ihren Augen zu beobachten und dann mit Worten zu begleiten. Die Kollegin folgt meinem Vorschlag und kniet sich zu Anton auf den Boden. Während sie sich dann etwas nach vorne beugt, berührt sie mit ihrem Zeigefinger ein Blaulicht des Krankenwagens, mit dem Anton sich weiter beschäftigt. Anton ist sofort präsent, spannt seinen ganzen Körper an, zeigt mit ausgestreckten Armen auf die Vielzahl von Blaulichtern, es sind insgesamt vier, die der Krankenwagen besitzt, und sagt: »Guck mal!« – »Jaaaaah!«, antwortet die Kollegin. Nun drückt Anton intensiv auf ein Blaulicht, welches zu blinken beginnt und die Kollegin dazu animiert, »Tatütata!« zu sagen. Anton reagiert darauf mit einem »Ohh!« und schaut die Erzieherin mit weit aufgerissenen Augen an. Hier bringt er sein aktuelles inneres Bewegtsein deutlich zum Ausdruck und zieht auch sofort die Aufmerksamkeit zwei anderer Kinder auf sich. – »Wenn er seine eigenen Handlungen benennt, lädt er dabei Leute ein, bei ihm zu sein; dann ist er nicht mehr so allein in der Welt« (Aarts, 2012, S. 56), beschreibt Maria Aarts einen Jungen, der über das Benennen seiner Handlungen durch seine Eltern animiert wurde, sein Handeln in Worte zu fassen.

In der beschriebenen Szene um Anton lacht nun ein Junge und teilt seine Freude mit jener der pädagogischen Fachkraft, die auch vor Freude über die Initiativen von Anton lächeln muss. Anton agiert weiter, denn er hat nun das Gefühl, über sein Handeln und den damit verbundenen emotionalen und zeitweise sprachlichen Ausdruck in seinem unmittelbaren

Umfeld etwas bewegen zu können. Er sucht immer wieder den Blickkontakt zu der Kollegin und zu den Kindern, die gerade ihr Interesse an seinem Spiel zeigen. Dieses Wechselspiel setzt sich noch einige Zeit fort und es entstehen zunehmend Interaktionsmomente mit anderen Kindern.

Nun ist Anton auch für die anderen Kinder sichtbar. Es ist zum einen sein aktives und engagiertes Handeln, doch auch sein emotionaler und verbaler Ausdruck, der seinem Spiel mehr Bedeutung im Raum erteilt. Es scheint sich schön anzufühlen, die eigene Stimme im Raum zu hören und damit freudige Reaktionen in einer Gemeinschaft auszulösen. – Es war die Erzieherin mit ihren Augen und mit ihrem Körper – *ich setzte mich zu dir auf den Boden und teile mit die räumliche Nähe; ich beuge mich nach vorne, um näher bei dir und deinem Spielzeug zu sein; ich berühre dein Objekt* – sowie ihrer Sprache, die den Initiativen und Handlungen von Anton mehr Bedeutung gegeben hat (vgl. Aucouturier, 2005, S. 84). Wenn wir uns zu jemandem auf den Boden setzen, machen wir deutlich, dass wir einen Moment verweilen und für einen Zeitraum die räumliche Nähe teilen. Ich bin bei dir (vgl. Omer & von Schlippe, 2017, S. 93). Ich konnte die Qualität dieser einfachen Intervention, der ich den Begriff einer Verankerung zuschreibe, in meiner Beratungstätigkeit immer wieder beobachten.

Hier ist die Erzieherin nun durch ihr eigenes inneres Bewegtsein wirklich voll und ganz bei Anton. Sie zeigt durch ihre echte unmittelbare Anteilnahme Präsenz und Interesse an seinem Spiel sowie an seiner Person. Diese Initiative der Erzieherin führt auch dazu, dass sich die anderen Kinder für Anton und seine Handlungen interessieren. Die Erzieherin ist hier das verbindende Element und Anton ist nun nicht mehr allein und macht die so elementar wichtige Erfahrung der Selbstwirksamkeit in Bezug auf die/den Andere*n und die Welt.

Anmerkung: Ich habe viele Kinder erlebt, die so wie Anton nicht auf Ansprache reagieren. Nicht selten hat es damit zu tun, sich gar nicht angesprochen zu fühlen, und erst eine zusätzliche Berührung oder die räumliche Nähe führt dazu, dass diese Kinder wirklich das Gefühl haben, gemeint zu sein. Auch bei Kindern, denen es schwerfällt, mit ihrer Aufmerksamkeit bei einer Sache zu bleiben, kann es eine wichtige Intervention sein, über Nähe, Berührungen oder das Vorbeugen unseres Körpers Interesse an ihnen und ihrem Handeln auszudrücken.

Lena ist zwei Jahre alt und zeigt kein Interesse an anderen Kindern. Sie nimmt auch keinen Blickkontakt zu Kindern und Erwachsenen auf. Beim gemeinsamen Anschauen eines Bilderbuches betrachtet sie wie die anderen Kinder die Objekte, die von der Erzieherin erwähnt werden. Während die anderen Kinder nach dem Betrachten der einzelnen Bilder – der Ente, dem Schwein oder der Gans – immer wieder kurz einen rückversicherden Blickkontakt zur Erzieherin aufnehmen, schaut Lena nur auf die Abbildungen im Buch. Ich bitte eine Erzieherin, ihre Worte direkt auf die Handlungen und das Erleben von Lena zu richten, um zu schauen, ob sich bei Lena nun Blickkontakt einstellt. In der Folge benennt die Kollegin die Handlungen von Lena sehr deutlich mit Worten, doch es gibt weiterhin keinen Blickkontakt. Lena zeigt auch keinen Austausch von Emotionen über Gestik und Mimik. Sie bleibt in ihrem Erleben für sich und gibt keinerlei Anzeichen, andere in ihr Erleben mitzunehmen, was auch die Eltern zunehmend besorgt. Lena bringt hier ein Verhalten zum Ausdruck, welches wir auch von autistischen Kindern kennen, die ihre Eltern nicht an ihrem inneren Bewegtsein teilhaben lassen. Daraus resultiert dann oft, dass auch die Eltern irgendwann nachlassen, diese so wichtige Bezogenheit zum Kind herzustellen. Diese Beobachtung kann ich auch immer wieder in der Kindertagesstätte machen. Kinder, die uns nicht über ihre Augen, ihre Emotionen oder ihre Worte zu Kommunikation einladen, bleiben allein, da sie auch weniger Ansprache erhalten.

Während ich diese Gedanken habe, beginne ich, wie ich es in vielen hundert Therapiestunden mit autistischen Kindern gemacht habe, die Bewegungen und Handlungen von Lena intensiv zu beobachten und in mir aufzunehmen, um ein klareres Bild von ihr zu erhalten. Sie beschäftigt sich gerade mit einem Teddy, und in der Art und Weise, wie sie diesen vor ihrem Körper bewegt, entkräftet sich mir der Eindruck, Lenas Mangel an Blickkontakt könnte seine Ursache im Spektrum Autismus haben. Ihre fürsorglichen Bewegungen, mit welchen sie mit ihren kleinen Händen auf den Teddy einwirkt, hinterlassen bei mir den Eindruck einer Mutter, die ihr Kind versorgt. Ich spüre die Entlastung, die diese Bilder, die mich gleichzeitig berühren, in mir auslösen. Plötzlich, als wenn Lena dieses gespürt hätte, schaut sie mich sehr direkt und offen an. Ich bin überrascht und sage ein sehr langgezogenes, von einer Überraschung und Emotionen angereichertes »Jaaah!«, was Lena dazu veranlasst, im Anschluss ihren

Bären anzuschauen, und mich dazu animiert, »Ein Bär!« zu sagen. Sie schaut mich wieder an, worauf ich erneut »Jaah!« sage. Sofort geht ihr Blick wieder zum Objekt, und sie sagt: »Bär!«, was mich dazu einlädt, ebenfalls mit dem Worten »Ein Bäär!« zu reagieren. Lena drückt nun zunächst den Bären an ihren Körper, bevor sie ihn auf ein kleines Sofa setzt und seine Ohren anfasst. Ich sage: »Ja, die Ohren!« Nun nimmt Lena den Bären wieder an ihren Körper, drückt in ganz fest und schaut mich dabei erwartungsvoll an. Hier nimmt sie mich unmittelbar mit in ihr Erleben und ich sage: »Du drückst den Bären!« Jetzt macht Lena einen kleinen Hüpfer, schaut mich dabei intensiv an und drückt den Bären wieder ganz fest an ihren Körper, um mich weiter dazu zu animieren, ihr die volle Aufmerksamkeit zu schenken. Diese intensive wechselseitige Interaktion war nur möglich, weil ich ihren Gefühlszustand in mir aufnehmen und spiegeln konnte und sie in der Lage war, zu erkennen, dass meine Reaktionen mit ihren Gefühlen korrespondieren (vgl. Stern, 1998, S. 199).

In der Folge geht sie mit ihrem Bären an einen Ort, wo sie ihn hinlegt und mit einer Decke zudeckt. An ihren weiteren Handlungen wird deutlich, dass sie den Bären schlafen legt. In ihren Handlungen orientiert sie sich nach meinem Eindruck an den Handlungen, die ihre Eltern vollziehen, wenn sie Lena ins Bett bringen.

Das symbolische Spiel sowie die Art, wie Lena mich über den Blick und ihre Emotion in ihr Erleben mitnimmt, zeigen sehr deutlich, über welche sozialen Kompetenzen sie verfügt, und löschen bei mir alle Gedanken, die in Richtung Autismus gingen. Doch wie konnte sich dieses Bild so schnell wandeln? Es ist ein Einlassen auf tonisch-emotionaler Ebene, das dem Kind das Gefühl gibt, in seinem Sein wahrgenommen zu werden, um eine Resonanz in der/dem Anderen auszulösen (vgl. Kokemoor, 2011, S. 100). Im Moment der Beobachtung, die hier mit meiner ungeteilten Aufmerksamkeit einherging, konnte ich die Bewegungen, Handlungen und Empfindungen von Lena in mir aufnehmen. Es sind die Spiegelneuronen, die eine Beobachtung zu einer miterlebenden Beobachtung machen, die uns intuitiv die Handlungen der/des Anderen erfassen und verstehen lässt (vgl. Bauer, 2008, S. 118). Die zurückgespiegelten Resonanzen, die ich mit meinen Worten, die immer mit Emotionen einhergegangen sind und sich unmittelbar an den Handlungen von Lena orientiert haben, führen dann zu einem wechselseitigen Resonanzerleben. Dieses wechselseitige Resonanzerleben leistet einen beachtlichen Beitrag zur Selbst- und Identitätsbildung des Kindes (vgl. ebd., S. 120). Auslöser für diesen oben beschriebenen Dialog mit Lena war ein Moment der ungeteilten Aufmerksamkeit, der sich dann über einen längeren Zeitpunkt fortsetzt, da wir uns diesem Dialog mit dem Kind, welcher mit einem tonisch-emotionalen Erleben einhergeht, nicht entziehen können. Der Moment der ungeteilten Aufmerksamkeit, welchen wir durch die reine Beobachtung provozieren können, ist ein wichtiger Moment, um uns auch vor den zu vielen Eindrücken in unserer Gesellschaft zu schützen.

Wie Studien belegen, hat der Konsum von Medien auch bei den Zwei- bis Fünfjährigen deutlich zugenommen und es ist besorgniserregend, wie viele Kinder hier schon sehr früh einen unkontrollierten Zugang erhalten (vgl. »miniKIM 2014«; mpfs, 2014, S. 32). Der unreflektierte Gebrauch von Medien führt in unserer Zeit immer mehr dazu, dass diese so kostbaren Momente der Interaktion sowie des freien, kreativen Spiels bei einzelnen Kindern immer weniger und nicht hinreichend zustande kommen. Wir werden, wie unter 7.3 näher beschrieben, zunehmend Kinder beobachten können, die unter diesem Einfluss leiden.

3.3 Die reine Beobachtung

Wir haben gerade einen besonderen Moment erlebt, von welchem Lena und Anton sehr profitiert haben, und es zeigt sehr deutlich, wie wichtig der Beziehungsmoment oder auch der Moment der gemeinsamen Bezogenheit ist, um das Kind darin zu unterstützen, in ein Beziehungserleben zu kommen und das eigene Handeln besser wahrzunehmen. Durch diese intensivierte Wahrnehmung des eigenen Handlungsvermögens in der Beziehung zur/zum Anderen wird das Kind sich stärker seiner selbst bewusst. Natürlich braucht es nicht nur diesen einen Moment, denn Kinder wie Lena oder Anton benötigen in ihrer Situation möglicherweise täglich ein paar solcher Begleitungsmomente, um die Möglichkeit, sich in der Gemeinschaft zu zeigen, zu erweitern und zu festigen.

In dem Beispiel um Anton (3.2) nutze ich den Rahmen der nächsten Dienstbesprechung als *pädagogisches Instrument*, um allen Erwachsenen in seinem Umfeld die Möglichkeit zu geben, sich diesen besonderen Moment vor Augen zu führen. In Kapitel 6 werde ich die Qualität der *Dienstbesprechung als pädagogisches Instrument* ausführlich beschreiben. Im Wesentlichen geht es jedoch darum, alle an dem Prozess um Anton zu beteiligen, der jedoch grundsätzliche pädagogische Inhalte und Erkenntnisse bereithält, die es lohnt, sich vor Augen zu führen und zu reflektieren, damit sie mehr Präsenz im Alltagserleben bekommen.

Als die pädagogischen Fachkräfte die Videoausschnitte von Anton sehen, sind alle sehr berührt. Wir schauen die Aufnahmen, die ja sehr kurz sind, mehrere Male an und es sind alle vom Kontrast beeindruckt, die die Szenen darstellen. Zunächst einen Jungen, der die Suche nach Kontakt zeigt, doch über keine Möglichkeit verfügt, dieses angemessen und verständlich zum Ausdruck zu bringen. Dann die Szenen mit einer nur kleinen Veränderung, die ein fröhliches und aktives Kind zeigt, dem es nun gelingt, sich in einer kleinen Gruppe auszudrücken. Im Rahmen der Dienstbesprechung wird dies für alle sichtbar und verständlich. Ja, es entsteht auch ein viel differenzierteres Bild vom Kind, welches sich zunehmend von einer defizitären Beschreibung löst und sich an seinen Bedürfnissen und Möglichkeiten orientiert. Wir können in der Dienstbesprechung diesen von anderen Anforderungen des pädagogischen Alltags freien Rahmen nutzen, um uns auf die *reine Beobachtung* zu konzentrieren.

Ich werde hier dem Begriff der *reinen Beobachtung* eine besondere Bedeutung geben. In der reinen Beobachtung sollten wir uns für einen Moment von den anderen uns umgebenden Aufgaben und Gedanken lösen. Es geht darum, den Ausdruck des Kindes, welcher sich durch seine Bewegungen, seine Handlungen, seine Initiativen, seine Sprache, seine Augen und seinen Tonus zeigt, zu erfassen und in sich aufzunehmen.

Die *reine Beobachtung*, so wie ich sie als Berater anwende und für die ich überwiegend die Videografie nutze, dient dazu, sich ein umfassendes Bild vom Kind zu machen. Wir schauen auf das Bedürfnis oder die Botschaft, welche sich hinter dem Verhalten des Kindes abbildet, und natürlich darauf, was das Kind bereits an Verhaltensweisen entwickelt hat. Wie oben beschrieben, unterscheidet sich dieses Bild vom Kind von den Beschreibungen, die die pädagogischen Fachkräfte oder Eltern im Vorfeld vom Kind gemacht haben. Im Besonderen bei Kindern, die uns durch ihr Verhalten herausfordern, erhalten wir so die Möglichkeit, unsere inneren Bilder, die sich mit unseren Emotionen zum Kind vermischen und dadurch oft einem negativen inneren Bild entspringen, zu überdecken, zu verändern und langfristig zu löschen. Auch wenn pädagogische Fachkräfte und Eltern verwundert oder manchmal enttäuscht sind, dass diese Bilder, die eine andere Alltagsrealität des Kindes abbilden, sich deutlich von den eigenen inneren Bildern des Kindes unterscheiden, gibt es die gute Nachricht: Das Kind ist in der Lage, ein Verhalten zu zeigen, mit welchem wir zufrieden sind und an das wir mit unserer Aufmerksamkeit anschließen können.

Die *reine Beobachtung* hat eine weitere Funktion, die ich als den Einstieg in die Interaktion beschreiben möchte. Ich nehme das Kind in mir auf und erfasse zunächst, wo dieses Kind mit seiner Aufmerksamkeit ist und was es durch seine Initiativen und Handlungen ausdrücken möchte (vgl. Bauer, 2008, S. 119). Das Kind dort wahrnehmen und abholen, wo es sich mit seiner Aufmerksamkeit befindet. Es ist ein Einlassen auf das Kind und die Situation, ohne etwas Spezifisches zu erwarten. Der französische Psychomotoriker Bernard Aucouturier macht den Vorschlag *leer, ohne Gedanken* in eine Situation mit dem Kind zu gehen und uns von den Handlungen des Kindes inspirieren zu lassen. So können wir auch nicht so leicht enttäuscht werden. Manche Kinder spüren unser Einlassen, was ich auch als unsere innere und äußere Präsenz bezeichnen möchte, sofort, und reagieren mit einem Blick. Dieser spontane Blick des Kindes kann wiederum unterschiedliche Qualitäten haben. Er kann ebenfalls ein beobachtender Blick sein, wo es nur darum geht, wahrzunehmen, dass wir da sind. Manchmal ist dieser Blick auch mit einer Verwunderung oder der Frage »Was machst du?«, die manche Kinder auch direkt stellen, verbunden. Der spontane Blick des Kindes kann aber auch, so wie oben bei Lena beschrieben, eine direkte Einladung in sein Erleben sein. Es möchte uns sagen: Schau her, das mache ich gerade. Diesen Blick können wir auch den *triangulären Blick* nennen. Es ist eine Einladung des Kindes, sich an dem zu beteiligen, womit es sich gerade beschäftigt. Ich werde auf diesen Blick, der uns zur Aufmerksamkeit für die Aktivitäten oder Gefühle des Kindes einladen soll, im nächsten Abschnitt noch weiter eingehen.

Die *reine Beobachtung* ist also zum einen eine Einladung zur Kommunikation, die wir auch gezielt bei gehemmten Kindern, verhaltensauffälligen Kindern sowie autistischen Kindern anwenden sollten. Bei autistischen Kindern braucht unsere Beobachtung noch eine wichtige Ergänzung, auf die ich ebenfalls im folgenden Abschnitt eingehen möchte. Neben dem interaktiven Aspekt der Aufmerksamkeit für das Kind soll uns *die reine Beobachtung* helfen, ein klareres Bild vom Kind zu bekommen. Denn es bringt durch die Art und Weise, wie es sich bewegt, handelt oder spielt, sein inneres Bewegtsein, seine persönliche Geschichte zum Ausdruck (vgl. Kokemoor, 2005, S. 20). Um die reine Beobachtung als Handlungskonzept im pädagogischen Alltag zu integrieren und zu einer selbstverständlichen Handlung werden zu lassen, mache ich den Vorschlag, das Beobachten sehr regelmäßig zu üben. Wie dieser Vorschlag in der pädagogischen Praxis konkret umzusetzen ist, möchte ich in Kapitel 4 über das Dreiraumprinzip näher erläutern. Ich werde dann auch weitere Funktionen der reinen Beobachtung beschreiben, obwohl diese dann nicht mehr rein ist, denn wir führen dann ein Verfahren zur Beobachtung ein. Es ist manchmal sehr hilfreich, eine Schablone oder eine spezifische Fragestellung bei der Beobachtung zu verwenden, die es uns ermöglicht, das Kind in Bezug auf ein bestimmtes Thema zu betrachten. Dies ist eine weitere Hilfestellung, um uns von einer möglichen Fixierung oder belastenden Betrachtung zu lösen.

3.4 Einladung zur Interaktion

Wie oben bereits beschrieben, ist der trianguläre Blick eine Einladung des Kindes zur Kommunikation oder auch zur Teilhabe an seinem Erleben. Die meisten Kinder laden uns aus sich heraus über die Augen oder Worte zur Interaktion, zur Kommunikation oder zur Teilhabe an ihrem Erleben ein (vgl. Zollinger, 1999, S. 20f.). Doch manche Kinder, die beispielweise gehemmt sind oder aufgrund einer tiefgreifenden Entwicklungsstörung wie Autismus diesen Schritt nicht gehen, brauchen eine Einladung durch eine besondere Aufmerksamkeit und Begleitung. Diese beginnt mit der Beobachtung und dem Erkennen der Initiativen, Handlungen und auch emotionalen Impulse des Kindes. Mit dem Erkennen folgt dann das Benennen der Initiativen und Handlungen des Kindes. Durch das Spiegeln der emotionalen Impulse des Kindes signalisieren wir unsere Nähe zu seinem Erleben.

Bei autistischen Kindern reicht die Beobachtung und sprachliche Begleitung seiner Handlungen mit Worten in der Regelt nicht aus, um dem

Kind unsere Anwesenheit vor Augen zu führen. Sie sind stark auf sich selbst und ihre besonderen Handlungen oder Empfindungen bezogen. Ich habe in den letzten Jahren die Erfahrung gemacht, dass diese Kinder besondere Impulse benötigen, um sich für Momente aus ihrer Selbstbezogenheit zu lösen. Wir müssen sie regelrecht mit unseren Worten berühren, mit unserem Körper sprechen, um zu den Handlungen oder dem Empfinden des Kindes durchzudringen. Dieses Durchdringen bedeutet, eine tonisch-emotionale Resonanz in ihnen auszulösen. Manchmal ist sogar eine taktile Berührung nötig, damit unsere Anwesenheit zu ihnen durchdringt.

3.5 Das Auftauchen der/des Anderen

Der dreijährige Robin hat eine Diagnose aus dem Spektrum Autismus. Er geht nicht zu anderen Kindern in Kontakt, spricht überwiegend in Zitaten und liebt es, Puzzle zu legen oder kleine Spielzeugautos in eine Reihe zu stellen. Auf seine Umgebung macht er den Eindruck, als wolle er in seinem Spiel nicht gestört werden. Er fängt an zu schreien, wenn andere Kinder sein Puzzle oder seine Reihen aus Autos oder Holzbausteinen verändern wollen. Natürlich ist es wichtig, Robins Wunsch nach Autonomie zu respektieren und in sein Spiel und sein Handeln nicht einfach einzugreifen. Gleichzeitig brauchen Kinder aus dem Spektrum Autismus ein gezieltes, intensives Resonanzerleben in Bezug auf ihr Handeln, um eine Gelegenheit zu erhalten, sich aus dieser Selbstbezogenheit zu lösen (vgl. Kokemoor, 2016a, S. 161).

Robin legt wieder einmal ein Puzzle, ohne dabei den Blick von Anderen zu suchen. Sein Blick konzentriert sich auf das einzelne Puzzleteil und er fügt die Teile zusammen, auch ohne ein wirkliches Interesse an dem Motiv zu zeigen, welches er zwangsläufig vor seinen Augen konstruiert. Es ist ein Bild von Peterson und Findus und als er gerade das Teil legt, welches den Kopf von Peterson zeigt, wird diese Handlung durch die Worte einer Erzieherin begleitet: »Der Kopf von Peterson.« In diesem Moment würden die meisten Kinder den Blick heben und zur Erzieherin schauen oder für einen Moment innehalten, doch Robin legt ohne eine Reaktion zu zeigen in einer Art eigenem Rhythmus weiter, und es entsteht der Eindruck, als habe er die Worte nicht gehört. Aus dieser Beobachtung in Bezug auf diese Kinder resultiert die Beschreibung: »Das autistische Kind wirkt wie taub.«

Doch auch wenn Robin diese Worte nicht erreichen oder berühren, ist er nicht taub. Sein Bezugspunkt ist in diesen Momenten ein anderer. Er ist mit den Objekten, den Formen, den Reihen, Rhythmen in »Resonanz«. Viele dieser Kinder haben ein nicht hinreichend strukturiertes einheitliches Körpergefühl und aus diesem Grund lieben sie es, eine Art Spiegelung im Außen mit klaren Strukturen (Puzzle, Reihen, Fahrpläne und ähnlichem) und Einheiten herzustellen (vgl. ebd., S. 137f.). Doch nun gibt es eine recht einfache Möglichkeit, sie mit unseren Worten zu erreichen. Wir müssen, so wie oben bereits beschrieben, mit unserem Körper sprechen, zu den Handlungen oder dem Empfinden in Resonanz gehen und unsere Worte mit Emotionen und Stimme füllen, um die Motivation beim Kind zu erhöhen (vgl. Voigt & Trautmann-Voigt, 1998, S. 45).

Ich führe ein kurzes Vieraugengespräch mit der Erzieherin, die Robins Handlungen gerade noch mit ihren Worten begleitet hat. Ich bestätige die so elementare Bedeutung der handlungsbegleitenden Sprache und bitte sie, noch eine kleine Veränderung in dieser Begleitung vorzunehmen. Sie soll sich vorstellen, ihr Körper sei der Resonanzkörper für ihre Stimmbänder wie der Korpus eines Kontrabasses für die Saiten. Sie schaut mich etwas skeptisch an und begibt sich nach leichtem Zögern wieder an die Seite von Robin und beobachtet sehr aufmerksam sein Handeln. Robin ist weiter konzentriert mit seinem Puzzle beschäftigt. Er legt das nächste Teil, auf welchem sich der Großteil einer Blume abbildet. »Aaaaah, eine Bluuumee!«, sagt in diesem Moment die Erzieherin mit viel Betonung auf dem »Aaah«. Sie wirkt verwundert, als Robin unmittelbar, fast mit ihrem Worten im Einklang, seinen Oberkörper aufrichtet und das Puzzle betrachtet. Bevor ich beschreibe, wie sich die Situation bei Robin weiterentwickelt, möchte ich kurz auf Marvin und Daniel eingehen, bei denen das *Berühren mit Tönen und Worten* zu einer ähnlichen Veränderung führt.

Der dreijährige Marvin liegt in sich versunken auf dem Boden und dreht immer und immer wieder einen durchsichtigen Regenmacher. Er beobachtet das Tanzen der kleinen Kugeln, bis auch die letzte silberne Kugel unten angekommen ist. Er kann dieses Spiel ständig wiederholen und dabei scheinbar den Rest der Welt vergessen. Ich beobachte dieses Spiel eine ganze Weile, um das Ereignis auf mich wirken zu lassen. Dann mache ich einen langgezogenen Ton, der eine Resonanz zu seinem Erleben darstellen soll, und schon lässt Marvin mit seinen Augen von den Kugeln ab, schaut zunächst in den Raum, um mich anschließend anzulächeln. Als er sich dann aufrichtet und mich sehr direkt und fragend anschaut, antworte ich: »Ja, ich war das!« In meinem Buch *Autismus verstehen* spreche in diesem Zusammenhang vom Auftauchen der/des Anderen.

Bei Daniel verhält es sich ähnlich. Er kann über Stunden lang ausgestreckt am Boden liegen und die Holzeisenbahn vor seinen Augen hin- und herfahren zulassen. Er wirkt dabei sehr entspannt und absolut auf sich selbst bezogen. Als ich an diesem Tag die Kita betrete, sitzt Daniel am Tisch und hält zwei Bauklötze in den Händen, die er immer wieder zusammen und dann wieder auseinanderführt. Da ich ihn schon etwas kenne und mir seine Vorliebe für automatische Fahrstuhltüren bewusst ist, wird für mich schnell klar, welche Absicht er mit seinem Spiel verfolgt. Er ist total konzentriert und wirkt fasziniert, wenn er seine Tür auf- und zugehen lässt, doch er lässt mich nicht über einen Blickkontakt an seinem Erleben teilhaben. Dies geht mehrere Minuten, bis ich zu seiner Wiederholungshandlung in Resonanz gehe. Ich sage: »Auf«, wenn er die Tür aufmacht, und »Zu!«, wenn er die Tür wieder schließt. Doch ich sage in Wirklichkeit »Aaaauuuf!« und »Zuuuuuuh!«, spüre dabei, wie sich die Töne dabei in meinem Brustkorb ausbreiten. Schon beim ersten »Aaaauuuf!« blickt Daniel mich an und zeigt eine positive Erwartungshaltung, als er die Tür wieder schließt. Es ist ganz einfach, denn danach fährt der Fachstuhl »Hooooch!« und wieder »Ruuunteeer!« Dann nimmt Daniel wieder die Bausteine, macht damit die Tür auf und sagt: »Auf!«, während er mich dabei anlächelt. Es wird bei Daniel sofort eine andere Präsenz deutlich, mit der er sein subjektives Erleben mitteilt, was einen unmittelbaren Einfluss auf mein Erleben und Handeln hat (vgl. Stern, 1998, S. 180). Es dauert nur einen kurzen Moment, bis wir gemeinsam sein Spiel mit Worten begleiten und er mich immer wieder freudig anlacht. Der bekannte Neuropsychologe Colwyn Traevarthen spricht hier von der Intersubjektivität (vgl. Hobson, 2003, S. 75). Das Kind entdeckt, dass es innere Erfahrungen mit jemand anderem teilen kann (vgl. Dornes, 2004, S. 152). Hier erleben wir eine Art Brückenschlag zum autistischen Kind, das nun wahrnimmt, dass sein intensives Spiel mit dem Objekt auch von jemand anderem betrachtet oder gesehen wird. Doch dieser Moment des intensiven Kontaktes löst auch sofort etwas in seinem Gegenüber aus, da es plötzlich diese wechselseitigen Resonanzen gibt.

Auch bei Robin führt dieses Ereignis augenblicklich zu einer Veränderung bei der pädagogischen Fachkraft. Ihre Verwunderung, die sich schnell in Begeisterung wandelt, ist eine emotionale Reaktion oder auch Resonanz auf das Erlebnis, bei der/dem Anderen etwas bewirkt zu haben. Doch dieses wechselseitige Erleben ist nur möglich, wenn wir nicht nur in Resonanz gehen, sondern ebenfalls in eine Art »Hier und Jetzt«-Erleben eintauchen, also im guten Kontakt zu der gesamten Situation sind.

Robin legt das nächste Teil, was mit den emotionalen Worten der Erzieherin »Ooooh, noch ein Teil!« begleitet wird. In diesem Moment richtet sich Robin wieder auf, greift sich ein neues Teil, nimmt nun Blickkontakt zu der Erzieherin auf und sagt: »Noch ein Teil!« Durch dieses tonisch-emotionale Resonanzerleben wird in dem autistischen Kind erst das Interesse oder die Lust an der Kommunikation mit der/dem Anderen geweckt (vgl. Kokemoor, 2016b, S. 35). Etwa einen Monat später, in dem sich diese Momente täglich mehrere Male wiederholt haben, fängt Robin an, diese Erfahrung auch direkt einzufordern. Er zeigt den Erwachsenen Gegenstände und wartet regelrecht auf die Reaktion, eine Resonanz seines Gegenübers. Er geht in die Triangulierung und nimmt sein Gegenüber mit in seinen Aufmerksamkeitsfokus oder sein Erleben.

In meiner jahrzehntelangen Arbeit mit autistischen Kindern ist mir die elementare Bedeutung dieser tiefgreifenden Interaktion immer bewusster geworden, und ich sehe hier den Kern oder die Grundlage für eine hilfreiche Beziehung. Der Londoner Professor für Psychopathologe Peter Hobson betont in seinem Buch *Wie wir denken lernen*, dass einer der stärksten Einflüsse auf die kindliche Entwicklung das ist, was zwischen den Menschen geschieht« (Hobson, 2003, S. 23). Durch das Zwischenmenschliche, die tonisch-emotionale Resonanz in Bezug auf die Handlung oder das Sein des Kindes macht es die so wichtige Erfahrung der Bindung, auf die wir ein Leben lang angewiesen sind. Dies gilt für alle Kinder und ist nicht nur eine positive Erfahrung für das Seelenheil des Kindes, sondern stellt auch eine gemeinsame Verbindung zu den Objekten oder bildungsrelevanten Themen her, zu denen wir dann in Kommunikation treten können.

3.6 Seitenwechsel

Robin zeigt in der Folge zunehmend sein Interesse an der Interaktion. Dieses Interesse beschränkt sich zunächst auf die Erwachsenen, weil diese immer wieder auf seine Initiativen und Handlungen reagieren. Nach etwa einem halben Jahr kontinuierlicher Begleitung beginnt Robin, sich auch stärker für die Aktivitäten der anderen Kinder zu interessieren. Bei einem weiteren Beratungsbesuch in der Kindertagesstätte werde ich von den pädagogischen Fachkräften freudig begrüßt. Sie sind gerade beglückt von den Entwicklungsschritten, die Robin auf dem Hintergrund ihrer pädagogischen Interventionen macht, und begrüßen mich mit den Worten: »Robin beobachtet nun mehr, was die Kinder machen! Zum Teil geht er auch zu den Kindern in Kontakt.«

Ich freue mich über diese Berichte und begebe mich auf das Außengelände der Kita, um Robin zu filmen. Ich kann sofort erkennen, was die Fachkräfte mit ihren Beschreibungen meinen. Robin hat seinen Blick nach außen gewandt und beobachtet die Aktivitäten der anderen Kinder. Was die Kolleginnen jedoch nicht erwähnt haben, waren die Kommentare, die er seinen Beobachtungen anfügte: »Max, der Sand bleibt im Sandkasten, ja!« – »Marie, mit den Fahrzeugen fahren wir nur auf den Wegen!« – »Felix, nicht so hoch klettern!« Ich fange die Szenen, und natürlich auch Robins Kommentare, mit meiner Kamera ein. Im Anschluss setze ich mich mit den beiden Erzieherinnen hin, um anhand der Videos die Entwicklung von Robin sowie das weitere pädagogische Vorgehen zu besprechen. Als ich den ersten Film zeige, halten sich die Kolleginnen aufgrund ihrer Beobachtung vor Erschrecken oder Erstaunen eine Hand vor den Mund und eine sagt: »Oh Gott!« Im Video ist zu sehen, wie Robin, so wie von den beiden beschrieben, die anderen Kinder beobachtet. Doch was ihnen im Alltag verborgen blieb und was für sie über diesen Perspektivwechsel sichtbar und hörbar wurde, waren seine Worte und Sätze, die er aufgrund seiner Beobachtungen von sich gab. – »Max – der Sand bleibt im Sandkasten!« – »Marie, wir fahren mit den Fahrzeugen nicht auf dem Rasen! Wozu haben wir wohl die Wege!« – »Flori, pass auf, mit dem Stock kann man sich auch wehtun!«

Als die Fachkräfte mich mit gemischten Gefühlen ansahen, habe ich ihnen Folgendes gesagt: »Die gute Nachricht, die sich aus dieser Beobachtung ableiten lässt, ist: Robin beobachtet die anderen Kinder und imitiert die Worte oder das Handeln der pädagogischen Fachkräfte. Es ist vor allem euer Verdienst, dass ihm dieses Verhalten heute möglich ist. Wie wir sehen, war es sehr hilfreich, immer wieder zu seinen Initiativen und Handlungen in Beziehung oder besser gesagt in Resonanz zu gehen. Der andere, eher kritische Teil unserer Beobachtung macht auch etwas sichtbar, an dem ihr arbeiten könnt.«

Es war aus zweierlei Gründen leicht möglich, auch mit den beiden über diese kritische Beobachtung zu sprechen, in welcher sich die Kolleginnen etwas erschrocken die Hand vor den Mund gehalten haben. Zum einen war die Geschichte um Robin ein Erfolg, der auf ihr kompetentes Handeln zurückzuführen ist. Zum anderen hatte sich durch die kontinuierliche Beratung ein Vertrauensverhältnis entwickelt.

Dieses Vertrauen baut sich durch die Grundhaltung auf, dass die pädagogischen Fachkräfte in ihrem Anliegen ernst genommen werden und die Marte-Meo-Beratung sich vom Grundsatz her an den Ressourcen des Einzelnen orientiert. Der oder die Beratende tritt nicht als Problemlöser*in auf, sondern unterstützt die Fachkräfte darin, ihr eigenes Potenzial, Entwicklungsprozesse von Kindern zu begleiten, wahrzunehmen (vgl. Hawellek & Meyer zu Gellenbeck, 2005, S. 75). Darüber hinaus leisten die bewegten Bilder vom Kind einen sehr großen Beitrag, den Anschluss zu den Anliegen von Fachkräften und Eltern herzustellen. Die Bilder verwundern, bewegen oder begeistern die Ratsuchenden und stellen somit eine Brücke in der Beratung her. – Als ich einer Kollegin sage: »Durch deine begleitenden Worte hilfst du dem Kind gerade, sich seiner Handlungen bewusster zu werden. Schau, mit welcher Engagiertheit und Freude Ester nun die Blume gießt!«, antwortet sie: »Durch *deine* Worte wird mir erst bewusst, wie wichtig *meine* Worte sind!« Auch hieraus entstehen oft die Freude und die Engagiertheit in der Arbeit, die Einzelne bei sich und Anderen vermissen.

3.7 Ich interessiere mich für das, was du zu tun vermagst

Aus diesen Erfahrungen heraus orientiere ich mich in der Beratung der pädagogischen Fachkräfte ausdrücklich an den Kompetenzen, die ich in ihrem Handeln mit den Kindern beobachten kann. Ich möchte, dass sie ihre Handlungskompetenz und ihre persönlichen Ressourcen erkennen, um somit ein stärkeres Bewusstsein dafür entwickeln. Es gibt nur sehr wenige Momente, in denen ich Kolleg*innen auf Defizite aufmerksam mache, da sich ihre Aufmerksamkeit dann, nach meiner Erfahrung, an diese nicht gelungenen Moment bindet (vgl. Kokemoor, 2018, S. 186).

Gleichzeitig ist das oben beschriebene Video ein Spiegelbild der Worte, die nach meiner Beobachtung in einigen Kindertagesstätten eine hohe Präsenz haben. Es sind Worte und Sätze in Bezug auf die Verhaltensweisen von Kindern, die einer spontanen, unreflektierten *Erstreaktion* zuzuordnen sind. Es sind verbale Reaktionen, die sich in der Regel an eigenen Vorstellungen, eigenen Werten und eigenen Normen sowie der eigenen Sozialisation orientieren. Diese *Erstreaktion* geht auch oft mit eher negativen Gefühlen einher, die sich dann auch in der Art der Ansprache wiederfinden und deren Wirkung selten überprüft wird (vgl. Sauerhering & Kiso, 2019, S. 31f.).

Anton und Tobi stehen im Sandkasten und räumen engagiert im hohen Bogen das komplette Sandspielzeug aus der Sandspielzeugkiste. Sie wollen einen Damm bauen und als Material dient das Sandspielzeug. Ich bin begeisterst, denn nach meinen Eindrücken, die ich bei einem Besuch vor vier Wochen bekam, hätte ich nicht erwartet, dass Tobi so intensiv mit anderen Kindern spielt.

Er hatte andere Kinder gehauen oder gekniffen, um auf sich aufmerksam zu machen. Es war ihm vor vier Wochen noch nicht gelungen, in irgendein Spiel einzutauchen. Doch heute gelingt es ihm. Tobi bringt neben seiner Orientierung an den Handlungen und dem Spiel von Anton auch eigene Spielideen ein. Nun wächst der Staudamm und die Begeisterung über ihr gemeinsames Projekt ist den beiden Jungen im Gesicht abzulesen. Doch das engagierte Treiben wird durch die Rufe einer pädagogischen Fachkraft unterbrochen: »Ihr räumt das aber alles wieder weg!« – Die Jungen halten inne, bevor Anton ernsthaft zurückfragt: »Den Sand auch?«

Meine erste Reaktion ist Enttäuschung über die Worte der pädagogischen Fachkraft, doch in meiner Rolle als Berater weiß ich, dass ich diese Gefühle zur Seite stellen sollte. Ich habe Zeit, mir diese Szene noch einmal in Ruhe anzusehen, um in der anschließenden Videoberatung eine

Reaktion auf das Verhalten der pädagogischen Fachkräfte vorzubereiten. Mein Feedback ist dann sozusagen eine *Zweitreaktion*, in der ich die Möglichkeit habe, mit etwas Abstand meine eigenen Empfindungen zu reflektieren. Ich kann in Ruhe überlegen, wie ich meine Rückmeldung gebe. Doch genau dieses professionelle Vorgehen führt bei den zu beratenden Fachkräften zu einer hohen Zufriedenheit und zur Erweiterung ihrer Handlungskompetenz. Es ist also zielführend, die Interaktion so zu gestalten, dass sich die/der Andere gesehen und wertgeschätzt fühlt. Sich einfühlen, zuhören, Wertschätzung entgegenbringen und Übereinstimmungen herstellen sind wichtige Aspekte einer gelungenen Interaktion, die auch in der Gesprächstherapie bei Erwachsenen sehr positive Wirkungen haben und gezielt eingesetzt werden, um das Selbst des Klienten zu stärken. Nun erscheint es mir sehr wichtig, uns diesen Zusammenhang bewusst zu machen und auch auf die Alltagskommunikation mit Kindern zu übertragen. Natürlich brauchen Kinder in bestimmten Situationen klare Grenzen und diese können wir gar nicht immer mit Engelszungen setzen, da wir oft selber unter dem Einfluss von Emotionen stehen. Wir sollten uns jedoch darüber klar sein, dass auch Kinder sensible Wesen sind und unsere Worte sowie die Art und Weise, wie wir diese Worte ausdrücken, in ihnen wirken.

Es ist also zielführend, um die Selbstbildungsprozesse von Kindern zu fördern, ihre Initiativen, Handlungen und Gefühle wahrzunehmen und somit an ihr Erleben mit unseren Worten anzuschließen. Schon 1852 sagte der bedeutende Pädagoge Friedrich Wilhelm August Fröbel auf einer Veranstaltung in Bad Liebenstein:

> »Es ist aber die Hauptsache, das aufzufinden, was in dem Kinde lebt, und das zu beobachten. Die Beachtung des Kleinsten ist das Wesen der Erziehung und damit die Grundlage der Kindergärten. Ich habe von den Kindern gelernt und lerne von ihnen bis zu diesem Augenblicke« (Fröbel, 1982, S. 145, zit. n. Klein, 2010, S. 102).

Für Fröbel, den Gründer des Kindergartens, hatte das Einlassen der Erzieher*innen auf das kindliche Spiel durch die Beobachtung und die sprachliche Begleitung schon damals eine fundamentale Bedeutung, um Orientierung und das eigene Selbst zu finden (vgl. Klein, 2010, S. 102).

Wenn wir mit unseren Augen die Bewegung oder die Handlung des Kindes beobachten und dort mit unseren Worten anschließen, erlebt es genau diese Übereinstimmung. Es fühlt sich gesehen, verstanden und wertgeschätzt. Die tiefgreifende Bedeutung solcher entwicklungsfördernden Interaktionen im pädagogischen Kontext lassen sich aus der Bindungsforschung ableiten (vgl. Weltzien, 2013, S. 62).

Zustimmung findet diese Haltung auch in den Empfehlungen der Bildungs- und Orientierungspläne der Länder sowie in den pädagogischen Konzepten wie der offenen Arbeit, der Reggio-Pädagogik und dem Situationsansatz (vgl. Schmidt & Smidt, 2015, S. 407f.). Auf der anderen Seite zeigen Studien, dass in Kindertagesstätten in Deutschland, aber auch über die Grenzen hinaus, wenig Kenntnis oder eine eher diffuse Vorstellung besteht, an welchen Merkmalen eine gelingende Kommunikation und Interaktion mit Kindern zu erkennen ist (vgl. Weltzien, 2013, S. 61). Ähnlich verhält es sich mit dem Grundverständnis von alltagintegrierter Sprache. So sind viele Fachkräfte davon überzeugt, eine fördernde Sprachkultur im pädagogischen Alltag anzuwenden, auch wenn sich ihre Worte nur gelegentlich auf die Handlung des Kindes beziehen und die verbalen Handlungsaufforderungen in der pädagogischen Interaktion deutlich überwiegen (vgl. Hildebrandt et al., 2016, S. 83, S. 105).

3.8 Anspruch und Wirklichkeit

»Ihr räumt das aber alles wieder weg!« In der anschließenden Videobetrachtung sorgt die Reaktion des Kindes »Den Sand auch?« für einen lockeren Moment und die Kollegin kann nun auch für einen Augenblick über ihr eigenes Verhalten lachen. Aber eigentlich ärgert sie sich, da wir noch in der letzten Beratung, anhand von Videosequenzen, über die Bedeutung der handlungsbegleitenden Sprache für die Erweiterung der Handlungs- und Spielkompetenz von Tobi gesprochen hatten. Doch ist dieses nur Theorie? Nein, es ist ausdrücklich die tägliche Praxis in den letzten vier Wochen in der Entwicklungsbegleitung von Tobi gewesen, und das positive Ergebnis wird durch das Errichten des Staudamms sehr deutlich. Das Unwohlsein der Erzieherin beim Betrachten der Videosequenzen macht das Spannungsfeld deutlich, in welchem sie sich täglich befindet. Es ist das Spannungsfeld von dem Wissen um die Bedeutung der Selbstbildung von Kindern und dem eigenen Impuls, Instruktionen zu geben. Doch wo kommt dieser oft zu beobachtende Impuls her? Denn mit diesem Zwiespalt ist die Kollegin nicht allein.

In Umfragen unter pädagogischen Fachkräften wird deutlich, dass dem Ansatz der Selbstbildung im Kontext von Kindertagesstätten stärker zugestimmt wird als dem Instruktionsansatz. Beim Selbstbildungsansatz sollen die Impulse für Bildungs- und Lernprozesse in erster Linie von den Kindern kommen. Die Fachkraft konzentriert sich hier mehr auf die Beobachtung und Wahrnehmung, um kindliche Bildungsprozesse besser erkennen und auch benennen zu können. Auf dem Hintergrund dieser Haltung und dieses pädagogischen Anspruches würden wir gut daran tun, die Berufe Erzieher*innen und Lehrer*innen in Entwicklungsbegleiter*innen zu wandeln. Die theoretischen Bezugspunkte beim Ansatz der Selbstbildung sind die konstruktivistischen Entwicklungstheorien von Jean Piaget sowie reformpädagogische Ansätze wie die Pädagogik von Maria Montessori (vgl. Schmidt & Smidt, 2015, S. 394f.). In den 1960er und 1970er Jahren hatten instruktiv ausgerichtete Förderprogramme im Kontext des Funktionsansatzes ihre Hochphase. Bei dem Instruktionsansatz übernimmt die Fachkraft dagegen die aktive Rolle. Das Kind orientiert sich stärker an der pädagogischen Fachkraft. Es hat hier einen eher passiven Part (ebd., S. 395).

Ähnlich wie in der Umfrage aufgezeigt, formulieren pädagogische Fachkräfte auch in meinen Seminaren oder meiner Beratungspraxis viel häufiger eine Tendenz, sich am Selbstbildungsprozess des Kindes zu orientieren. »Wir holen das Kind dort ab, wo es sich befindet« ist ein Satz, der vielen schnell über die Lippen geht. Gleichzeit kann ich durch meine täglichen Besuche in Kindertagesstätten beobachten, und dies bestätigen Studien, dass die meisten pädagogischen Fachkräfte eher die aktive Rolle übernehmen. Sie sind in ihrer Wahrnehmung wenig mit dem kindlichen Spiel, seiner Exploration und somit mit den aktuellen Selbstbildungsprozessen der Kinder in Kontakt (vgl. Fried, 2013, S. 73). So orientieren sich die meisten Worte der Erzieher*innen nicht an den Initiativen, den Ideen und den Handlungen der Kinder, sondern an den eigenen Vorhaben und Vorstellungen. Ich konnte dies gerade in der letzten Woche beobachten. Auch wenn dieser Ausschnitt von fünf Tagen sicherlich nicht repräsentativ ist, gab es in den neun Beratungssituationen, die alle in unterschiedlichen Einrichtungen stattgefunden haben, nur drei Momente, in denen sich die Worte an der Handlung des Kindes orientiert haben, aber eine Vielzahl von Worten, die Kinder instruiert haben, etwas Bestimmtes zu tun (vgl. Weltzien, 2013, S. 61). Natürlich brauchen Kinder auch Anleitung, um bestimmte Handlungsweisen zu erlernen, oder ein leitendes Gespräch, welches ihnen bestimmte kulturelle oder familiäre Werte und Regeln vermitteln. Denn Kinder sind noch nicht in der Lage, die Komplexität des Alltags zu überblicken und in allen Situationen selbstverantwortlich zu handeln. Hier sind wir Erwachsenen für die Versorgung, die Erziehung, die Bildung und die körperliche und psychische Unversehrtheit verantwortlich. Leitung übernehmen heißt hier auch, den Kindern Sicherheit bieten, sie schützen und ermutigen (vgl. Bünder et al., 2009, S. 79). Nach meinem Eindruck gilt hier der Grundsatz »so viel Begleitung, wie möglich, und so viel Anleitung oder Instruktion, wie nötig«. Doch in dem Moment, in dem dieser Satz zu Ende gelesen ist, taucht schon die Frage danach auf, was nötig ist. Dies lässt sich wiederum nicht pauschal beantworten, da wir es mit Kindern und Erwachsenen mit unterschiedlichen Charakteren, Biografien und Bezugssystemen zu tun haben. Vor diesem Hintergrund braucht eine angemessene Entwicklungsbegleitung von Kindern, die Leitung explizit einschließt, eine kontinuierliche Reflexion in der pädagogischen Gemeinschaft oder Elternschaft (vgl. Sauerhering & Kiso, 2019, S. 32).

3.9 Von der Kränkung zur Heilung

In meinen Seminaren oder der kollegialen Beratung achte ich sehr auf einen wertschätzenden Umgang untereinander, und der Schwerpunkt liegt auf einem positiven Feedback. Wir versuchen unsere Kritik so zu formulieren, dass die Adressaten diese gut annehmen können. Doch trotz dieser Bemühungen kann ich am Tonus sowie der Mimik der Erzieher*innen erkennen, wie schnell sich Einzelne verletzt, gekränkt oder nicht richtig gesehen fühlen, wenn ein Hauch von Kritik zu erkennen ist. In diesen Momenten tauchen bei mir sofort Bilder aus einzelnen Kindertagesstätten, Schulen und Familien auf, in denen Lehrer*innen oder Erzieher*innen oder Eltern auf wenig feinfühlige und zum Teil schonungslose Weise Kinder auf ihr Fehlverhalten aufmerksam machen. Wenn wir uns jetzt noch mal in das Seminar begeben und uns vorstellen, wie bereits eine vorsichtig vorgetragene Kritik an unserem Handeln zur Kränkung führt oder sich nach diesem Ereignis als Gedankenschleife im Kopf festsetzt, dann sollte uns klar sein, was bestimmte Worte in Kinderseelen bewirken. Es sind Sätze wie: »Wie oft soll ich es dir noch sagen!« – »Ist es so schwer zu verstehen!« – »Sei jetzt verdammt nochmal still!« – »Du spinnst wohl!« Diese Sätze, die durchaus noch schonungsloser und mit Sarkasmus oder Ironie versehen ausfallen können, werden den Kindern von einzelnen pädagogischen Fachkräften unreflektiert an den Kopf geworfen. Es sind Sätze, die Kinder beschämen, sie ihrer Würde berauben und die Selbstachtung sowie das Selbstvertrauen des Kindes beinträchtigen (vgl. Maywald, 2020, S. 28). Wenn ich nur einen dieser Sätze, zum Beispiel »Ist es so schwer zu verstehen!«, im Seminar oder Vortrag als Experiment einer oder einem Teilnehmer*in an den Kopf werfe, entsteht sofort eine atemberaubende Stille, und ein Gefühl der Beschämung liegt in der Luft. Dieses Experiment gibt uns in Windeseile ein Gefühl dafür, welch kränkenden Worte, Sätze, Mimik oder Gestik wir den Kindern zumuten. Wir sollten uns unsere Worte öfters auf der Zunge zergehen lassen und überprüfen, ob wir eigentlich mit Erwachsenen auch so reden würden. Auch wenn den meisten Erzieher*innen durchaus die Bedeutung der Menschenrechte für Kinder bewusst ist, fällt es einer Vielzahl an pädagogischen Fachkräften schwer, die Rechte der Kinder mit der Qualität ihrer Beziehung zum Kind zu verbinden (vgl. Krappmann, 2014, S. 11). Jesper Juul weist auf eine dänische Studie hin, in welcher die Mehrheit der befragten Kinder das Empfinden äußern, zu 80% der Zeit, die sie mit Erwachsenen verbrachten, beschimpft worden zu sein. Die Erwachsenen meinten jedoch, nur 20% der Zeit geschimpft zu haben (vgl. Juul, 2014, S. 36).

Manchmal führen Kolleg*innen die schlechten Rahmenbedingungen oder das oppositionelle Verhalten eines Kindes als Grund vor, warum sie sich häufiger zu solchen verbalen Attacken hinreißen lassen. Natürlich führen schlechte Rahmenbedingungen zu Stress, und wir zeigen unter dem Einfluss von Stress oder in Krisensituationen mehr ungünstiges und entwicklungsbehinderndes Verhalten (vgl. Maywald, 2020, S. 28). Es ist jedoch auch deutlich, dass die Mehrheit der pädagogischen Fachkräfte unter den gleichen Rahmenbedingungen sich nicht in dieser Form kränkend gegenüber dem Kind verhalten.

Nun ist es durchaus menschlich, dass wir in einer uns überfordernden Situation mal die Fassung oder unsere Grundhaltung verlieren, da wir Menschen sind, die auch Fehler machen (vgl. Sauerhering & Kiso, 2019, S. 31). Dieses unangenehme Gefühl, welches dann hoffentlich in uns hochkommt, sollte uns jedoch unmittelbar zur Selbstreflexion einladen und nicht den Verursacher für unser Handeln nach außen schieben. Der erste unmittelbare Schritt, den wir in dieser Selbstreflexion vornehmen können, ist, uns beim Kind für unser Verhalten zu entschuldigen. Wenn wir dieses beispielweise beim Morgenkreis oder in der Schulklasse vor der versammelten Gemeinschaft machen, schaffen wir eine wunderbare Vorbildfunktion für wertschätzendes Verhalten und zeigen, dass auch Erwachsene Fehler machen.

Die Erwachsenen, die den Grund für ihre sich wiederholenden kränkenden Äußerungen und Handlungen dem Kind gegenüber immer wieder in dem grenzenlosen Verhalten des Kindes sehen, brauchen hier eine deutliche Grenze und die Aufforderung, sich selber zu reflektieren. Gleiches gilt, wenn hinter diesem Verhalten die pädagogische Absicht steht, Kindern Gehorsam und Disziplin beibringen zu wollen. Damit sich dieses Verhalten nicht wiederholt oder sich sogar als Einrichtungskultur festigt, braucht es hier eine umfassende Reflexion und Aufarbeitung. Wie diese Aufarbeitung aussieht, hängt von der Art und Intensität dieses Fehlverhaltens ab sowie der Bereitschaft der pädagogischen Fachkraft, ihr Verhalten als Fehlverhalten einzuräumen (vgl. Maywald, 2020, S. 30). In manchen Fällen ist es möglich, diesen Fachkräften mit der Videografie ihr eigenes positives Verhalten, welches ja durchaus vorhanden ist, vor Augen zu führen und somit eine Veränderung einzuleiten. Wie lange diese Veränderung anhält, mag ich jedoch nicht beurteilen, da der Beratungsprozess begrenzt ist.

In der Regel sind die Ursachen für dieses Verhalten in der Biografie der/des Erziehenden zu finden, und es ist für diese Fachkraft unumgänglich, sich damit aktiv auseinanderzusetzen. Eine begleitete Biografiearbeit ist eine tiefe Reflexion, die eigene Verletzungen und Kränkungen aufdecken kann, um sich dem Hintergrund für das eigene der Situation unangemessene Verhalten zu nähern (vgl. Cantzler, 2021, S. 47f.). Es ist ein empathischer Perspektivwechsel, bei welchem es zunächst darum geht, sich selber besser zu verstehen, um dann auch das Verhalten von Anderen wie beispielsweise Eltern oder Kindern angemessen verstehen und annehmen zu können (vgl. Ballmann, 2019, S. 176). Aus dem wirklichen Verstehen wächst das tiefe Verständnis, dass die Würde des Menschen unantastbar ist, und dies legt hier den Grundstein zur persönlichen Weiterentwicklung, die mit Glücksgefühlen einhergehen kann.

Die Würde des Kindes zu achten und zu respektieren und eine Pädagogik zu leben, die den Kinderrechten entspricht, liegt in der Verantwortung der Erwachsenen (vgl. Maywald, 2017, S. 323). In Bildungseinrichtungen liegt der Auftrag einer professionellen Umsetzung zunächst einmal bei Leitungskräften oder Fachberatungen, die mit den pädagogischen Fachkräften ein institutionelles Schutzkonzept erarbeiten, welches zur Prävention und als Intervention im Falle von Fehlverhalten das Vorgehen verbindlich regelt. Der Soziologe Jörg Maywald schildert, vor dem Hintergrund einer Umfrage von *Zeit Online* im Jahr 2016, den Eindruck, dass das Vorhandensein eines Kinderschutzkonzeptes sowie eines Verhaltenskodexes sich positiv auf die pädagogische Praxis auswirkt und bei Kritik von außen angemessener reagiert werden konnte (vgl. Maywald, 2020, S. 26).

Das Selbstbewusstsein von Kindern leidet in einem Rahmen, wo Stress und Feindseligkeiten vorherrschen, und sie lernen am besten in einer Atmosphäre, die durch Akzeptanz sowie feinfühlige Zuwendung geprägt ist (vgl. Gebauer, 2007, S. 61). Nach meiner Beobachtung überwiegen Worte der Entwicklungsbegleitung, die eine wertschätzende Haltung mit anerkennenden Worten sowie positives Leiten in Bezug auf das Verhalten von Kindern beinhaltet, in den Einrichtungen, die eine Kultur der aktiven Auseinandersetzung im Team geschaffen haben. Ein pädagogisches Team, welches die Selbstbildungsprozesse von Kindern wahrnimmt, wertschätzt und begleitet, braucht eine sich permanent wiederholende aktive Beschäftigung mit dem professionellen Selbstverständnis (vgl. Sauerhering & Kiso, 2019, S. 31). Hieraus resultiert eine fundierte pädagogische Grundhaltung, die als Fundament und Leitbild in der Einrichtungskonzeption verankert und deren Weiterentwicklung über den Austausch im Team aufrechterhalten wird.

In der Gesamtbetrachtung möchte ich behaupten, dass die bisherigen Formen der Qualitätssicherung pädagogischer Arbeit, wie die Ausbildung der Fachkräfte, weitere Fortbildungen und Fachberatung, nicht ausreichen (vgl. Wildgruber et al., 2014b, S. 184). Wir brauchen neue Formen der Qualitätssicherung, denn die Qualität der pädagogischen Arbeit hat nicht nur einen Einfluss auf die Entwicklung der Kinder und deren Wohlbefinden, sondern auch einen Effekt auf das Wohlbefinden der pädagogischen Fachkräfte (vgl. Fried, 2013, S. 36).

Das Dreiraumprinzip gibt dem pädagogischen Alltag eine neue Struktur und ist dadurch ein entlastender Faktor. Diese Struktur ist im Zusammenhang mit einer regelmäßigen pädagogischen Dienstbesprechung, die der gleichen Idee folgt, ausgesprochen zielführend, um die Professionalisierung pädagogischer Fachkräfte anzubahnen und die Qualität der Arbeit zu verbessern und zu sichern (vgl. Friedrich & Schelle, 2017, S. 384).

4 Das Dreiraumprinzip

Das Dreiraumprinzip stellt eine Hilfestellung dar, uns über die Rolle als Erwachsener in Bezug auf die Versorgung, die Verantwortung, die Begleitung und die Erziehung von Kindern klar zu werden. Dies scheint zunächst keine Frage zu sein, denn wie schon oben beschrieben, sind die Erwachsenen, auch wenn wir von einer gleichberechtigten Beziehung im Kontakt mit den Kindern ausgehen, in der Verpflichtung, Verantwortung für die Versorgung, für die Unversehrtheit, für die Bildung und für die Erziehung zu übernehmen (vgl. Bünder et al., 2009, S. 79). Es stellt sich vielmehr die Frage: Wie viel Raum nehmen die unterschiedlichen dem Erwachsenen zugeschriebenen Aufgaben ein, und mit welcher Haltung fülle ich sie aus, damit wir uns damit wohlfühlen und die Kinder zu ihrem Recht kommen? Im Bereich der Familie gehört zu dem Thema der Versorgung auch die Ausübung eines Berufes, die Gestaltung der Freizeit sowie die Organisation des Haushaltes.

In einem Seminar für Eltern von autistischen Kindern ist die Idee des Dreiraumprinzips, welche auch als Metapher zur Veranschaulichung von Beziehungsmomenten gesehen werden kann, entstanden (vgl. Kokemoor, 2016a, S. 294). Eine Mutter in dem Seminar sagte: »Ich bin beeindruckt von den Videos. Sie zeigen sehr eindrücklich, welche positive Entwicklung von der Interaktion mit den Kindern ausgeht. Ich würde das am liebsten jetzt zu Hause sofort mit meinem Sohn umsetzen, doch ich frage mich, wann ich das auch noch tun soll. Ich habe einen Job, den Haushalt, zwei weitere Schulkinder und einen Mann, der es schön findet, wenn das Essen auf dem Tisch steht, wenn er nach Hause kommt!« – Nach einer kleinen Pause mit etwas Bedenkzeit habe ich den Seminarraum dann in drei

Bereiche aufgeteilt, die alle einen bestimmten Raum darstellen sollten. Es gab da den Organisationsraum, in welchen wir auf Moderationskarten die Verantwortungsbereiche dargestellt haben, die die Mutter gerade aufgezählt hatte. Den Begleitungsraum, der frei von den anderen Verantwortungsbereichen war, und sich nur auf die Begleitung des autistischen Kindes bezog. Sowie den Regenerationsraum, der jedem die Möglichkeit gibt, einen Zeitraum so zu gestalten oder zu verbringen, wie man möchte.

Natürlich ist das zunächst eine sehr vereinfachte Darstellung und wir sind durchaus in der Lage, ein Kind zu begleiten, wenn wir uns im Organisationsraum oder im Organisationsmoment, beispielweise beim Decken des Frühstücktisches, befinden. Doch wenn dann noch die Gedanken an die bevorstehende Arbeit, die WhatsApp-Nachricht sowie der Zeitdruck dazukommen, lässt die Möglichkeit einer hinreichenden Ansprache und Begleitung der Kinder nach. Aus diesem Grund kommt es in diesen Multitasking-Momenten oft zu Konflikten.

Denn egal welcher Aufgabe wir uns widmen: Sie benötigen Zeit. An dieser Stelle konkurrieren die Aufgaben miteinander und es ist dann nicht leicht, den unterschiedlichen Anforderungen im Alltag gerecht zu werden. Wir müssten also eigentlich zu Multitasking fähig sein, was wir jedoch nicht sind. Denn mittlerweile haben Studien belegt, dass es gar nicht effektiv ist, viele Dinge gleichzeitig zu tun, da diese Arbeitsweise in der Regel zu Überforderung, mehr Fehlern, mehr Stress und schlechteren Ergebnissen führt.

Neben der komplexen Verantwortung im Bereich der Versorgung zeichnet sich der Bereich der pädagogischen Begleitung durch eine andere Form der Komplexität aus. Neben der Begleitung des individuellen Entwicklungsprozesses gehört hierzu auch die Vermittlung von Werten, von verbindlichen Regeln sowie das Setzen von klaren Grenzen (vgl. Bünder et al., 2009, S. 79). Mit dieser Verantwortung geht auch gleich die Frage einher, mit welcher pädagogischen Haltung wir Werte und Regeln vermitteln wollen.

In Kindertagesstätten ist ein Teil dieser Wertvermittlung über das pädagogische Konzept geregelt. Hier wird beispielsweise formuliert, ob Kinder bei den Mahlzeiten aufessen müssen oder nicht. Doch auch Aspekte der Organisation und Versorgung stehen in Abhängigkeit zum pädagogischen Konzept. So gibt die offene Arbeit mit der Grundidee der vorbereiteten Umgebung einen anderen organisatorischen Rahmen vor als die Angebotspädagogik in geschlossenen Räumen (Mehrzweckräumen).

Das Dreiraumprinzip ist zunächst, unabhängig vom pädagogischen Konzept, ein einfaches Hilfsmittel, welches zwei ganz wichtige Funktionen erfüllt. Es soll uns verschiedene Formen von Aufmerksamkeitszuständen vor Augen führen und diese stärker ins Bewusstsein rücken. Weiter ist das Prinzip eine Hilfestellung, um uns unser pädagogisches Handeln mit seinen Wirkweisen in diesen unterschiedlichen Kontexten bewusster zu machen. Ich habe mich bei der Darstellung für das Wort »Raum« entschieden, weil uns das Bild eines Raumes mit seinen Begrenzungen mehr Möglichkeiten gibt, uns beispielweise das »Ein- oder Ausschließen« der Interaktion vorzustellen. *Wenn in der Folge vom Raum gesprochen wird, so ist damit auch der Moment oder auch die Situation gemeint.*

Beim Dreiraumprinzip unterscheiden wir

1. den Organisationsraum,
2. den Begleitungsraum,
3. den Regenerationsraum.

Da diese Darstellung der Komplexität von Anforderungen sowie den damit verbundenen Überschneidungen der Räume nicht gerecht wird, gehe ich in der Folge auf die Bedeutung der einzelnen Räume ein.

4.1 Der Organisationsraum

Der Morgenkreis in einer Krippe neigt sich dem Ende. Es sind 15 Kinder sowie drei Pädagoginnen anwesend, die gerade gemeinsam den Geburtstag eines Kindes gefeiert haben. Als dieser Morgenkreis zu Ende ist, steht eine Fachkraft auf und stellt die kleinen Kinderstühle weg, eine andere pustet die Kerzen aus und räumt diese Zusammen mit den Resten der Muffins zu Seite, während die dritte den Teewagen in Richtung Küche schiebt, um das Frühstück zu holen. Es wird mir deutlich, dass alle Fachkräfte mit organisatorischen Aufgaben beschäftigt und die Kinder nicht mehr in ihrem Aufmerksamkeitsfokus sind. Dies setzt sich fort, als der Frühstückstisch gedeckt wird, an welchem manche Kinder schon sitzend warten. Gerade in der Krippe fällt es Kindern schwer zu warten und somit stopften sich einzelne schon das Gemüse vom Rohkostteller in den Mund, während andere begannen, sich um die Plätze zu streiten. Nun waren die Kolleginnen so an ihre organisatorischen Aktivitäten gebunden, dass sie diese Aktivitäten der Kinder als störend erlebt haben und zunehmend unter Stress gerieten. Die Situation wurde immer unruhiger, ein Mädchen fing an zu weinen und die Erzieherinnen fanden außer der Worte »Nein!«, »Stopp!« und »Warte!« keine Möglichkeiten mehr, angemessen auf diese Situation zu reagieren.

Wenn uns organisatorische Aufgaben zu sehr binden, fällt es uns schwer, die Motive für die Initiativen und Handlungen von Kindern zu erkennen, um angemessen darauf zu reagieren. Auch das Lenken und das Leiten, mit welchen wir eine Struktur vorgeben, verbindliche Regeln vermitteln und Zusammenhänge verdeutlichen, verliert unter dem Einfluss von Stress an Wirkung, da wir schnell unklar erscheinen. Denn klare Leitung setzt eine Übereinstimmung zwischen dem verbalen Ausdruck und dem nonverbalen Verhalten voraus. So fällt es den Kolleginnen oben im Beispiel schwer, die Situation angemessen zu beruhigen, da sie unter dem Einfluss von Stress selber keine Ruhe in sich empfunden haben.

Wir kennen alle das Gefühl von Stress, welches seinen Ursprung oft darin hat, dass die vielen Aufgaben, die an uns herangetragen werden oder die wir zwingend erledigen möchten, unser Zeit- oder Aufmerksamkeitskontingent übersteigen. Gerade in unserer heutigen Zeit haben wir im Prinzip immer die Möglichkeit, etwas zu tun oder zu organisieren. In dem Begriff »Mehrfachaufgabenperformance« oder »Multitasking« finden sich viele Eltern oder pädagogische Fachkräfte wieder. Nicht selten kollidieren dabei unsere Vorhaben, Bedürfnisse, Verpflichtungen oder Rollen mit den Erwartungen der Kinder, die diese oft unaufschiebbar ans uns richten. Die Organisation hat jedoch zwingend ihre Berechtigung, da weder eine Familie noch eine Bildungseinrichtung ohne eine gute Organisation bestimmter Aufgaben funktionieren würde. In der Familie sind das beispielsweise das Einkaufen, der Haushalt und der Beruf, welcher nicht selten aktiv (Homeoffice) oder passiv mit nach Hause genommen wird. Sollte sich zwischen diesen einzelnen Aktivitäten ein gefühlter Freiraum ergeben, so wird dieser nicht selten durch den Griff zum Handy geschlossen. Nach meinen Beobachtungen in Bildungseinrichtungen und Familien resultieren viele Konflikte und unklare Eindrücke daraus, dass die Erwachsenen in ihren organisatorischen Aufgaben in Momenten für die Kinder nicht mehr präsent erscheinen. Bei vielen pädagogischen Fachkräften überwiegt immer noch das Gefühl, sie müssten den Kindern ein Angebot machen. Das freie Spiel, welches dem Kind täglich neue Räume fürs Handeln, Fühlen und Denken eröffnet und einen so wichtigen Faktor im Reifungsprozess darstellt, hat nicht den Stellenwert, den es eigentlich haben sollte (vgl. Schulte-Markwort, 2019, S. 87). Es gibt oft eine enge Taktung von Angeboten und Aktivitäten, deren Organisation viel Raum und Zeit einnimmt. Mit dieser pädagogischen Ausrichtung erfüllen die Erzieher*innen die Erwartungen vieler Eltern, die den Glauben in sich tragen, dass ihre Kinder als Vorbereitung auf die Schule nicht hinreichend lernen, wenn sie nur spielen (vgl. Ballmann, 2019, S. 222). Vor diesen Erwartungen der Eltern sowie den eignen, entwicklungsbehindernden pädagogischen Vorstellungen, die nicht selten gegen die Widerstände von Kindern durchgesetzt werden, schützt nur eine regelmäßige Reflexion der pädagogischen Arbeit. In einem solchen Reflexionsgespräch formulierte eine Erzieherin, dass sich zwei Jungen immer wieder den Angeboten der Fachkräfte entzogen hätten, um draußen bei Wind und Regen Fußball spielen zu können. Es habe darum viele Konflikte mit den beiden Jungen sowie auch deren Eltern gegeben, die sich auch mehr pädagogische Angebote für ihre Jungs gewünscht hätten. Heute spielen beide in der ersten Fußballbundesliga.

Es bleibt jedoch für pädagogische Fachkräfte und Eltern ein Spagat, den scheinbar gegensätzlichen Erwartungen von Versorgung und Beziehung gerecht zu werden. Zudem gibt es in der Verantwortung für die Aufgaben ein Ungleichgewicht zwischen Erwachsenen und Kindern. Auf der einen Seite besteht, gemessen am Subjektstatus jedes Menschen, der berechtigte Anspruch, dem Kind auf Augenhöhe zu begegnen. Auf der anderen Seite tragen Erwachsene die Verantwortung für Kinder, doch umgekehrt Kinder nicht in gleicher Weise Verantwortung für Erwachsene. Im pädagogischen Alltag ist diese Parallelität von Gleichheit und Ungleichheit nicht leicht zu balancieren (vgl. Maywald, 2017, S. 323f.).

Aus diesem Balanceakt heraus gibt es im Besonderen in der Eltern-Kind-Beziehung auch Entwicklungen, in denen die Gleichbehandlung eine Überbewertung erfährt und Kinder als kleine Erwachsene oder der beste Freund betrachtet werden und Eltern ihre Präsenz verlieren (vgl.

Omer & von Schlippe, 2017, S. 30). Es kommt dann schnell zu Überforderungen auf beiden Seiten, da mit den Kindern alles besprochen oder diskutiert werden muss. Verschiebt sich die Beziehung hingegen einseitig in ein Ungleichgewicht, besteht die Gefahr der Unterdrückung oder Nichtwahrnehmung der kindlichen Bedürfnisse. Hier gebrauchen die Erwachsenen ihr Wissen, ihre Rolle oder ihre Macht zu sehr für ihre eigenen Interessen (vgl. Maywald, 2017, S. 324).

Es wird deutlich, wie facettenreich und verantwortungsvoll die Versorgung, Begleitung und Erziehung von Kindern ist und welche Ansprüche dies an Eltern und pädagogische Fachkräfte stellt. Hier sehe ich in der einfachen Darstellung des Dreiraumprinzips eine Möglichkeit, die Komplexität zu reduzieren. Doch es bleibt ein Hilfsmittel, analog zu der Möglichkeit, sich neben das Kind zu knien, um ihm zunächst zumindest körperlich auf Augenhöhe begegnen zu können. Wir verändern dadurch jedoch unseren Blickwinkel und nähern uns somit der kindlichen Perspektive an.

Wenn sich in unserem Beispiel eine oder auch zwei der Fachkräfte bewusst wartend zu den Kindern an den Tisch setzen, dauert es zwar etwas länger, den Tisch zu decken, doch sie nehmen eine wartende Perspektive ein, die es ihnen ermöglicht, die Kinder in der Aktivität des Wartens zu erfassen und zu begleiten. Dies wäre eine bewusste Entscheidung, sich in den Begleitungsraum zu begeben.

4.2 Der Begleitungsraum

Eine Mutter beschreibt, wie stressig es gerade mit ihrem Sohn ist, sie keinen Zugang zu ihm findet und von einem Konflikt in den nächsten gerät. Als ich sie frage, ob es Ausnahmen zu diesen Situationen gibt, verneint sie sofort und beschreibt einzelne konfliktreiche Szenen von zu Hause. Doch dann hält sie plötzlich inne und sagt: »Doch, da gab es neulich einen Moment, wo es ganz schön war. Ich musste mit Armin eineinhalb Stunden beim Arzt warten und wir haben gemeinsam unzählige Bücher angesehen!« Die Mutter war sehr angerührt von ihrer Erzählung, da ihr bewusst wurde, wie wenig Raum für solche Begegnungen in ihrem Alltag als alleinerziehende Mutter neben ihrem Beruf als Ärztin und zwei

Kindern im Kindergartenalter bleibt. Es ist wichtig, dass wir Zeiträume haben, in welchen wir unsere Bereitschaft zeigen, unsere Aufmerksamkeit ausschließlich den Kindern zu schenken. Dabei scheint es nicht zwangsläufig um die Dauer der Aufmerksamkeit, sondern eher um die Qualität oder Verbindlichkeit von Aufmerksamkeit zu gehen (vgl. Omer & von Schlippe, 2017, S. 93).

In Kindertagesstätten führen wir bei Kindern, die uns immer wieder herausfordern, den Begleitungsraum ein und es ist sehr interessant zu beobachten, wie schnell sich die Kinder, aber auch die Erwachsenen in diesem Zeitraum verändern. Es ist weiter eine Veränderung des Zeitraums der Zuwendung zu beobachten, wenn der Begleitungsraum, also der Moment einer ungeteilten Aufmerksamkeit, für einen Augenblick eingeführt wird. Gerade bei Kindern, die uns herausfordern, trägt diese Entwicklungsbegleitung zur Stabilisierung ihrer selbst und in der Folge zur Harmonisierung der Beziehung zu den Erwachsenen bei.

Im Begleitungsraum geht es im Wesentlichen darum, Präsenz zu zeigen und dem Kind zu verdeutlichen, anwesend zu sein (vgl. ebd., S. 29). Es ist zu beobachten, dass es hier auch um die körperliche Präsenz des Erwachsenen geht. Wenn die pädagogischen Fachkräfte sich zu den Kindern auf den Boden setzten, signalisieren sie durch diese Geste: Ich bin bei dir, in deiner Nähe und nehme mir Zeit. Wir können von einer Verankerung sprechen, die auch das Kind zentriert, sein Handeln intensiviert und in der Folge beruhigt. Die *reine Beobachtung* ist hier ein zielführendes Hilfsmittel, um das Kind in seinem Spiel oder seinen Bewegungen in uns aufzunehmen. Das herausfordernde Kind ist auf der Suche nach genau dieser Aufmerksamkeit, und das beste Mittel, dem Kind zu helfen, seine Schwierigkeiten zu überwinden, ist, ihm diese Aufmerksamkeit zu schenken, wenn es gelungene Momente zeigt. Im Begleitungsraum oder Raum der Entwicklungsbegleitung wirken wir also ganz bewusst der Tendenz entgegen, auf das Kind überwiegend dann zu regieren, wenn es ein negatives Verhalten zeigt.

Wenn ich Eltern nach Ausnahmen zu dem negativen, aggressiven Verhalten ihres Kindes frage, antworten sie zunächst oft, dass es diese nicht gibt. Wenn ich dann frage: »Wirklich gar nicht?«, erhalte ich Antworten wie: »Ja manchmal schafft er es für eine kurze Zeit, in seinem Zimmer mit Playmobil zu spielen, doch das hält nicht lange an!« Oft können die

Eltern auch nicht beschreiben, was ihr Kind dann mit Lego, Playmobil, Autos oder Puppen spielt, da sie diesen Zeitraum nutzen, um ihren eigenen Dingen nachzugehen. Natürlich ist es verständlich, diesen Moment zu genießen und sich dann anderen Aufgaben oder den eigenen Bedürfnissen zu widmen. Doch es braucht bei Kindern mit herausforderndem Verhalten, die mit ihrem negativen Verhalten die Aufmerksamkeit der Erwachsenen suchen, eine Gegenbewegung.

Ich schlage den Eltern dieser Kinder vor, sich in dem Moment, in dem das Kind endlich spielt, eine Karaffe oder eine Flasche Wasser zu nehmen und sich zu ihrem Kind zu setzen. Hier haben sie nun die Aufgabe, die Karaffe gefüllt mit Wasser in kleinen Schlucken zu trinken und sich auf den Moment einzulassen, im Hier und Jetzt zu sein. Es ist wichtig, einmal auszusteigen und uns auf echte Anwesenheit zu reduzieren. Nun gibt es nichts anderes als das Trinken des Wassers und das Spiel oder die Anwesenheit des Kindes. Natürlich folgen die Eltern automatisch dem Treiben des Kindes und finden Worte dafür. Eltern, die mir von diesem Experiment berichten, welches zu einem Ritual werden sollte, sind erstaunt und berührt über die Reaktion ihrer Kinder, die es genießen, sich nun stärker mit ihrem konstruktiven und engagierten Spiel präsentieren zu können. Dieses Ritual stellt auch ein Stück Heilung her, da es einen Gegenentwurf zu den emotionalen Ausbrüchen und genseitigen Beschimpfungen darstellt, und diese für einen Moment vergessen lässt.

Im Moment der Entwicklungsbegleitung, in welchem wir uns durch ein ritualisiertes Verhalten oder durch die Unterstützung der Kolleg*innen auf das Spiel der Kinder konzentrieren, gibt es in der Regel folgende Effekte: Wir kommen in die Position der reinen Beobachtung, erkennen die Initiativen und Handlungen der Kinder und bestätigen diese viel häufiger durch Blicke, Worte und Emotionen. Die Summe der Resonanzen, die das Kind hier von seinen Bezugspersonen, pädagogischen Fachkräften oder Eltern erhält, leistet einen beachtlichen Beitrag zur Selbst- und Identitätsbildung des Kindes (vgl. Bauer, 2008, S. 120). Da die Kinder auf diese Intervention Reaktionen zeigen, entsteht der natürliche entwicklungsunterstützende Dialog, der unserer intuitiven Kompetenz entspricht, wenn wir nicht durch andere Einflüsse daran gehindert werden (vgl. Hawellek & Meyer zu Gellendorf, 2005, S. 83). Die videogestützte Interaktionsdiagnostik nach Papousek hat gezeigt, dass diese Fähigkeit der intuitiven

Elternschaft den Eltern aller Kulturen in die Wiege gelegt wird (vgl. Hellbrügge, 2008, S. 24). Der Begleitungsraum schafft einen Rahmen der Einfühlung, der Anteilnahme und der Achtung, der im Besonderen Kindern mit schwierigen Verhaltensweisen hilft, ihren Durst nach Aufmerksamkeit zu stillen (vgl. Prengel, 2013, S. 64).

Im Begleitungsraum geht es nicht nur um den Moment der Interaktion im Hier und Jetzt, sondern auch um das bewusste Wahrnehmen von Wirkweisen der eigenen Intervention sowie der Bedeutungen, die das kindliche Spiel in sich trägt.

4.3 Der Regenerationsraum

Der Regenerationsraum umschreibt die Pausen, die dazu dienen, sich von den Anforderungen zu erholen und zu regenerieren. In Arbeitszusammenhängen sind diese Pausen und Regenerationsmöglichkeiten meistens klar geregelt, doch es gibt auch Zwischenräume, wo der Abstand zum vorherigen Erleben nicht klar eingehalten wird. Dies ist dann gegeben, wenn Kolleg*innen im Pausenraum weiter über die Arbeit sprechen und es ihnen nicht gelingt, abzuschalten. So ist es ratsam, hierfür im Team klare Absprachen zu treffen, mit denen sich alle wohlfühlen. Es ist auch hilfreich, den Pausenraum so zu gestalten, dass er zur Entspannung oder Regeneration einlädt.

Ich werde in der Folge noch über die Dienstbesprechung (DB) als wichtiges pädagogisches Instrument sprechen und auch hier erscheint es mir zielführend, mit einer Regenerationspause zu arbeiten. In den meisten Kitas findet die DB zum Ende des Arbeitstages statt und viele Kolleg*innen nutzen diesen Moment auch, um sich etwas vom Kitaalltag zu regenerieren. Es sind keine Kinder mehr vor Ort und man darf einmal für längere Zeit an einem Ort sitzen, war man doch gefühlt den ganzen Tag unterwegs. In diesem Zusammenhang schlage ich vor, auch in der Dienstbesprechung das Dreiraumprinzip anzuwenden.

Als Beispiel bei einer wöchentlichen DB von zwei Stunden:

- 30 Minuten Organisatorisches (Organisationsraum)
- 15 Minuten Pause (Regenerationsraum)
- 75 Minuten Pädagogik-Fallarbeit (Begleitungsraum)

In der Dienstbesprechung ist es zielführend, die Räume klar voneinander zu trennen, um sich dann in den Arbeitsphasen besser auf die unterschiedlichen Inhalte einlassen zu können.

Im pädagogischen Alltag sollten wir diese Trennung vornehmen, indem wir klare Absprachen über die Zuständigkeiten treffen. Dabei würde ich tendenziell eine Priorisierung der Begleitungsräume anstreben.

4.4 Spielen als Regenerationsraum für Kinder

Das Spiel stellt eine elementare Form der Selbstfindung dar und hilft dem Kind über das Explorieren, das Probieren und den damit verbundenen Spaß in seiner geistigen, körperlichen und seelischen Entwicklung auf beispiellose Weise (vgl. Schulte-Markwort, 2019, S. 86). In seinem täglichen Erleben ist das Kind sehr oft in der Position, sich an die Vorstellung und Abläufe der Welt der Erwachsenen anzupassen. Vom täglichen Aufstehen über die Körperpflege, das Anziehen, das Frühstück bis hin zum Gang in die Kindertagesstätte oder Schule muss sich das Kind vielen Aufforderungen, Anleitungen seiner Eltern oder anderen Sachzwängen anpassen. Das Spiel gibt ihm die Möglichkeit, sich von diesen Zwängen zu lösen und seine Umwelt spielerisch so zu verändern, dass sie in seine Wirklichkeit passt. Dies ist für sein emotionales und intellektuelles Gleichgewicht notwendig und hilft dem Kind in der Selbstregulation (vgl. Davis & Wallbridge, 2007, S. 102).

Darüber hinaus führt die kindliche Neugier, Entdeckerfreude, Engagiertheit und die damit einhergehende Freude zur Aktivierung des dopaminergen Systems. Dieses System verleiht den Dingen und Ereignissen um uns herum mehr Bedeutung und steigert Fähigkeiten wie Konzentration, Ausdauer und Fantasie (vgl. Gebauer, 2007, S. 21). »Hier werden die grundlegenden Bahnungsprozesse im kindlichen Gehirn angelegt, die später darüber entscheiden, ob sich das Kind gerne neuen Aufgaben zuwendet und konzentriert lernen kann« (ebd., S. 22). Nun entstehen nicht selten Konflikte, weil die/der Erwachsene zu Hause oder in der Kindertagesstätte dieses kreative, schöpferische und konstruktive Treiben unterbricht (vgl. Ballmann, 2019, S. 235). Es kann sich als Übergriff auswirken, auf den das Kind reagieren muss, wenn es zu häufig in seinem Spiel, mit welchem es auch eine Kontinuität seines Daseins verbindet, gestört wird (vgl. Davis & Wallbridge, 2007, S. 71; von Lüpke, 1997, S. 84f.). Dieses Gefühl der ständigen Handlungsabbrüche kennen alle Eltern mit Säuglingen und Kleinkindern, die ihre Bedürfnisse immer unmittelbar befriedigt haben wollen.

Wenn wir das Spiel der Kinder aufgrund unserer eigenen Struktur, weil der Tagesplan gerade etwas anderes vorsieht, unterbrechen, holen wir es aus seiner Gedanken- und Fantasiewelt. Die Kindertagesstätte ist das Haus der Kinder, und wir sollten die Kinder nicht mit Angeboten überfrachten und sie somit der Möglichkeit des freien Spiels berauben. Das Kind braucht im Wesentlichen Material sowie eine vorbereitete Umgebung, die es in seinem Spiel und somit seinem Denken anregt. Natürlich gibt es Kinder, so wie oben beschrieben, die immer mal wieder die wertschätzende Aufmerksamkeit des Erwachsenen brauchen, um ein Spiel zu beginnen oder sich hinreichend darin zu vertiefen. Auf die Aussage »Wir können und doch nicht die ganze Zeit um Max und Moritz kümmern!« seitens der Erzieher*innen könnte ich sagen: »Nach meinem momentanen Eindruck doch! – Denn alle anderen Kinder sind so gut im Spiel, die brauchen eure Aufmerksamkeit nur gelegentlich!« Hier stellt die Angebotspädagogik häufiger eine große Hürde dar, um den natürlichen Entwicklungsbedürfnissen gerecht zu werden.

Es ist für die pädagogische Praxis von großer Bedeutung, den Wert des kindlichen Spiels, über welches das Kind seine innere Welt oft jenseits der Sprache wunderbar ausdrückt, als Motor seiner Entwicklung anzuerkennen und zu achten.

4.5 Theorie und Praxis

Nun ist die Trennung der Räume einerseits eine theoretische Konstruktion oder eine Übung, um sich der verschiedenen Betrachtungsmöglichkeiten bewusst zu werden. Auf der anderen Seite findet diese Trennung in bestimmten Situationen auf unterschiedliche Weise immer wieder statt und es ist von Bedeutung, sich der Wirkweisen dieser Faktoren bewusster zu werden, um sie stärker als methodisches Handwerkszeug zu integrieren.

Wie schon oben angesprochen, zeigen die Kinder bei den Besuchen von externen Berater*innen in 90% der Fälle nicht das negative Verhalten, welches ihnen sonst zugeschrieben wird. Ich behaupte, hier werden uns ein Teil der Wirkungen des Dreiraumprinzips vor Augen geführt. Wenn die Kolleg*innen mich dann mit der Aussage konfrontieren: »Wenn Max immer so wäre wie heute, hätten wir dich gar nicht angerufen!«, konfrontiere ich sie mit der Frage: »Und was habt ihr heute anders als sonst gemacht?« Die Antworten sind dann:

- »Ich habe beobachtet, wie Max sich verhält!«
- »Ich war entspannter, weil ich nun Hilfe erhalte!«
- »Ich war ganz in der Situation und habe mich nicht um das Organisatorische gekümmert!«
- »Ich war sehr konzentriert, habe mein eigenes Verhalten stärker reflektiert!«

In dieser Aufzählung tauchen schon wesentliche Aspekte auf, die den Begleitungsraum ausmachen. Die pädagogischen Fachkräfte rücken die organisatorischen Aufgaben stärker in den Hintergrund, sind mit ihrer Aufmerksamkeit mehr beim Kind, sind entspannter, weil Verantwortung abgenommen wird, reflektieren ihr eigenes Handeln und beobachten das Kind. In der Beobachtung kommt vielleicht der bedeutendste Punkt zum Ausdruck. Das negative Verhalten des Kindes tritt nicht immer auf und ist ein Gegenentwurf zu der eigenen Wirklichkeitskonstruktion (vgl. Kokemoor, 2018, S. 206f.).

Dies soll im Umkehrschluss nicht heißen, wir bräuchten nur aufmerksamer, konzentrierter und reflektierter sein und die Kinder würden kein uns überforderndes Verhalten mehr zeigen. Es soll uns nur verdeutlichen, dass es da deutliche Zusammenhänge gibt, die wir erkennen und gezielt einsetzen müssen.

Eine Kollegin berichtet mir von den Schwierigkeiten, die Alexander ihr und ihrer Kollegin gerade bereitet. Sie sagt: »Im Prinzip geht er den ganzen Tag über Tische und Bänke. Wir sind mit der Situation völlig überfordert!« Ich frage, ob dies wirklich immer so ist oder sie sich auch an Ausnahmen erinnern kann. »Ja«, sagt die Kollegin, »wenn ich richtig überlege, war er vor zwei Monaten mal für vier Wochen viel ruhiger, das war eine richtig gute Zeit, obwohl ich da überwiegend allein war, da meine Kollegin wegen Krankheit ausgefallen ist.« Ich frage: »Kannst du dich erinnern, was du damals anders gemacht hat?« Daraufhin lächelt sie und sagt: »Ja, ich habe den ganzen organisatorischen Kram einfach mal sein gelassen!«

Es ist davon auszugehen, dass die Kollegin durch das Weglassen der organisatorischen Aufgaben mehr Präsenz für die Kinder gezeigt hat und in der Begleitung sowie Anleitung eine klarere Position den Kindern gegenüber einnehmen konnte. Die organisatorischen Aufgaben sind dann eine Behinderung für die Begleitung eines Kindes, wenn wir das Kind oder die Kinder dabei nicht mehr hinreichend wahrnehmen. Wir nehmen auch nicht mehr wahr, in welchen Momenten das Kind unsere direkte Unterstützung oder eine Strukturierung benötigt und wann unsere Anerkennung durch die Aufmerksamkeit für sein Handeln ausreichend ist.

Wir müssen diese Räume und Momente nicht zwangsläufig streng voneinander trennen, um ihre Wirkung zu entfachen. Denn im pädagogischen Alltag sind die Übergänge und unsere Verhaltensweisen in den unterschiedlichen Räumen fließend. Ja, sie sind oft unmittelbar miteinander verbunden und haben in diesem Zusammenhang interessante *Wirkweisen*. Das heißt, ich kann oder muss auch im Begleitungsraum organisatorische Aufgaben oder Leitung übernehmen.

Hier folgt eine kleine Szene aus einer Marte-Meo-Beratung, in welcher die Kollegin sich im Begleitungsmoment befindet und von den oben beschriebenen übergeordneten organisatorischen Aufgaben befreit ist. Im Begleitungsmoment gibt es auch Dinge zu organisieren beziehungsweise ist es nötig, den Kindern an bestimmten Stellen Instruktionen oder Anleitungen zu geben.

In der Marte-Meo-Videointeraktionsanalyse sprechen wir vom Folgen und Leiten. Das Folgen beinhaltet hier, auf die Initiativen des Kindes zu warten, diese wahrzunehmen und darauf zu reagieren. Ein Kind zu leiten heißt, es anzuleiten, zu beaufsichtigen, zu bestätigen, zu begrenzen und zu ermutigen (vgl. Bünder et al., 2009, S. 79). Ich habe die Bedeutung vom *Folgen und Begleiten* sowie dem *Lenken und Leiten* im anschließenden Text kursiv hervorgehoben.

Die Erzieherin hat auf einem Tisch in der Eingangshalle der Kita ein Spiel mit Stempeln für eine Gruppe von Kindern vorbereitet. Sie hat sich einen Rahmen gestaltet, in welchem sie in die Position der Begleitung gehen kann.

Sie sitzt am Tisch und wartet ab, wie die Kinder, die sich gerade in der Nähe befinden, darauf reagieren. – *Sie beobachtet, ob die Kinder ihr Angebot oder ihren Vorschlag annehmen (Folgen und Begleiten).*

Als einzelne Kinder zum Tisch kommen, erklärt sie, was sie für sie vorbereitet hat. – *Sie gibt klare Informationen zu ihrem Angebot (Lenken und Leiten).*

Dann bittet sie Jonas, auch zum Tisch zu kommen, indem sie sagt: »Komm Jonas, ich habe hier Stempel für alle Kinder!« *Die Kollegin ermutigt Jonas, zum Tisch zu kommen (Lenken und Leiten).*

Jonas hat die Diagnose frühkindlicher Autismus, kann nicht sprechen und nimmt keinerlei Blickkontakt auf. Als er zum Tisch kommt, fragt ihn die Erzieherin danach, welchen Stempel er haben möchte. Sie zeigt dabei mit ihrer Hand nacheinander auf die Stempel und sagt: »Der oder der, welcher?« – *Sie gibt durch ihre Frage und das damit einhergehende Zeigen eine klare Struktur vor (Lenken und Leiten).*

Sie wartet einen Moment ab und als Jonas keine Initiative zeigt, wiederholt sie ihre Frage, indem sie die Stempel jeweils in einer Hand vor ihn hält und erneut fragt: »Der oder der! – *Sie wiederholt die gleiche Struktur und durch die Wiederholung sehr viel Sicherheit (Lenken und Leiten).*

Nun wartet sie erneut auf eine Initiative von Jonas, bis der sich für einen Stempel entscheidet. – *Sie gibt Zeit und zeigt ihm dadurch, dass ihr eine Antwort von ihm wichtig ist (Folgen und Begleiten).*

Als Jonas den Stempel direkt an sich nehmen will, sagt die Kollegin zu ihm: »Warte, ich muss erst Farbe darauf machen!« – *Sie benennt ihr eigenes Handeln und wird dadurch vorhersehbarer, was gerade in der Arbeit mit autistischen Kindern, die eine andere Personenwahrnehmung haben, sehr wichtig ist (vgl. Kokemoor, 2016a, S. 246f.). Gleichzeitig setzt sie durch ihre Worte, die auch durch Gesten begleitet werden, klare Anfangs-/Endsignale (Lenken und Leiten).*

Jonas betrachtet in der Zwischenzeit den Handrücken seiner rechten Hand. Die pädagogische Fachkraft beobachtet ihn dabei, zeigt dann mit dem Zeigefinger ihrer linken Hand auf seinen Handrücken und fragt: »Da soll der Stempel hin?« – *Sie beobachtet sein Handeln und folgt seiner möglichen Initiative oder seinem Wunsch, den Stempel auf dem Handrü-*

cken haben zu wollen. Über ihre Frage führt sie eine Rückversicherung ein und gibt ihm das Gefühl, seine Bedürfnisse sehr ernst zu nehmen (Folgen und Begleiten).

Dann drückt sie ihm den Stempel auf den Handrücken, macht dabei begleitend einen Ton, lächelt und zeigt ihm im Anschluss ein sehr erstauntes Gesicht, welches auch die Aufmerksamkeit der anderen Kinder auf die Situation lenkt. – *Sie begleitet ihre Handlung sehr schön mit Tönen und Emotionen. Sie macht die Aktion dadurch größer und gibt dem Ganzen und somit auch Jonas mehr Bedeutung. Sie beteiligt die Kinder dadurch an ihrer interaktiven Handlung mit Jonas (Folgen und Begleiten).*

Diese kleine Szene ist Gegenstand einer Marte-Meo-Beratung und die Kollegin und ich stellen bei der Betrachtung des Videos fest, wie sich das Wechselspiel zwischen dem Folgen und Leiten sehr positiv auf das Verhalten des Kindes auswirkt. Jonas erhält durch die Leitung Sicherheit und Orientierung und macht durch die Begleitung die Erfahrung, gesehen zu werden. Die Fachkraft führt Jonas, der sich sonst allen Aktivitäten entzieht, an eine Gemeinschaftsaktion heran. Durch das Angebot mit den Stempeln sorgt sie für einen klaren Rahmen, in dem sie sich auch deutlich positioniert und gleichzeitig seine Initiativen und Bedürfnisse wahrnimmt, benennt, ihnen folgt und sie wertschätzt. Ich sehe den Beratungsmoment, wie hier beschrieben, auch als Raum der Entwicklungsbegleitung in Bezug auf die pädagogischen Fachkräfte, da er ihnen ermöglicht, sich sehr anschaulich anhand der eigenen Praxis über ihr pädagogisches Handwerkszeug sowie dessen Wirkweisen stärker bewusst zu werden. Vor diesem Hintergrund haben wir mehrere Dienstbesprechungen genutzt, um ebendiese und ähnliche Aufnahmen zu reflektieren. Es ist zielführend, alle pädagogischen Fachkräfte in die Position zu bringen, über die Methode der bewegten Bilder zu lernen. Das Ergebnis zeigt sich in der positiven Entwicklung von Jonas, die auf das kontinuierliche und entwicklungsbegleitende Handeln der Kolleg*innen zurückzuführen ist.

Die folgende Szene ereignete sich etwa vier Monate später. Eine Erzieherin sitzt mit mehreren Kindern an einem Tisch, die gemeinsam Max beobachten. Max blättert in einem Ordner, um sich ein Lied auszusuchen. Während er dies tut, begibt sich auch Jonas, der sich mittlerweile von sich aus pädagogischen Angeboten zuwendet, interessiert an den Tisch. Nun schaut die Kollegin Jonas an und sagt: »Guck mal Jonas, wir singen jetzt gleich was!« Dann beugt sie sich nach vorne, um den Ordner besser einsehen zu können, und sagt: »Oder wir machen ein Fingerspiel! – Mal sehen, was Max sich aussucht.« – *Die Kollegin erkennt das Interesse von Jonas und setzt ihn, der nicht über Sprache verfügt, mit Worten über das gemeinsame Vorhaben in Kenntnis. Sie gibt Jonas Orientierung und setzt ihn in Beziehung zum Kontext. Sie zeigt über ihre Körpersprache deutliches Interesse an dem, was Max sich aussucht, und signalisiert hier gleichzeitig, dass sie keine Leitung über den Inhalt hat (Folgen und Begleiten).*

Als Jonas Max beobachtet, der im Liederordner blättert, greift er spontan und gezielt nach einer bestimmten Seite. Die Kollegin schreitet mit einer eindeutigen Geste, die ein »Stopp« signalisiert, ein und sagt: »Du kannst auch gleich!« – *Die pädagogische Fachkraft setzt Jonas verbal und nonverbal eine klare Grenze und signalisiert ihm, dass er auch drankommt (Lenken und Leiten).*

Als Jonas sich dann umdreht und sich vom Tisch entfernt, sagt die Erzieherin: »Ja, ich weiß, du möchtest gern *Alles Banane* hören!« – *Hier fasst sie die Bedürfnisse des nicht sprechenden Kindes in Worte und setzt somit auch die anderen Kinder in Kenntnis darüber (Folgen und Begleiten).*

Worauf Max sagt: »Der möchte das!«, und somit dem Vorbild der Kollegin folgt.

Es dauert ein paar Minuten, bis Jonas mit einem eigenen Ordner zum Tisch zurückkehrt. Er setzt sich an den Tisch, breitet den Liederordner vor sich aus und blättert, bis er das Lied *Alles Banane* gefunden hat. Die Kollegin beobachtet ihn dabei. Als er das Lied gefunden hat, zeigt er mit einem Finger auf die Seite des Liedes. Die Kollegin macht es ihm nach und fragt: »Da fangen wir an?«, während sie Jonas anschaut. – *Die Kollegin beobachtet die Handlungsinitiativen von Jonas und erklärt ihn nun durch ihre Haltung zum »Spielleiter«! Sie unterstreicht dies noch durch ihre Frage und den deutlichen Blickkontakt (Lenken und Leiten).*

Jonas lächelt und nimmt ebenfalls deutlich Blickkontakt zu der Erzieherin sowie zu den Kindern auf. Dies wäre ihm vor vier Monaten noch nicht möglich gewesen. Die Kinder beginnen das Lied zu singen: »Früh am Morgen ein Nashorn kräht, kikiriki!« – Jonas hüpft vor Freude. »Und im Zimmer ein Nilpferd steht!« – Jonas macht wie ein Nilpferd. »Wenn der Igel dich zärtlich küsst!« – Jonas macht einen Kussmund und schaut dann lächelnd die Erzieherin an. »Und ein Seehund dein Müsli frisst!« –

Jonas tut so, als ob er er fressen würde, und führt mit der Hand »Müsli« in seinen Mund! – »Dann ist wieder alles Banane [...]!«, singen die Kinder dann weiter.

Die Kollegin beobachtet die Kinder und vor allem immer wieder Jonas, der sich hier für Momente aktiv in einer Gemeinschaft einfindet, die ihn mit seinen Möglichkeiten einschließt. Die Erzieherin stellt hier einen Rahmen zur Verfügung, in welchem sie die »Spielleitung« an die Kinder übergibt, um sich somit im Schwerpunkt auf die Begleitung der Kinder konzentrieren zu können (Folgen und Begleiten).

Hier kommt einer der Leitsätze von Maria Montessori zum Tragen, nämlich: »Hilf mir, es selbst zu tun!« Die/der Erwachsene hält zwar den Rahmen, nimmt jedoch selbst die wichtige Rolle des Lern-Beobachtenden und Lern-Begleitenden ein. Der Geburtstag von Jonas, den ich wenige Tage später beobachten darf, charakterisiert diese Grundhaltung auf eindrückliche Weise.

An Jonas' Geburtstag ist der Tisch feierlich dekoriert und er sitzt mit sechs weiteren Kindern am Tisch. Die pädagogische Fachkraft, die Heilpädagogin ist, eröffnet die kleine Feier mit den Worten: »Wer hat denn heute Geburtstag?« Die Kinder, bis auf Jonas, der nun mittlerweile wenige Wörter sprechen kann, antworten wie aus einer Kehle: »Jonas!« »Der Jonas!«, wiederholt die pädagogische Fachkraft, bevor sie fragt: »Und was wollen wir da machen?« – »Singen!«, antworten die Kinder. Und ohne auf einen Startschuss zu warten, beginnt ein Mädchen *Happy Birthday* zu singen, während die anderen Kinder und die Fachkraft mit einstimmen. Jonas zeigt große Freude, klatscht in die Hände und sagt: »Bravo!« Als er im Anschluss seine Lippen bewegt, als wolle er das Wort *Happy Birthday* formen, beginnt ein aufmerksames Kind sofort wieder das Lied anzustimmen, bevor die anderen ihm folgen. Die Kinder singen das Lied sechsmal für Jonas und er nimmt daran großen Anteil. Nun darf Jonas die Kerze ausblasen. »Und sich was wünschen!«, sagt sofort eines der Kinder. »Aber nicht verraten!«, sagt ein anderes Kind. »Der kann ja eh nicht reden!«, mischt sich ein Junge ein. Die Bemerkungen der Kinder stellen eine Realität dar, die in der Beobachtung nach meiner Einschätzung ohne Bewertung auskommt und lediglich die Situation beschreibt. Jonas versucht, die Kerze auszublasen, doch es gelingt ihm im ersten Moment nicht. Die pädagogische Fachkraft stellt nach mehreren Versuchen die Kerze in die Mitte des Tisches, damit sich die Kinder nicht verbrennen. Als sie der Gruppe für einen Moment den Rücken zudreht, holt sich Jonas die brennende Kerze zurück und stellt sie vor sich auf den Teller. »Jonas möchte die Kerze gerne bei sich haben!«, sagt nun der gleiche aufmerksame Junge, Der etwa vier- bis fünfjährige Junge findet Worte für die Bedürfnisse von Jonas, die dieser noch nicht über Worte ausdrücken kann (vgl. Kokemoor, 2017, S. 374f.).

Es ist gelungen, allen Kindern den Raum zu geben, den sie benötigen, um eine Kommunikation entstehen zu lassen, aus der Kreativität und Bezogenheit erwächst. Durch die beobachtende und begleitende Haltung konnte die Heilpädagogin die Initiativen der Kinder erkennen und diesen folgen. Hier bekommen die Kinder den Gestaltungsspielraum, der ihnen das Gefühl gibt, in der Welt zu wirken. Auch Jonas scheint seine Stabilität in der Dialogrunde dadurch gefunden zu haben, dass er selber entscheiden kann, wann er daran teilnehmen möchte. Die Kinder haben die Situation mit ihren Initiativen gefüllt; die Erwachsene hat den Reigen lediglich eröffnet und in einigen wenigen Momenten durch Kommentare oder Bestätigungen die Situation strukturiert.

> »Die Herstellung dieser Freiräume zur Gestaltung der Lebenswelt im eigenen Sinne, nach eigener Maßgabe ohne Zugriff eines normierten Fremdzwanges, wäre eine Form der Inklusion, die in hohem Maße der autonomen Selbstbestimmung unterliegt und auch Menschen mit Behinderung Wahlfreiheit eröffnet« (Becker, 2015, S. 17).

Wenn wir in der Kita im Organisationsmodus gefangen sind, verlieren wir unsere eigentliche Rolle und somit auch schnell die Entwicklungsbedürfnisse der Kinder aus den Augen. Nach den Aussagen von pädagogischen Fachkräften stellt das Dreiraumprinzip im aktuellen Moment des Bewusstwerdens eine spürbare Rollenklarheit und Entlastung dar. Das Prinzip schafft gleichzeitig ein Modell, welches ich auch für die Planung und Strukturierung von Systemen und Arbeitszusammenhängen verwenden kann.

5 Blickwechsel: Kinder mit herausforderndem Verhalten

5.1 Das Bedürfnis hinter dem Verhalten erkennen

Mit seinem herausfordernden Verhalten versucht das Kind um Aufmerksamkeit zu ringen, wenn es einen Mangel verspürt oder unter einer Situation leidet. Das Verhalten ist also zielgerichtet, auch wenn sich das Kind über die Beweggründe seines Verhaltens nicht bewusst ist (vgl. Dreikurs & Soltz, 2008, S. 24). Der Hintergrund für dieses Leiden kann sehr unterschiedlich sein und es ist die Aufgabe der Erwachsenen, die Gründe herauszufinden. Wenn das herausfordernde Verhalten über einen längeren Zeitraum anhält oder nach unserem Eindruck zunimmt, nehmen auch die Gefühle von Sorge, von Ohnmacht und von Angst bei den Erwachsenen zu. Aus diesen Gefühlen entsteht oft eine Verengung der Wahrnehmung und der Kontakt sowie die Interaktion mit dem Kind wird von Eltern oder Erzieher*innen als überwiegend negativ oder sogar feindselig erlebt (vgl. Omer & von Schlippe, 2017, S. 51).

Vor diesem Hintergrund ist es dann sehr berührend zu sehen, wie Eltern oder auch Fachkräfte reagieren, wenn ihnen anhand von Videoaufnahmen gezeigt wird, wie sie mit ihrem Kind positiv interagieren und möglicherweise sogar lachen. Eltern äußern hier manchmal den Wunsch, ein Handyfoto von einem Standbild des Videos machen zu dürfen. Wie schon oben angesprochen, sind diese Bilder in der Lage, die Sorgenbilder, die oft eine Übermacht erlangt haben, abzumildern oder zu löschen. Die Wahrnehmung der eigenen Ressourcen in der Kommunikation mit dem Kind bietet hier die Chance, die eigene Stärke oder Präsenz zurückzuerlangen.

Eine Erzieherin ist angestrengt von dem Kontakt mit Leon, der ihr gerade sehr viel Kraft raubt. Leon ist vier Jahre, lebt seit drei Jahren bei seiner Pflegemutter. Er schlägt oft andere Kinder, nässt fast täglich in der Kita ein und wirkt sehr unzufrieden. Auf dem Video, welches ich in der Beratungssituation gemacht habe, bekommen wir eine Situation vor Augen geführt, in welcher Leon sehr schön spielt, sowie eine Erzieherin, die ruhig und zugewandt agiert. Die Kollegin ist bei der Betrachtung dieser Bilder sehr angetan von Leons Spielverhalten sowie ihrem eigenen besonnen und dem Kind zugwandten Handeln.

Beim nächsten Beratungstermin, der mit der Pflegemutter zusammen stattfindet, schauen wir zunächst gemeinsam das oben angesprochene Video und die Kollegin formuliert, dass ihr diese Aufnahmen geholfen haben, Leon in den letzten beiden Wochen vorbehaltloser zu begegnen. Nach ihrem Eindruck hätte sich die Veränderung ihrer Einstellung auch unmittelbar auf das Verhalten von Leon ausgewirkt, der auf sie nun wie ein normales Kind wirkt und auch nicht mehr eingenässt hätte. Hier stellt sich natürlich die Frage, ob sich das Verhalten wirklich so unmittelbar verändert hat oder ob die positiven Verhaltensweisen, die es auch vorher schon gegeben hat, mehr in den Aufmerksamkeitsfokus der pädagogischen Fachkraft gerückt sind. Grundsätzlich scheint es jedoch eine Veränderung gegeben zu haben, die sich so auf Leon ausgewirkt hat, dass er in der Kita nicht mehr einnässen muss.

Die Pflegemutter bringt zum Ausdruck, dass sie zwar auch eine leichte Verhaltensveränderung bei Leon beobachten würde, er jedoch weiter auch tagsüber einnässe und häufig ein sehr aggressives Verhalten ihr gegenüber zeige. Der Kinder- und Jugendpsychiater hätte nun auch einige Neuroleptika verschrieben und sie wollte mich bitten, eine integrative Kindertagesstätte für Leon zu suchen. Da Leon, nach meinem Eindruck, wie ein ganz normales Kind wirkt, bitte ich die Pflegemutter darum, zunächst zu berichten, warum Leon nicht bei seinen leiblichen Eltern lebt. In den Schilderungen macht die Pflegemutter deutlich, dass die Eltern mit der Erziehung und Versorgung von Leon überfordert sind und es auch schon seit Jahren einen heftigen Konflikt zwischen den leiblichen Eltern und ihr gibt, der auch recht offen vor Leon ausgetragen wird. Ich möchte jetzt nicht weiter in die Details gehen, doch es wird in der Beratungssituation sehr schnell deutlich, wie sehr dieses Kind unter seiner Lebenssituation, und den damit einhergehenden Konflikten, leidet.

Natürlich unterhalten wir uns in der Folge darüber, wie wir mit Konflikten umgehen, die sich im Zusammensein mit Leon ergeben, doch es liegt hier sehr klar auf der Hand, dass sich zunächst die Erwachsenen mit Respekt, mit Achtung und mit Anstand begegnen müssen, damit sich für Leon eine Chance ergibt, sein Verhalten zu ändern. Das Verhalten des Kindes ist hier ein unbewusster Hilferuf, um auf sein Leid aufmerksam zu machen. Doch Kinder, die leiden, haben auch immer Eltern, die leiden, denn der berühmte Teufelskreis führt zu einem Gefühl der Hoffnungslosigkeit und dem Eindruck, sich selbst zu verlieren (vgl. Aucouturier, 2002, S. 32f.).

Erwachsene, die sich in diesem Teufelskreis befinden, brauchen ebenso wie das Kind eine fundierte Unterstützung, um Konflikte beizulegen und wieder handlungsfähig zu werden. Das Gefühl von eigener Präsenz geht beim Erwachsenen verloren, wenn es in Konfliktsituationen immer wieder zu Rechtfertigungen, Beleidigungen, Kontaktabbrüchen sowie heftigen verbalen und emotionalen Auseinandersetzungen kommt (vgl. Omer & von Schlippe, 2017, S. 23). Der Verlust an elterlicher Präsenz geht mit den Gefühlen der Ohnmacht, der Verunsicherung und der Sorge, selber zu versagen, einher und ist der Nährboden für emotionale Ausbrüche sowie den Impuls, dem Kind vor Erschöpfung oder Angst vor der nächsten Eskalation in der Tendenz nachzugeben. Dies soll auf keinen Fall heißen, dass es im Umgang mit herausforderndem Verhalten um eine strikte Konsequenz geht. Es spricht nichts dagegen, wenn Eltern oder pädagogische Fachkräfte in vernünftig geführten Verhandlungen den Wünschen des Kindes nachgeben, es sollte jedoch nicht zu einer Regel werden (vgl. ebd., S. 30).

Es gibt unterschiedliche Ursachen, warum Kinder herausforderndes Verhalten zeigen. So sind nicht alle Kinder mit den gleichen Vorrausetzungen ausgestattet, wenn sie auf die Welt kommen. Manche Kinder haben durch die Geburt Blockaden, wie zum Beispiel das KiSS-Syndrom, oder sind wie autistische Kinder nicht in der Lage, angemessen auf die die Bemühungen der Eltern zu reagieren, was in beiden Fällen beim Kind und den Erwachsenen bei den Alltagshandlungen zu Überforderung und Missverständnissen führt. Bei Kindern, die hochsensibel sind, ist es in der Regel ähnlich und die Wahrscheinlichkeit, unangemessen, also mit Über- oder Unterforderung zu reagieren, ist hoch. Es gibt auch recht häufig Kinder, die aufgrund einer Lebensmittelunverträglichkeit besondere

Verhaltensweisen zeigen. So gelingt es der kleinen Elli nicht, mit ihren Eltern oder den Fachkräften in Kontakt zu treten. Elli zeigt autistische Verhaltensweisen, sie deutet nicht auf Gegenstände, um andere darauf aufmerksam zu machen, zeigt kein spürbares Interesse an anderen Kindern oder einem gemeinsamen Spiel (vgl. Dornes, 2010, S. 141). Da Elli, mit ihren zwei Jahren, oft unzufrieden wirkt, Probleme mit der Verdauung und beim Einschlafen hat sowie auch sonst oft am Tag nach Milch verlangt, rate ich den Eltern, komplett auf Milchprodukte zu verzichten. Die Eltern rufen mich schon nach drei Tagen an, da sie ihren Augen nicht trauen können. Das Spielverhalten von Elli hat sich deutlich verändert, sie nimmt häufiger Blickkontakt zu ihren Eltern auf, zeigt keine Ängste mehr, auf dem Arm ihrer Eltern in den Keller zu gehen, und ihre Verdauung hat sich normalisiert. Auch in der Kindertagesstätte zeigt sie jetzt ein ganz anderes Verhalten. Sie nimmt mehr Blickkontakt auf und setzt sich aktiv mit der Umwelt auseinander. Eigentlich sollte Elli die Kita spätestens zum Sommer verlassen, da es keine integrative Einrichtung ist, doch das Team konnte sich nach den Eindrücken, die Elli jetzt auf es macht, darauf verständigen, dass sie bleiben kann. Eine Fachkraft hat gesagt: »Es ist wie ein Wunder. Es ist so, als würde Elli noch mal neu auf der Welt ankommen!« Dies ist kein Einzelfall, auch wenn eine solche Veränderung durch einen Verzicht auf Milcheiweiß oder auch Gluten in der Regel nicht nach drei Tagen so sichtbar wird. Kinder wie Elli leiden unter einer Nahrungsmittelunverträglichkeit, die einen direkten Einfluss auf die Neurotransmitterfunktion im Gehirn hat (vgl. Strasser, 2011). Eine Diät mit dem Verzicht auf beispielsweise Gluten oder Casein erfordert von allen Beteiligten viel Disziplin und Durchhaltevermögen.

Es ist sehr wichtig, auf die Suche nach den Ursachen für abweichendes Verhalten zu gehen, um den Umgang sowie die Möglichkeit zum Kontakt mit dem Kind zu verbessern. In vielen Familien führt eine unentdeckte Ursache zu einem jahrelangen gemeinsamen Leidensweg, der das Familiensystem destabilisiert oder auch die Zusammenarbeit mit der Bildungseinrichtung belastet.

Wenn Kinder häufig über einen längeren Zeitraum herausforderndes Verhalten zeigen, benötigen wir einen komplexeren Blick auf das Kind, um eine Veränderung herbeizuführen. Dieser komplexe Blick gelingt in der Regel durch einen gemeinsamen Austausch zu möglichen Ursachen sowie einen Wechsel der Perspektive, der mit der Mart-Meo-Methode wunderbar möglich ist. Darüber hinaus braucht es eine Gemeinschaft von Erwachsenen, die die Verantwortung für diese Konflikte übernehmen, da das Kind mit Veränderung überfordert ist (vgl. Juul, 2012, S. 12). Diese Gemeinschaft setzt sich zusammen aus den pädagogischen Fachkräften, den Eltern sowie alle anderen an der Begleitung des Kindes beteiligten Personen. Es ist zielführend, wenn sich die Gemeinschaft als Team begreift, das das Leid des Kindes aufspürt, lindert und es in der Folge führsorglich in seiner Entwicklung begleitet. Die Kooperation aller an der Begleitung beteiligten Personen dient dazu, neue Wahrnehmungs- und Handlungsmöglichkeiten für eine als unbefriedigend erlebte Situation zu entwickeln (vgl. Voß, 1997, S. 43). Das interpersonelle Netz ist hier ein wichtiges Instrument, um das einzelne Individuum zu unterstützen, wieder die nötige Stabilität und Präsenz zu erlangen (vgl. Omer & von Schlippe, 2017, S. 35).

5.2 Überlastung und Ohnmacht

Mir wird wieder ein Kind beschrieben, welches ein schwieriges Verhalten zeigt. Doch bei meinem Besuch in der Kita werde ich keinen Sonnenscheintag erleben, denn Jerome zeigt sich so, wie er von der pädagogischen Fachkraft bei ihrem Anruf beschrieben wurde. Ich halte mit der Kamera fest, wie Jerome schlägt, mit Stühlen wirft, kratzt und in der Beobachtungssequenz fast durchgehend weint oder brüllt. Die Fachkräfte wirken auf mich sehr gestresst und ich beobachte, wie eine Erzieherin versucht, auf das verzweifelte Kind Einfluss zu nehmen. In dem Raum, in welchem sich die Situation abspielt, befinden sich 20 Kinder, die überwiegend mit Bauklötzen, Schleichtieren und Autos am Boden spielen. Nur Jerome zeigt sich anders. Er sitzt von allem abgewandt im Kniesitz und schleudert gerade einen kleinen Holzstuhl durch den Raum. Als dieser etwa einen Meter von ihm entfernt liegen bleibt, rutscht Jerome auf seinen Knien in Richtung des Stuhls und gibt diesem in Verbindung mit einem kläglich wirkenden Schrei einen weiteren Stoß. Der Stuhl landet nun in der Nähe einzelner Kinder, die gerade mit Kapla-Steinen spielen und nur für einen kurzen Moment Notiz von diesem Ereignis nehmen. Es scheint Normalität geworden zu sein, wenn Gegenstände durch den Raum fliegen oder eine Fachkraft damit beschäftigt ist, Jerome mit Worten und Berührungen zu beruhigen oder ihm Grenzen zu setzen.

So ist es auch in dieser Situation. Nathalie, eine Fachkraft, die den stärksten Bezug zu Jerome hat, hält ihn am linken Arm fest, um ihn daran zu hindern, weitere Gegenstände zu schmeißen. Doch in der Art und Weise, wie sie ihre Intervention ausführt, wird ihr Bemühen sichtbar, sich Jerome auf eine positive Weise zuzuwenden. Sie sitzt ebenfalls auf dem Boden und versucht ihn nicht nur zu halten, sondern ihm gleichzeitig Halt durch Berührungen und wohlwollende Worte zu geben. Es gelingt ihr nicht und er kauert sich auf dem Boden. Er hat scheinbar keine Worte zur Verfügung, sondern lediglich ein klagendes Jammern und Schreien. Jerome lässt sich nicht beruhigen, sondern versucht, Nathalie die Uhr vom Handgelenk zu reißen. Die Erzieherin sagt daraufhin: »Stopp, das ist meine Uhr!« Doch dieses veranlasst Jerome, die Erzieherin zu schlagen, die sich darauf spontan von ihm räumlich entfernt. In diesem Augenblick nimmt Jerome einen Daumen in den Mund und zieht sich mit der anderen Hand ein Tuch über den Kopf.

Nach einer Weile wirkt Jerome etwas entspannter. Er sitzt mittlerweile im Langsitz am Boden und schubst kleine Gegenstände in die Richtung von Nathalie, die zu seinen Füßen sitzt. Im Umgang mit den Objekten ist keine bewusste Handlung oder ein Spiel zu erkennen. Dieses Schubsen der Gegenstände ist Ausdruck seines Kummers, und diese Handlungen werden von seinen Emotionen gesteuert. Da auch sein Gegenüber darin nicht die Intention eines Spiels erkennt, verharren beide in den Emotionen. Nach einer Weile entfernt sich die Erzieherin von Jerome und als dieser sich diesem Entfernen bewusst wird, schlägt er einem Jungen zunächst auf den Fuß und dann zweimal ins Gesicht, bevor Nathalie zurückeilt, um die Situation zu beruhigen.

Als Beobachter dieser Szene bin ich angestrengt von diesem Ausdruck von Verzweiflung und gleichzeitig berührt von den Hilferufen eines Kindes, welches im Langsitz immer wieder seine Füße kreuzt und oft einen Daumen im Mund hat. Es scheint der Versuch zu sein, sich selbst ein Gefühl von Geborgenheit zu geben, ein Gefühl, welches ihm seine Mutter zurzeit nicht hinreichend bieten kann.

In der anschließenden Besprechung berichtet Nathalie von der extremen Belastung, die sie gerade durchmacht. Die Situation frisst sie regelrecht auf. Sie hat das Gefühl, Jerome nicht mehr von der Seite weichen zu können. Es ist schwer, ein Kind zu begleiten, das nach ihr schreit, wenn sie Pause macht. Ein Kind, das sich in ihrer Abwesenheit manchmal die Kleidung vom Leib reißt und sich dann am ganzen Körper kratzt. Nathalie ist im Moment am Ende ihrer Kraft, wird von einem Gefühl der Ohnmacht beherrscht und kann nachts kaum schlafen. Ein Zustand, der jetzt schon seit Wochen beziehungsweise seit drei Monaten so ist (vgl. Kokemoor, 2019a, S. 85f.).

Beim Gang durch die Einrichtung und kurzen Vier-Augen-Gesprächen mit anderen Fachkräften sind viele Emotionen im Raum und die Belastung durch diese Situation ist fast in jedem Wort spürbar. Es wird deutlich, dass einzelne Fachkräfte nicht mehr die Bereitschaft haben, diese Situation noch länger zu ertragen. Es kommen Aussagen wie »Jerome braucht eine kleinere Einrichtung« – »Er ist hier mit der Anzahl der Kinder überfordert« – »Jerome schlägt und beißt immer wieder ohne Grund« – »Wir können die anderen nicht schützen, wir wissen nicht, was diesen Jungen dazu bewegt, sich so aggressiv zu verhalten – die ersten Eltern haben sich schon beschwert«. Alle Aussagen sind verständlich, inhaltlich richtig und fordern zwingend eine Veränderung. Neben den Beschreibungen zum Kind werden auch Spannungen im Team deutlich, die durch kontroverse Aussagen zum Ausdruck gebracht werden. Die Belastung ist gerade so groß, dass nur noch sehr wenig Kolleg*innen die Not des Kindes sehen oder an sich heranlassen. Gleichzeitig scheint auch das Verständnis für Natalie zu schwinden, die sich für Jerome einsetzt, aber dadurch natürlich weniger zeitliche und mentale Präsenz für andere Kinder oder Themen aufbringen kann. Dieser Eindruck wird durch Sätze wie »Wir können uns doch nicht nur um dieses eine Kind kümmern!« untermalt. Ein Satz, der rein sachlich betrachtet wahr ist und auch nicht dem pädagogischen Auftrag entspricht. Ein Satz, den ich im Gefühl der Ohnmacht und Überforderung immer wieder höre und der auch dann zwingend erforderlich macht, einen Moment oder pädagogischen Raum herzustellen, in welchem wir uns gemeinsam die Situation in ihrer Gesamtheit anschauen und reflektieren. Es ist wichtig, in Situationen, in denen wir keinen Ausweg sehen, keine Orientierung finden und somit unseren Halt sowie oft auch unsere Haltung verlieren, einen Rahmen zu schaffen, der wieder Halt vermitteln kann.

Eine gemeinsame Dienstbesprechung ist ein Rahmen, eine formelle Struktur, die allen die Möglichkeit bietet, sich ein gemeinsames Bild der Situation zu machen und die eigene Meinung zum Ausdruck zu bringen. Der Flurfunk, dem ich bei meinem Gang durch die Einrichtung ausgesetzt bin, bietet mir nur wenig Orientierung.

Wir vereinbaren, am nächsten Tag eine Dienstbesprechung zu machen, in welcher das ganze Team, also circa 20 Personen, anwesend sind. Es sehr sinnvoll, in dieser schwierigen Situation die ganze Gruppe, das heißt den Blick und die Kompetenz der einzelnen Personen mit den damit verbundenen Synergieeffekten zu nutzen. Eine solche schwierige Situation kann nicht von Einzelnen gelöst werden, sondern braucht das Gemeinsame, die Kooperation und die Koordination von pädagogischem Handeln (vgl. Alexander, 2003, S. 10). Da die Einrichtung nach dem offenen Konzept arbeitet und so theoretisch alle Kontakt zu Jerome haben könnten, gibt es auch einen ganz pragmatischen Grund, alle am Beratungsprozess zu beteiligen. Es ist mir wichtig, die Verantwortung ein Stück von Nathalie zu lösen und auf alle zu verteilen. Wir machen eine Runde und jede Fachkraft erzählt, wie es ihr geht.

Nun suchen wir nach möglichen Gründen für das Verhalten von Jerome und es wird schnell deutlich, dass eigentlich alle über Erklärungsmodelle verfügen. Jerome ist eines von vier Kindern, die alle noch unter zehn Jahren sind. Seine kleine Schwester ist noch kein Jahr alt und soll ebenfalls bald in die Krippe der Einrichtung kommen. Seine Mutter, der Vater ist nicht mehr präsent, kommt aus Afrika, spricht kein Deutsch und ist erst seit vier Jahren in Deutschland. In einer Begegnung, die ich später mit der Mutter haben werde, fällt mir ihr ausweichender Blick und ihr schlaffer Händedruck auf. Diese kurze Begegnung hinterlässt den Eindruck einer Mutter, die momentan keine Kraft hat und überfordert und beschämt wirkt (vgl. Kokemoor, 2019a, S. 87).

Auch das Team spricht in der Dienstbesprechung nun über ihre Begegnungen mit der Mutter und Eindrücke, die es bezüglich der Familie hat. Von einem Vater, der nicht mehr in der Familie ist, und der kleinen Schwester, die an der Hand der Mutter schon den gleichen verzweifelten Blick wie Jerome zum Ausdruck bringt.

Alle Eindrücke zusammen ergeben das Bild eines sehr belasteten Systems. Der Belastungsfaktor der Familie wird durch diese Datensammlung in der Dienstbesprechung mehr und mehr zum Thema und es ergibt sich zunehmend eine Atmosphäre des Mitgefühls.

5.3 Den Blick verändern

Ich möchte genau an dieser Stelle die Möglichkeit der Beobachtung nutzen und zeige dem Team die Bilder, die ich am Tag zuvor von Jerome gemacht habe. Ich zeige, wie Stühle geschmissen werden und wie ein Junge verzweifelt an der Uhr von Nathalie reißt. Doch wir sehen bei unseren Beobachtungen, die nun in Ruhe ohne die Belastungen des Alltags geführt werden können, welche Not Jerome in diesen Szenen zum Ausdruck bringt.

Als Natalie sich angestrengt von seinem Versuch, ihr die Uhr vom Arm zu reißen, entfernt, kreuzt Jerome, der mit ausgestreckten Beinen am Boden sitzt, seine Füße, steckt sofort einen Daumen in den Mund und zieht sich mit der anderen Hand ein Tuch über den Kopf. In der Betrachtung wird allen deutlich, dass das Tuch ein Versuch ist, sich selbst ein Gefühl von Geborgenheit zu geben, wenn die/der Erwachsene auf Distanz geht. Das Umhüllen mit dem Tuch, das Saugen am Daumen sowie das Kreuzen der Beine hinterlassen den Eindruck eines Kindes, welches sich selbst bemuttert. Hier sind die von Winnicott beschriebenen Übergansprozesse und Übergangsobjekte zu beobachten, mit welchem sich das Kind zu beruhigen versucht und sich ein Gefühl von der Mutter in ihrer Abwesenheit vor Augen führt (vgl. Aucouturier, 2005, S. 78; Aucouturier & Mendel, 2001, S. 17). Dann folgt eine weitere Szene, welche die gerade gewonnenen Eindrücke unterstreicht und Sätze wie »Jerome schlägt und beißt immer wieder ohne Grund!«, die noch am Tag vorher gefallen sind, in unseren Köpfen verändern kann. Jerome sitzt weiter im Langsitz und kreuzt weiterhin seine Füße, obwohl Natalie in der Nähe ist und gerade den Versuch unternimmt, sich mit ihm zu beschäftigen, indem sie ihm einen kleinen Ball zurollt, den Jerome dann immer wieder wegstößt. Dann löst er seine sich kreuzenden Beine auf und es wird deutlich, wie er genau in diesem Moment einen Igelball mit der rechten Hand rhythmisch hin- und herbewegt. In Seminaren und Vorträgen, in denen ich diese Szene zeige und wir uns vorher mit den Formen beschäftigt haben, wie Eltern weltweit ihre Kinder beruhigen, dringt diese Szene noch eindrücklicher zu den Betrachtern durch. Die rhythmische Bewegung zeigt eine Parallele zu rhythmischen Bewegungen, die alle Eltern ihren Kindern auf dem Arm zukommen lassen, um sie zu beruhigen. Diese sind wiederum eine Orientierung an den Rhythmen des Herzschlages, der Atmung und des Ganges der Mutter, die der Fötus während der Schwangerschaft kontinuierlich erfahren hat. Bei den Bemühungen von Jerome geht es also um die Aufrechterhaltung des Gefühls der Kontinuität im Sein, ein Gefühl, welches fragil ist, wenn wir unser eigenes Selbst nicht gefestigt oder gefunden haben (vgl. Davis & Wallbridge, 2007, S. 61, 71).

In der Dienstbesprechung beschäftigen wir uns beim Betrachten dieser Szene genau mit diesen Zusammenhängen und an ebendieser Stelle formulieren einzelne Fachkräfte, dass sie Jerome jetzt eigentlich gerne auf oder in den Arm nehmen würden. Wir schauen die nächste Szene, in der sich Nathalie von Jerome, der einen Daumen im Mund hat, entfernt, weil sie von einem Kind gerufen wird, und dieser sofort beginnt, ein anderes Kind zu schlagen. Als Natalie dann zurückkommt und Jerome zu erklären versucht, dass das dem anderen Kind wehtut, versucht Jerome sie ebenfalls zu schlagen. Hier haben wir einen Moment, wo wir uns in der realen Situation wirklich fragen, was wir eigentlich tun sollten, und uns erst im formellen Rahmen, mit seiner Distanz zum Alltag, deutlich wird, dass die Antworten nicht in pädagogischen Handlungen in der Situation zu geben sind, sondern dass es um ein komplexes Konzept geht, das zu einer Entspannung im Leben von Jerome und somit zu einer Verhaltensveränderung führen kann.

Im Anschluss an die kurzen Ausschnitte einer nicht zu leugnenden Realität stelle ich die Frage: »Was sucht und braucht dieses Kind?« Ich möchte nun eine gemeinsame Grundlage schaffen, und weise darauf hin, dass es mir wichtig ist, dass jede und jeder etwas sagt. Es ist jedoch wichtig zu akzeptieren, dass jede*r ihre/seine persönliche Sicht auf die Dinge hat und es dabei kein richtig oder falsch gibt.

Eine Kollegin beginnt und sagt: »Jerome klaut den Krippenkindern häufiger Schnuller und in dem Video hat er einen Daumen im Mund. Vielleicht sollten wir ihm einen Schnuller geben!« »Ja!«, schließt eine Kollegin an: »Er wirkt so bedürftig, er sucht Zuwendung.« Die Antworten setzen sich fort und alle Worte drücken das Bedürfnis aus, Jerome

Zuwendung geben zu wollen. Als Nathalie sich in diese Argumentationslinie einreiht, fällt mir ihr Halstuch in den Blick und ich erinnere mich an die Eingangsszene mit dem Tuch. Ich stelle ihr die Frage: »Nathalie, würdest du dein Halstuch zur Verfügung stellen? Wir könnten dort einen Schnuller daran befestigen und Jerome um den Hals binden. So geben wir Jerome möglichweise das Gefühl, dich immer in seiner Nähe zu haben.« Ich sehe in ihrem Tuch zum einen eine Form der Umhüllung sowie ein Übergangsobjekt, welches Jerome, der sich zurzeit Nathalie als Bezugsperson ausgesucht hat, das Gefühl gibt, dass sie auch in ihrer Abwesenheit da ist, existiert. Wir sprechen noch eine Weile über die Funktion eines Übergangsobjekts, um diesem Gedanken ein Fundament und eine pädagogische Sinnhaftigkeit zu geben. Nathalie stimmt diesem Gedanken zu, auch wenn weder ihr, mir oder den anderen in diesem Moment klar ist, ob diese Idee Früchte tragen wird. Wir beschließen jedoch, Nathalie stärker zu entlasten und die Verantwortung für Jerome auf mehrere Schultern zu verteilen. Es wird eine Art Staffelstabbegleitung eingeführt. So wird Jerome von einer Fachkraft begleitet und die Verantwortung der Betreuung nach einem Zeitraum von einer Stunde an eine andere übergeben. Begleitung heißt hier nicht, ihm auf Schritt und Tritt zu folgen, sondern eher, sich in seiner Nähe aufzuhalten, Präsenz zu zeigen und ihm das Gefühl zu vermitteln, ihn wahrzunehmen. Weiter sollte er häufiger in kleinen Gruppen oder Einzelsituationen begleitet werden. Als ich die Einrichtung verlasse, bin ich mir nicht sicher, ob die Kolleg*innen gerade die Kraft und Konzentration aufbringen, ihre Vorhaben umzusetzen (vgl. Kokemoor, 2019a, S. 88).

Bei meinem nächsten Besuch etwa zwei Wochen später werde ich von zwei Jungen begrüßt, die mir aufgeregt und engagiert erzählen, dass sie heute mit Nathalie und Jerome in einem Geschäft waren und Jerome ein neues Halstuch gekauft hätten, weil das Tuch von Nathalie schon ganz schmutzig gewesen wäre. Jerome durfte sich auch einen Schnuller und eine Spieluhr aussuchen. Einen Moment später sehe ich Jerome auf einem Tisch auf dem Außengelände sitzen. Er trägt ein weißes Tuch um den Hals, an welchem ein Schnuller hängt. In Verbindung mit seiner dunklen Hautfarbe, der fröhlichen und entspannten Ausstrahlung, die er in diesem Moment zeigt und die mich in den Bann zieht, wirkt dieses Tuch wie ein Schmuckstück. Doch es handelt sich nicht um eine Momentaufnahme, denn Jerome machte schon seit dem Tag nach der Dienstbesprechung einen zufriedeneren Eindruck und hat seitdem kein Kind mehr geschlagen oder geschubst. Es sind alle sehr beindruckt und berührt von dieser Veränderung und wir stellen uns die Frage, welche Faktoren letztlich dazu beigetragen haben. Wir sehen hier, wie die Herstellung oder Wiederherstellung eines Rahmens gelungen ist, indem wieder Beziehung entsteht und eine unterbrochene Beziehung wieder aufgenommen werden kann (vgl. von Schlippe, 2009, S. 11).

Ein zentrales Thema ist sicherlich das Schnullertuch, auch wenn es nicht allein für die Veränderung verantwortlich ist. Es ist hier als Umhüllung und Übergangsobjekt zu sehen, welches für Jerome das Gefühl der Nähe oder Anwesenheit zu Nathalie oder seiner Mama vermittelt. Doch es geht nicht nur darum, dieses Tuch am Körper zu tragen, sondern das Tuch umgebunden zu bekommen. *Ja, ich spüre etwas zu bekommen, im Moment der Angst etwas zu verlieren.* Nicht nur Jerome hat sich verändert, auch die Haltung der Erwachsenen. Das Kind, was schlägt und schubst, wird in der Folge nicht sanktioniert. Es bekommt etwas. Ein Halstuch, einen Schnuller, eine Spieluhr. Darüber hinaus haben sich die pädagogischen Fachkräfte gemeinsam überlegt, Jerome ein eigenes Fahrzeug zur Verfügung zu stellen, damit es um die Fahrzeuge auf dem Außengelände der Kita für Jerome keinen Streit geben muss. Als ich dies erfahre, wird mir deutlich, dass gerade der kollektive Geist spürbar wird, der nun eine kreative und konstruktive Auseinandersetzung im Team ermöglicht. Doch wie reagieren die anderen Kinder auf diese Sonderbehandlung? Sie beschweren sich nicht, sondern akzeptieren die Sonderbehandlung, die Vorzüge, die Jerome gerade genießt (vgl. Kokemoor, 2019a, S. 89). Die veränderte Grundhaltung der Erwachsenen scheint spürbar bei den Kindern anzukommen. Sie sprechen begeistert über den Einkauf mit Jerome und bringen ihm sein Tuch, das er nicht ständig trägt, wenn sie das Gefühl haben, er könnte es brauchen. In den Eindrücken, die ich gerade gewinne, wird mir mein Leitgedanke vor Augen geführt: Es gibt kein Kind, das aus dem Rahmen fällt, wenn es uns gelingt, den Rahmen angemessen zu verändern (vgl. Kokemoor, 2018, S. 9).

Die Kinder folgen hier der Haltung der Erwachsenen und es wird deutlich, wie sich alles verändert hat, weil sich alle kooperativ und zugewandt verhalten. Die Fähigkeit der Kinder, mit anderen zu kooperieren, ist davon abhängig, wie Erwachsene sich zu ihnen und Anderen verhalten (vgl.

Juul, 2012, S. 16). Auch wenn Nathalie weiter eine zentrale Rolle spielt, beteiligen sich jetzt fast alle an der Begleitung von Jerome. Sie wechseln sich ab und folgen einer gemeinsamen Idee in Bezug auf dieses besondere Kind. Das Ziel der Beratung liegt darin, neue Wahrnehmungs- und Handlungsmöglichkeiten zu entwickeln, um eine unbefriedigende Situation, die Gefühle von Ohnmacht hervorruft, zu überwinden (vgl. Voß, 1997, S. 43).

Ja, Jerome erscheint nun auf eine andere, besondere Art und Weise in den Augen der Kinder und Erwachsenen. Er ist nun der Junge mit dem Tuch, der gerade mit einigen Kindern draußen an einem Tisch sitzt, an welchem Apfelschnipsel von Marina geschält und verteilt werden. Die Erzieherin hat eine ganze Schar Kinder um sich vereint, die darauf warten, einen von ihr geschälten Apfel zu erhalten. Jerome sitzt etwas zurück, kaut auf einem Stück Apfel und beobachtet, wie Marina mit einzelnen Kindern spricht, während sie Äpfel verteilt. Nun schaut sie zu Jerome, beugt sich dabei zu ihm nach vorne und fragt: »Jerome möchtest du noch?« Jerome nickt zustimmend, stellt sich hin, um einen Apfel entgegennehmen zu können. Marina reicht ihm den Apfel, sagt »Bitteschön!« und nickt ihm ebenfalls zu. Nun schaut Jerome sie sehr offen an, streckt ihr den Apfelschnipsel entgegen, als wenn er sagen wollte: Schau her, den esse ich jetzt. Als er ihn in den Mund steckt, nickt Marine erneut zustimmend und Jerome zeigt ihr erneut das Stück Apfel.

Hier beobachten wir einen Moment der gegenseitigen Zustimmung. Das wechselseitige Nicken ist ein Ausdruck von gegenseitiger Zustimmung und im Besonderen für Jerome ist es wichtig, das Gefühl von Zustimmung zu bekommen. Er wird in dieser kleinen Szene mit Worten, Blicken, Gesten sowie kleinen Apfelschnipseln genährt.

Für die Mutter von Jerome war es nicht sofort möglich zu akzeptieren, dass ihr Sohn nun ein Schnullertuch trägt. Sie hatte ihm Senf auf den Finger geschmiert, damit er sich das Lutschen am Daumen abgewöhnt. Es war entscheidend, der Mutter die Bilder zu zeigen. Der Kontrast der Bilder – vom Kind, das schlägt, zum Kind, das zufrieden Äpfel ist – öffnete sie dafür, auch längerfristig dieser Maßnahme zuzustimmen. Wir sind auf die Zustimmung aller Beteiligten angewiesen, damit gemeinsame Gedanken entstehen und wachsen können (vgl. Boeckh, 2008, S. 44f.). Diese Verständigung zwischen Eltern und Fachkräften ist eine wesentliche Grundlage, um dem Kind zu helfen.

5.4 Zwischenanalyse

Die kleine Geschichte um Jerome hat gezeigt, wie zielführend es ist, die Meinungen, Sichtweisen, Gedanken und Ideen des ganzen Teams zu hören, um eine Verhaltensveränderung beim Kind, die in der Regel immer auch mit einer Haltungsänderung beim Team einhergeht, einzuleiten. Auch vor der Zusammenkunft in der Dienstbesprechung waren nach meinem Eindruck alle schon über den Flurfunk, das heißt auf informeller Ebene, an dem Fall beteiligt. Es wurde jedoch in den Tür- und Angel-Gesprächen deutlich, dass es sehr unterschiedliche Auffassungen darüber gibt, ob beispielsweise die Einrichtung überhaupt in der Lage ist, ein Kind wie Jerome zu betreuen. In diesen informellen Tür-und-Angel-Gesprächen können sich schnell unterschiedliche Parteien bilden, die den Begleitungsprozess eines Kindes behindern. Besonders wenn das Klima beispielsweise durch einen Teamkonflikt belastet ist oder kontroverse Meinungen zu lange im informellen Raum schweben.

Dieser kurze Dienstweg, der persönliche, unmittelbare Austausch zwischen den pädagogischen Fachkräften ist sehr wichtig und trägt besonders dann, wenn die Stimmung gut ist, zu einem besseren Funktionieren einer Organisation bei und birgt viel kreatives Potenzial. Ebendiese informellen Strukturen sind darüber hinaus anpassungsfähiger, gerade wenn es darum geht, sich schnell neuen internen oder externen Bedingungen anpassen zu müssen (vgl. ebd., S. 64). Doch hier war es zwingend nötig, einen formellen Rahmen, in diesem Fall die Dienstbesprechung, zu nutzen, um Fragen zu klären und Meinungen, Empfindungen und Bilder zu sortieren.

Gerade wenn sich schon Parteien gebildet haben, ist es zielführend, nach Wegen zu suchen, die eine Verbundenheit herstellen können. Bei Konflikten im Team, die sich dann auch in sehr gegensätzlichen Vorstellungen in Bezug auf das pädagogische Handeln ausdrücken, sind oft viele Emotionen im Spiel, die zu einer Verzerrung der Realität beitragen können. Ich denke, wir kennen alle solche Situationen, in denen wir nur noch nach Bildern suchen und auch nur noch solche sehen können, die unser inneres, von Emotionen getragenes Bild bestätigen. So trägt beispielsweise jedes negative Verhalten von Jerome dazu bei, sich in der eigenen Vorstellung bestätigt zu fühlen, dass die Kita mit der Betreuung dieses Kindes überfordert ist. Diese inneren Bilder können in der Regel nicht ihre Wirkung entfalten, wenn durch eine Beratungs- und Beobachtungssituation das normale Alltagshandeln und Denken außer Kraft gesetzt wird (vgl. Kokemoor, 2018, S. 206f.). Auch wenn es im Falle von Jerome eine andere Situation war, haben wir es, wie oben beschrieben, in den allermeisten Fällen mit Sonnenscheintagen zu tun. Die eigenen inneren Bilder, die in der Regel eine Wirklichkeitskonstruktion darstellen, die auf eine hohe Belastungssituation zurückzuführen ist, welche aber nicht unbedingt etwas mit dem Kind zu tun haben muss, erhalten nun die Chance, korrigiert zu werden.

In der Coronakrise rief mich eine Fachkraft an und stellte mir die Frage, wie sie denn in der Notgruppe täglich das ganze Kinderspielzeug desinfizieren sollten, denn alle Kinder würden ja schließlich alles in den Mund nehmen. Als ich die Kollegin dann gefragt habe, wie ich mir das konkret vorzustellen habe, wenn alle Kinder alles in den Mund nehmen, wurde ihr bewusst, dass ihr inneres Bild kein reales Bild ist, sondern das Produkt von Emotionen, die möglichweise durch eine überfordernde Situation entstanden sind.

Nun waren in der Dienstbesprechung, die ich oben beschrieben habe, auch Emotionen im Spiel, die sich jedoch auf reale Bilder in Form von Videosequenzen bezogen, die eine nicht zu leugnende Realität aus dem Kitaalltag von Jerome darstellen. Doch auch wenn diese Bilder viele Aspekte seines destruktiven Verhaltens verdeutlichen, konnte über die reine Beobachtung anschaulich dargestellt werden, welches Leid dieses Kind gerade erlebt. Die Videobeobachtung im Team ermöglicht uns einen differenzierteren Blick auf eine Szene, als es der Alltag zulässt. Im übertragenen Sinne kommt es hier nicht zu einer »Erstreaktion«, die uns in unserem gewohnten Bild bestätigt, sondern wir erhalten hier die Möglichkeit einer reflektierten Betrachtung, die uns in einer Art »Zweitreaktion« neue Eindrücke zur Gesamtsituation ermöglicht. Aus diesen neuen Eindrücken konnte das Team eine andere Perspektive entwickeln und eine weitere Betreuung für Jerome in der Kita realisieren. Ein wichtiger Aspekt ist jedoch die konkrete Handlungsebene, die es uns ermöglicht, gemeinsam Distanz zu einer zu emotionalen Betrachtung herzustellen. Aus dem gemeinsamen Erleben war es wichtig, sich als Kollektiv auf ein bestimmtes pädagogisches Vorgehen zu verständigen. So konnte aus einem Parteiendenken letztlich ein kollektiver Geist entstehen, der die pädagogischen Handlungen getragen und weiterentwickelt hat. In dieser Atmosphäre entfaltet in der Folge die informelle Struktur wieder die Qualität der Kreativität. Das Team entwickelt eigene Handlungsideen, die letztlich weiter zu einer Verbesserung der Situation von Jerome beitragen.

In einem anderen Fall, der überaus positiv verlaufen ist, frage ich die Kolleg*innen, welche Faktoren nach ihrem Eindruck für die so positive Entwicklung von Lukas verantwortlich seien. Die Kolleg*innen waren der Meinung, dass die gemeinsame Haltung im Team sowie das gemeinsame pädagogische Vorgehen den größten Anteil an der beeindruckenden Veränderung in der Begleitung des Kindes hätten. Lukas hatte noch vor zwei Monaten die Kita vor große Herausforderung gestellt. Er brauchte überwiegend eine Einzelbetreuung und hat, wenn diese nicht zur Verfügung stand, Gegenstände durch den Raum geworfen, die Spiele der anderen Kinder aktiv gestört sowie die Kinder gekratzt, bespuckt und gehauen. Lukas musste regelmäßig festgehalten werden, um die anderen Kinder, aber auch einzelne Kolleg*innen zu schützen. Heute wirkt er überwiegend entspannt, kann sich mittlerweile an dem Spiel mit anderen Kindern beteiligen und sich vor allem besser selbst regulieren. Es gibt außer gelegentlichen verbalen Auseinandersetzungen keine körperlichen Konflikte mehr.

5.5 Teamgeist

In der Geschichte von Jerome habe ich das Kollegium oder die Gruppe der pädagogischen Fachkräfte als Team beschrieben, dessen Qualität sich in dem oben beschriebenen Kontext abgebildet hat. In diesem oben beschriebenen Zusammenhang war auch ein kollektiver Geist zu spüren, den ich als Teamgeist bezeichnen möchte und der letztlich die Qualität eines Teams ausmacht.

Nicht selten wird das Wort »Team« schnell dahingesprochen und als Begriff benutzt, der eine Gruppe von Menschen beschreibt, die ein Kollegium, eine Arbeitsgruppe oder in unserer Betrachtung einen Zusammenschluss von pädagogischen Fachkräften bilden (vgl. Krenz, 2002, S. 28f.). »Doch ein Team ist eine kleine Gruppe von Personen, deren Fähigkeiten einander ergänzen und sich für eine gemeinsame Sache, gemeinsame Leistungsziele und einen gemeinsamen Arbeitsansatz engagieren und gegenseitig zur Verantwortung ziehen« (Katzenbach & Smith, 1993, S. 70). Das Team lebt von einer lebendigen Auseinandersetzung, in welcher es Raum gibt, um persönliche und fachliche Unterschiede zu entdecken, um in der Folge eine gemeinsame Sicht und Handlungsbasis aufzubauen. Auf dieser gemeinsamen Basis entsteht Teamarbeit und zunehmend das Bewusstsein darüber, sich mit der Arbeit, den Zielen sowie den konzeptionellen Eckwerten der Einrichtung zu identifizieren (vgl. Gebauer, 1999, S. 44). Die Entwicklung von gemeinsamen Werten ist ein wichtiges Fundament, um in schwierigen Situationen nicht auf einfache Reaktionsmuster zurückzugreifen. Auf dieser Grundlage sind die pädagogischen Fachkräfte in der Lage, Konflikte als Herausforderung zu begreifen, unterschiedliche Interessen wahrzunehmen und auszugleichen sowie Kompromisse einzugehen. Sie kommen wieder in die Position, sich inhaltlichen Aufgaben zu widmen, in deren Rahmen Kinder entwicklungsfördernde oder -hemmende Einflüsse erfahren (vgl. Krenz, 2002, S. 28f.). Der Raum, in welchem für ein Team lebendige Kommunikation geübt und umgesetzt werden kann, damit Fantasie, Kreativität, Erfolg und Fachorientierung möglich wird, ist unter anderem eine regelmäßige Dienstbesprechung. Doch diese Besprechung braucht einen spezifischen Charakter (auf welchen ich im nächsten Kapitel näher eingehen möchte), damit eine lebendige und qualitätssichernde Auseinandersetzung möglich wird. Hier ist es wichtig und zielführend, sich als Team mit den Entwicklungsprozessen der Kinder und theoretischen Themen zu beschäftigen, um über den Weg der Distanznahme von einem Empfindungserleben zu einem bewussteren Handlungserleben zu kommen. Im folgenden Beispiel von Fatma und Melek möchte ich die Bedeutung der inneren Distanznahmen, der Dezentrierung, darstellen. Durch das Wahrnehmen des eigenen Handlungsvermögens kann die Erzieherin Fatma, genau wie die dreijährige Melek, eine Distanz zu ihren eigenen Gefühlen herstellen.

5.6 Der pädagogische Blick

Das Dreiraumprinzip als Modell soll uns helfen, unseren Aufmerksamkeitsfokus wieder mehr auf die pädagogischen Momente zu richten. In der

Entwicklungsbegleitung von Kindern ist es zielführend, die Bedeutung der Theorie und der Praxis von Bildung (Selbstbildung) beziehungsweise die Ereignisse kindlicher Reifungsprozesse zu erkennen und anzuerkennen. Aus der Erkenntnis und Erfahrung, dass sich diese pädagogischen Momente täglich abbilden, betrachte ich meine Tätigkeit als Berater, der immer eine intensive Beobachtung von Kindern vorausgeht, als Geschenk. Bei dieser Betrachtungsweise begeben sich Theorie und Praxis in einen Dialog, existieren nebeneinander und bereichern sich gegenseitig.

Die pädagogische Praxis in Kindertagesstätten und Schulen lebt und wird dominiert von den Menschen, die Kinder in ihrem individuellen Reifungs- und Bildungsprozess begleiten. Das eigentliche pädagogische Handeln orientiert sich an dem pädagogischen Konzept der Institution, den methodischen und didaktischen Vorüberlegungen sowie dem intuitiven Verhalten der pädagogischen Fachkraft. Das zuletzt angesprochene intuitive und situative Handeln steht unter dem Einfluss der Dynamik, die sich aus den Beziehungen ergibt, sowie der Anforderungen und Erwartungen, der die pädagogische Fachkraft ausgesetzt ist (vgl. Friedrich & Schelle, 2017, S. 385). Weiter wird die Haltung oder Position, die ich als pädagogische Fachkraft zu dem Verhalten eines Kindes einnehme, von ganz unterschiedlichen Faktoren beeinflusst. Hierzu gehören wie schon oben beschrieben die eigene Sozialisation, das Geschlecht, das Alter, das theoretische Wissen, das Erfahrungswissen, die Haltung im Team, das pädagogische Konzept sowie die Disziplin zur systematischen und methodisch fundierten Reflexion (vgl. Sauerhering & Kiso, 2019, S. 27; Schmidt & Smidt, 2015, S. 397). Ohne eine regelmäßige Reflexion des eigenen pädagogischen Handelns herrscht bei einigen Fachkräften eine diffuse Vorstellung davon, an welchen Merkmalen eine gelingende Beziehungsgestaltung und Interaktion mit Kindern zu erkennen ist (vgl. Weltzien, 2013, S. 61). Weiter haben sicherlich die eigene momentane Befindlichkeit sowie die allgemeine Arbeitsbelastung eine wesentliche Rolle. So zeigen Studien zum eigenen Wohlbefinden von pädagogischen Fachkräften, dass diese Merkmale ebenso von subjektiven Bewertungen wie von äußeren Belastungsfaktoren abhängen (vgl. Ebring, 2014, S. 235).

Die Beratungsanfragen, in denen die Fachkräfte einen Konflikt beschreiben, werden in der Regel wie oben beschrieben von den Emotionen, den Belastungen und den Beziehungsdynamiken der Protagonist*innen dominiert. Aus dem vorherrschenden Gefühl, welches häufig mit Ohnmacht einhergeht, können keine Lösungen mehr gesehen werden und die Suche nach Fehlern bei sich selbst oder Anderen steht im Vordergrund.

5.7 Sich als Handelnde*r erleben

Fatma ist eine junge Erzieherin, die bei mir einen sehr umsichtigen und reflektierten Eindruck hinterlässt. Als sie mir jedoch von ihrem Konflikt mit Melek berichtet, wirkt sie regelrecht verzweifelt. Sie beschreibt die Situation wie folgt: »Melek ist drei Jahre alt und löst sich nur weinend von den Eltern. Sie hat eine sehr angespannte Körperhaltung und knabbert viel an ihren Nägeln. Sobald ihre Eltern die Einrichtung verlassen, folgt Melek mir auf Schritt und Tritt. Sie lässt keine weiteren Kinder oder Erwachsene an mich heran. Melek stellt immer wieder die gleichen Fragen:

➢ ›Wann kommt mein Vater/meine Mutter?‹
➢ ›Ich bleibe doch nicht hier, oder?‹
➢ ›Du bleibst doch bei mir, oder?‹

Sie erwartet auch, dass ich ihr immer wieder antworte. Die Fragen wiederholen sich ohne Unterbrechung! Ich versuche sie meinerseits auf andere Gedanken zu bringen, zum Beispiel durch Malen/Basteln etc., doch sie verweigert sich jeder meiner Initiativen. Ich versuche aber auch mich abzugrenzen, weil ich mit ihr so nicht mehr weiterkomme und es mir einfach zu viel wird.«

In den Beschreibungen wird deutlich, dass Melek keine eigenen Handlungsideen zu haben scheint. Sie spielt nicht, zeigt keinen Kontakt zu anderen Kindern. Ihr einziges Interesse ist, die unmittelbare Nähe von Fatma zu suchen. Ähnlich wie bei der Geschichte von Jerome kann Fatma nicht einmal in Ruhe auf die Toilette gehen. Als sie gerade diese Situation beschreibt, hören wir auf dem Flur ein Weinen. Wenige Momente später befindet sich Melek bei Fatma auf dem Schoß. Wir beenden das Gespräch und entscheiden uns dafür, zu dritt in die Kindergartengruppe zu gehen, damit ich mir reale Eindrücke im pädagogischen Alltag machen kann.

Als wir den Besprechungsraum verlassen, zeigt sich mir das von Fatma beschriebene Bild und eine gewisse Anstrengung oder ein Genervtsein wird in Fatmas Körpersprache deutlich. Sie geht zwar in der Folge immer mal wieder kurz auf Melek ein, wendet sich jedoch dann bewusst anderen Dingen zu.

Dann geht Fatma zu Joel, der allein an einem Tisch sitzt und ein Steckspiel spielt. Melek sucht sich sofort einen Platz zwischen Joel und Fatma und rückt gleichzeitig sehr dicht an die Seite der von ihr so begehrten Fachkraft. Fatma beugt sich nun leicht nach vorne und betrachtet die Handlungen von Joel. Melek folgt den Initiativen, indem sie sich ebenfalls nach vorne beugt. Joel, den sie nun als Konkurrenz empfindet, betrachtet sie mit einem skeptischen Blick. Als Fatma Melek nun ein Steckspiel anreicht und sie zu dieser Spielhandlung motiviert, schüttelt diese sehr bestimmend den Kopf. Dann drehen sich beide plötzlich synchron zur Seite, und es wird deutlich, wie intensiv das Kind der Erwachsenen folgt.

Melek sucht über die intensive Beziehung zu Fatma nach Sicherheit, um die Angst vor dem Fremden zu beherrschen. Melek hat Fatma als die Person erlebt, die ihr in der Kita geholfen hat, ihre Unsicherheit, ihr seelisches Unbehagen aufzufangen, abzumildern und Wohlbefinden erleben zu können. Melek bildet nun aus dieser positiven Erfahrung eine Einheit mit Fatma (vgl. Aucouturier & Mendel, 2001, S. 29). Aus dieser Position wird das andere Kind nicht als mögliche*r Spielpartner*in, sondern eher als Bedrohung erlebt. So ist auch der kurze Blick von Melek in die Augen von Joel zu betrachten. Möglicherweise ist auch das Spielen beziehungsweise das Spiel von anderen Kindern eine Bedrohung, da es mit einem Gefühl von »Autonomie« in Verbindung gebracht wird, welches Melek noch fremd erscheint.

Als sich beide wieder an den Tisch drehen, nimmt Fatma kurz eine Playmobilfigur in ihre rechte Hand und legt die Figur dann wieder auf den Tisch. Anschließend betrachtet Melek diese Figur und nimmt sie wenig später in die Hand. Hier hantiert sie mit der Playmobilfigur, indem sie die Arme der Puppe in ihrer Hand bewegt. In diesem Augenblick ist ein Ansatz von Eigenaktivität in Bezug auf ein Objekt beziehungsweise mögliches Spiel zu erkennen, welches Melek jedoch einen Moment später wieder fallen lässt. In dieser kleinen Szene, die ich mit meiner Kamera festhalte, wird für mich ein Handlungsansatz sichtbar, der Gegenstand des anschließenden Reviews mit Fatma wird. Das Objekt scheint für Melek erst eine Bedeutung zu haben und eine Handlungsinitiative in ihr auszulösen, nachdem es von Fatma berührt und somit mit »Bedeutung« ausgestattet wurde (vgl. Aucouturier, 2005, S. 84).

Dies konnten wir auch bei Anton (3.2) beobachten, der zunächst allein mit dem Krankenwagen gespielt hat und dessen Spiel für alle eine Bedeutung bekommen hat, als sich die Erzieherin zu ihm auf den Boden setzte. In vielen Fällen nimmt die Intensität für ein Spiel oder die Beschäftigung mit einem Objekt zu, wenn wir als Erwachsene diesem Moment unsere ungeteilte Aufmerksamkeit schenken oder wir ein Objekt, mit welchen sich das Kind beschäftigt, benennen oder berühren. Im übertragenen Sinne berühren wir das Objekt und somit auch das Kind mit unseren Worten.

Fatma hat das Objekt mit ihrer Hand berührt und ich mache ihr folgenden Vorschlag. Sie soll bei der nächsten Gelegenheit versuchen, einen Gegenstand, mit dem sie sich in der Gegenwart von Melek beschäftigt hat, auf den Boden fallen zu lassen. Dies stellt eine ganz einfache Möglichkeit dar, von der Beziehungsebene auf eine Handlungsebene zu kommen, da dieser Versuch Melek mit hoher Wahrscheinlichkeit dazu veranlasst, den Gegenstand aufzuheben. Es stellt eine Umkehrung zu dem beliebten Spiel von Kleinkindern dar, welches wir im ersten Lebensjahr beobachten, wenn sie beispielsweise Gegenstände vom Wickeltisch oder aus dem Kinderwagen fallen lassen. Es geht in dem Spiel dann zum einen um die Bedeutung von »weg und wieder da« und zum anderen um die Betonung von »Ich und Du«. Ich lasse den Gegenstand fallen und du hebst ihn wieder auf (vgl. Kokemoor, 2018, S. 33f.). Ähnlich verhält es sich bei dem Spiel mit dem Turm aus kleinen Bauklötzen. Die Eltern bauen den Turm auf und das Kind wirft den Turm mit Begeisterung um. Durch diese einfachen Spiele bringt das Kind seine Existenz zum Ausdruck. Es zeigt durch die entgegensetzte Handlung gleichzeitig, dass es verschieden von seinen Eltern existiert (vgl. Aucouturier & Mendel, 2001, S. 33).

Ich bin zwei Wochen später wieder in der Einrichtung und Fatma berichtet im Rahmen einer Dienstbesprechung davon, wie sie mit dem Vorschlag umgegangen ist und wie Melek darauf reagiert hat. Sie beschreibt dabei drei Situation, die sie später verschriftlicht und mir für dieses Buch zur Verfügung stellt.

5.8 Von der Beziehungsebene auf die Handlungsebene

1. Situation

Ich sitze am Frühstückstisch. Melek sitzt neben mir und fasst mich zwischendurch an den Knien. Sie schaut mich dabei an und fragt, ob denn ihre Eltern wiederkommen und ob ich auch bei ihr bleibe ...!?

Das Telefon klingelt, ich stehe auf und gehe ins Büro. Melek folgt mir! Während ich telefoniere, knabbert Melek an ihren Nägeln und wird weinerlich. Beim Telefonieren nehme einen Kugelschreiber vom Schreibtisch und halte diesen einen Moment in einer Hand. Dann lasse ich den Kugelschreiber fallen und schaue dabei auf den Boden. Melek schaut zu mir und hebt dann den Kugelschreiber auf, sie reicht ihn mir – ich lächele sie an und führe mein Gespräch fort.

Ich weiderhole das Ganze noch zweimal. Melek lacht nun über mich und ruft zwischendurch »Hey was machst du?« Ich beende mein Gespräch und lasse den Kugelschreiber ein letztes Mal runterfallen – diesmal lachen wir beide laut darüber.

2. Situation

Ich sitze am Frühstückstich und Melek sitzt neben mir. Sie hat ihre Frühstücksbox vor sich liegen. Ich stehe auf und sage ihr, dass ich auf die Toilette muss. Sofort springt Melek auf und folgt mir. Ich nehme meine Tasse in die Hand und gehe weiter – Melek folgt mir.

An der Garderobe sage ich ihr, dass sie auf meine Tasse aufpassen soll. Melek sieht verunsichert aus, weint aber nicht, ich drücke ihr die Tasse in die Hand und sage noch lachend: »Aber nicht aus meiner Tasse trinken.« Melek setzt sich vor die Garderobe.

Als ich wiederkomme, steht sie sofort auf und bringt mir meine Tasse.

3. Situation

Ich tusche mit Melek und zwei weiteren Kindern im Kreativraum. Eine Kollegin kommt rein und ruft mich ins Büro. Ich übergebe ihr die Kinder. Sofort springt Melek auf und lässt alles liegen. Ich hocke mich vor sie und sage: »Es dauert nicht lange, pass doch so lange auf mein Bild auf, das da bloß keiner auf mein Bild malt!« Ich schiebe

> ihr mein Bild hin und gehe aus dem Raum. Kurze Zeit später komme ich wieder, ich schaue in den Kreativraum, dabei halte ich mich halb versteckt, sie entdeckt mich sofort und hält mein Bild hoch. Ich lächele ihr zu und verstecke mich diesmal richtig, dann komme ich wieder zum Vorschein – Melek lacht! Ich wiederhole das Ganze noch ein paarmal und halte mich dabei länger versteckt. Sie lacht nun laut und steckt die anderen Kinder auch an.
>
> Ich gehe in den Raum, bedanke mich dafür, dass sie auf mein Bild aufgepasst hat, und verlasse wieder den Raum, um mein Bild wegzubringen, diesmal bleibt sie sitzen. Als ich nach einer Weile wieder in den Kreativraum komme, hält Melek einen roten Buntstift in der Hand. Ich freue mich, bin verwundert und sage: »Oh, du malst mit Rot!« Melek huscht ein leichtes Lächeln über das Gesicht und sie beginnt, rote Kreise und Punkte auf das Blatt zu malen. Ich sage: »Du malst viele Kreise!« Da beginnt Melek die Kreise zu zählen und »Acht« zu sagen. Im Anschluss zählt sie noch die Punkte und sagt: »Fünf!«

Hier wird deutlich, wie sich die Aktivität von Melek steigert, wenn sie sich selber als handelnd erlebt. Das Bewusstsein darüber, sich als Handelnde zu erleben, verstärkt sich durch die Anteilnahme von Fatma. Wie bereits oben beschrieben, schenkt die Erwachsene hier der Aktivität des Kindes Aufmerksamkeit und gibt ihr somit mehr Bedeutung. Mein Spiel scheint für Andere interessant zu sein, ist unmittelbar mit dem Gefühl verbunden, ich scheine für Andere interessant oder wichtig zu sein.

Wir haben in der Geschichte um Jerome und der Geschichte um Melek das Thema Übergangsobjekt berührt. Wir kennen alle den kleinen Tröster, den die Kinder mit in die Kita bringen sollen, um sich dort an etwas »festhalten« zu können. Das Übergangsobjekt gibt den Kindern Sicherheit, da seine Anwesenheit eine Verbindung nach Hause herstellt. Das Übergangsobjekt ist in der Lage, sich die eigenen Eltern, trotz ihrer Abwesenheit, vor Augen zu führen (vgl. Dornes, 2010, S. 131).

Jerome hat das Tuch der Erzieherin Natalie Sicherheit gegeben. Natalie hatte für eine Zeit, in der es seiner Mutter nicht gut ging, eine Art Ersatzperson dargestellt. Ähnlich scheint es auch bei Melek und Fatma gewesen zu sein. Fatma war zunächst der sichere Hafen, der Anker für Melek, um überhaupt in der Kita bleiben zu können. Doch natürlich ist es wichtig, irgendwann den Anker zu lösen und den Hafen zu verlassen. Das Übergangsobjekt stellt hier eine Möglichkeit dar, diesen Schritt zu erleichtern, doch erst die Handlung ebnet den Weg in eine echte Autonomie. Die Handlung ist die Möglichkeit des Kindes, seine eigene Existenz zu repräsentieren. Die Handlung beinhaltet jedoch die Möglichkeit, kreativ und schöpferisch auf die äußere Welt einzuwirken und diese zu verändern (vgl. Aucouturier & Mendel, 2001, S. 18f.).

Nach meiner Beobachtung beschäftigen uns die Kinder am intensivsten, die sich oder ihr »Selbst« nicht hinreichend auf der Handlungsebene erleben. Momente von »Ich bin« werden von diesen Kindern vor allem in Beziehung mit affektiven und emotionalen Erfahrungen wie beispielsweise Erregung und Wut erlebt. Diese Momente lassen sich leicht in der interaktiven Beziehung finden, wenn sich die Kinder Regeln widersetzen oder sich destruktiv Verhalten. In dieser wechselseitigen Interaktion, im Streit oder im Konflikt kommt es über den Wortwechsel zu einem Austausch von Emotionen. In diesen Auseinandersetzungen dominieren die unterschiedlichen Empfindungen der Protagonist*innen, die jedoch unklar und nicht immer sichtbar sind, die Situation. Über die Handlung und das Spiel erschafft das Kind eine andere Form, sein »Selbst« sowie seine Gefühle und Empfindungen zum Ausdruck zu bringen. So beschreibe ich in meinem Buch *Das Kind, das aus dem Rahmen fällt* ein Kind, dem es gelingt, seine Empfindungen über die Handlung zum Ausdruck zu bringen. Auch Frida hat Probleme, die Abwesenheit ihrer Eltern in der Kindertagesstätte zu akzeptieren. Sie weint oft, kommt nicht ins Spiel und muss viel auf dem Arm getragen werden. Die pädagogischen Fachkräfte und die anderen Kinder sind mit der emotionalen Form, ihre Empfindungen oder Ängste zum Ausdruck zu bringen, überfordert. Erst als sie beginnt, immer wieder einen Gegenstand fallen und damit für einen Moment verschwinden zu lassen, gelingt es Frida, ihre Angst vor dem Verlust ihrer Eltern auf spielerische und für alle Beteiligten sichtbare Weise zum Ausdruck zu bringen. Sie drückt ein Empfinden, welches sie in ihrem Körper spürt, durch das Spiel, die Handlung außerhalb ihres Körpers aus. Sie lässt den Gegenstand verschwinden, doch dadurch, dass er ihr von einem anderen Kind zurückgegeben wird, taucht er wieder auf (vgl. Kokemoor, 2018, S. 37). Auf dieses Spiel können Kinder und Erwachsene reagieren, indem sie Frida den Gegenstand zurückgeben, bevor sie ihn erneut fallen lässt. In diesem interaktiven Spiel wird nicht nur das »Wir« spürbar, sondern auch das »Ich« und das »Du« (vgl. Stern, 1998, S. 148). Ich lasse den Gegenstand fallen und du hebst ihn wieder auf. Hier spürt Frida sehr deutlich, wie sich ihr Handeln auf die äußere Welt auswirkt, und macht die Erfahrung der Selbstwirksamkeit. Hier erweitert die eigene Handlung das Erleben von »Ich bin« über das reine Beziehungserleben hinaus. Auf diesem Hintergrund ist er zielführend, Kinder, die uns verwickeln und uns immer wieder auf der Beziehungsebene herausfordern, auf die Handlungsebene zu begleiten. Ich werde darauf in Kapitel 7.2 noch ausführlicher und plastischer eingehen.

In dem Beispiel um Melek und Fatma wurden auf unterschiedlichen Ebenen die Handlungsebenen entdeckt. Melek hat für sich ein Spiel gefunden, in welchem sie handelnd auf die/den Andere*n und somit einen Teil der Welt wirken kann. Sie nimmt nun auf der Handlungsebene ihre Selbstwirksamkeit war. Fatma setzt durch das Spiel mit Melek ein Gegengewicht gegen die Ohnmacht. Sie spürt ebenfalls die Kraft, auf die/den Andere*n einwirken zu können.

Fatma hat darüber hinaus die Bedeutung von pädagogischem Handeln erlebt, welches sich aus theoretischen Zusammenhängen ableiten lässt. Die detaillierten Beschreibungen sowie ihr bewusstes und gezieltes Handeln machen deutlich, dass sich Fatma in diesen Momenten im Begleitungsraum befunden hat. Hier folgt Fatma mit ihren Handlungen nicht nur ihrem emotionalen Erleben, sondern nutzt theoretische Gedanken als wichtiges Instrument. Sie ist auch in ihren Beobachtungen nicht nur den reinen Empfindungen ausgesetzt, sondern auch in der Lage, sich selber handelnd zu sehen (vgl. Esser, 1995, S. 20). Das gezielte pädagogische Handeln schafft hier den Raum der gezielten Entwicklungsbegleitung. Ich helfe dir, dich als selbstwirksam zu erleben, um dich besser von den Erwachsenen lösen zu können. Natürlich ist dies nur ein Zwischenstadium, um die Situation mit Melek besser zu verstehen und so zunächst angemessen regieren zu können. Es lässt sich in Fatmas Beschreibungen sehr gut beobachten, wie sie zunehmend Sicherheit in den »theoretischen Handlungskonzepten« entwickelt. Dann gibt es bestimmte Momente, in denen sie spontan lächelt und die verdeutlichen, wie sie wieder zunehmend zu einem intuitiven Handeln zurückkehrt.

In den Beschreibungen ist eine Parallele zwischen Melek und Fatma zu sehen. Beiden gelingt es über die Handlung, Distanz zu ihren Gefühlen herzustellen, in einen Zustand der zunehmenden Dezentrierung zu gelangen (vgl. Piaget & Inhelder, 1996, S. 98). Der detaillierte Bericht von Fatma zeigt, dass sie einen bestimmten Fokus auf ihre Betrachtung gelegt hat und so zu einer gezielteren Beobachtung kommt. Darüber hinaus konnte ich in den Erzählungen von Fatma während einer Dienstbesprechung ihren Erkenntnisgewinn beobachten. »Ich lächele ihr zu und verstecke mich diesmal richtig, dann komme ich wieder zum Vorschein – Melek lacht! Ich wiederhole das Ganze noch ein paarmal und halte mich dabei länger versteckt. Sie lacht nun laut und steckt die anderen Kinder auch an.« In den Worten von Fatma schwingt die Erkenntnis mit. Wir erleben hier nicht nur ein Spiel, sondern Melek macht eine so tiefgreifende Erfahrung, dass da etwas ist, das einen immer hält, immer da ist (vgl. Schulte-Markwort, 2019, S. 81). Das Verschwinden und Wiederauftauchen stellt hier eine tiefgreifende Rückversicherung vor dem Verlust der/des Anderen dar (vgl. Kokemoor, 2018, S. 35). Fatma hat aus ihren starken subjektiven Empfindungen über die neuen und bewussten Erfahrungen und Erkenntnisse mit Melek eine wirksame Strategie zur Erreichung eines Zieles entwickelt. Diese subjektive Zielklarheit macht es Fatma möglich, sicherer zwischen relevanten und nicht relevanten Verhaltensweisen zu entscheiden (Thunig & Knauth, 2000, S. 28). Dieses Gefühl ist belebend und erzeugt nicht selten den Wunsch, Andere an dieser Erkenntnis teilhaben zu lassen.

Wir kennen dieses Gefühl sicherlich alle, wenn wir im Rahmen einer Fortbildung mit neuen Erkenntnissen ausgestattet wurden und wir das Bedürfnis haben, die Erkenntnisse gerne an unsere Kolleg*innen weitergeben zu wollen. Nicht selten stoßen wir mit unserem Wunsch jedoch auf Widerstände des Kollegiums, weil der Inhalt, der möglichweise in der Sache als gut bewertet, nicht von uns als Person gelöst werden kann. Aus diesem Grund ist es gut, einen Rahmen zu schaffen, in welchen wir neue Erkenntnisse nach bestimmten Abläufen oder Methoden einbringen und alle die Möglichkeit bekommen, sich zu äußern, um Synergieeffekte besser zu nutzen.

Nun konnte ich viele Fachkräfte beobachten, die durch die gezielte Beratung an Wissen und Handlungskompetenz dazugewonnen haben. Sie sind innerlich gewachsen und ihre Motivation, sich Herausforderungen zu stellen, ist nach meinem Eindruck gestiegen. Ein Kern dieser Beratung liegt darin, Fragen in Antworten oder Herausforderungen in Handlungskompetenz zu wandeln. Ich betrachte die Bildungseinrichtung Kindertagesstätte als Ort der Bildung für alle. Es ist ein Ort, an dem sich Theorie und Praxis auf sehr anschauliche und plastische Art und Weise begegnen. Ich sehe es als große Chance, die Möglichkeiten der Bildungseinrichtung als einen Ort zu nutzen, an welchem wir pädagogisches Handeln kontinuierlich weiterentwickeln. Wir sollten die Dienstbesprechung als ein Labor betrachten, in welchem wir den pädagogischen Alltag unter einer Art Mikroskop betrachten, um unser Wissen anzureichern und unsere Sichtweisen zu weiten.

6 Die Dienstbesprechung als Raum der Entwicklungsbegleitung

Die Dienstbesprechung ist der Zeitraum, in welchem alle Personen, die in einer Kita arbeiten, regelmäßig zusammenkommen und hat aus diesem Grund schon eine fundamentale Bedeutung für die Qualität der Zusammenarbeit in einem Team. Die Besprechung dient dem kollegialen Austausch, der Planung von Arbeitsabläufen, der konzeptionellen Entwicklung, dem Teamzusammenhalt und leistet somit einen wesentlichen Beitrag dazu, die Qualität der pädagogischen Arbeit zu sichern und weiterzuentwickeln. Wenn wir etwas verändern oder entwickeln wollen, müssen wir regelmäßig den Dialog suchen und die pädagogische Arbeit, pädagogische Konzept sowie die formellen Strukturen reflektieren. Ich habe es häufig erlebt, dass die Auseinandersetzung gerade in schwierigen Situationen, in denen es nicht selten um ein Kind ging, welches die pädagogischen Fachkräfte auf massive Weise herausgefordert hat, zu einem konstruktiven Ergebnis geführt hat. Es ist der Leidensdruck, der allen die Möglichkeit gibt, sich tiefer auf den Beratungsprozess einzulassen, um zu einer Veränderung zu kommen. Manchmal weisen uns diese Kinder unbewusst auf Strukturen hin, die dringend einer Reform bedürfen. Dies erfordert dann eine Offenheit, den eigenen oder den konzeptionellen Schwächen ins Auge zu sehen. Für solche Prozesse braucht es eine Atmosphäre, in der die Bereitschaft herrscht, miteinander zu reden, aufeinander zu hören, sich selbst zu reflektieren sowie die eigenen Blockaden zu erkennen (vgl. Gebauer, 1999, S. 23). Doch diese Atmosphäre kann man nicht erzwingen, sondern sie fordert einen sicheren Rahmen. Eine Dienstbesprechung, die in ihrer Regelmäßigkeit einem bestimmten Vorgehen folgt oder sich einer spezifischen Methode wie beispielsweise der kollegialen Beratung oder der Videointeraktionsanalyse bedient, ist ein wichtiger Schritt, eine solche Atmosphäre aufzubauen, weil gerade eine sich wiederholende Struktur Sicherheit aufbaut (vgl. Kokemoor, 2019b, S. 142). Es ist zielführend, sich für ein paar Dienstbesprechungen jemanden von außen ins Team zu holen, der solch ein spezifisches Vorgehen in Verbindung mit einer Methode einführt und regelrecht mit dem Team einübt. In der Folge machen sich nach meiner Erfahrung auch einzelne pädagogische Fachkräfte auf den Weg, um sich in beratungsspezifischen Methoden weiterzubilden.

Die Gewichtung der Themenbereiche wird in den einzelnen Kindertagesstätten sehr unterschiedlich gehandhabt. Nach meiner Erfahrung und Beobachtung sowie Befragung von pädagogischen Fachkräften nimmt dabei der organisatorische Teil, in welchem es um Termine, die Planung von Festen, Dienstpläne und Ähnliches geht, einen sehr großen Raum ein und drängt damit die pädagogischen, konzeptionellen und an den Entwicklungsbedürfnissen der Kinder orientierten Themen an den Rand. Wenn dies so ist, muss daran gearbeitet werden, den pädagogischen Themen gegenüber den organisatorischen Themen mehr Raum zu geben und sie somit in ihrer Bedeutung strukturell und inhaltlich aufzuwerten.

Es ist klug und zielführend, für die Qualitätssicherung der Arbeit einer Kindertagesstätte das Dreiraumprinzip mit dem Organisationsraum, dem Regenerationsraum und dem Begleitungsraum anzuwenden.

6.1 Die Dienstbesprechung als Erlebnisraum

Die Verhaltensweisen von Dominik bringen das Team einer Kindertagesstätte an seine Grenzen. In meiner Beobachtung scheint es auch keine klare Handlungsstrategie in Bezug auf das herausfordernde Verhalten von Dominik zu geben. Ich erlebe drei Erzieherinnen, die jedoch sehr unterschiedliche Eindrücke von der insgesamt als schwierig beschriebenen Situation schildern. Ich schlage den Kolleginnen vor, in eine Dienstbesprechung des Gesamtteams zu kommen, um gemeinsam die Fragen zu erörtern, die es in Bezug auf das schwierige Verhalten von Dominik gibt, sowie die Videoaufnahmen zu betrachten, die ich bei meinem eineinhalb Stunden dauernden Besuch gemacht habe. Die Kolleginnen begrüßen meinen Vorschlag und wir vereinbaren meinen Besuch in der nächsten DB. Ich sage den Kolleginnen noch, dass wir etwa 60 Minuten für diese Fallarbeit benötigen und was sie an technischen Dingen vorbereiten müssten.

Als wir fünf Tage später die Dienstbesprechung machen, zeigt sich mir ein typisches Bild: Einzelne der insgesamt elf pädagogischen Fachkräfte sind engagiert und bemüht, den Raum und die Technik vorzubereiten. Andere wirken erschöpft vom Arbeitstag und scheinen diese DB wie sie es gewohnt sind als Vorfeierabendveranstaltung zu sehen. Ihre Körpersprache, der Umgang mit dem Handy sowie die Art, wie Einzelne auf ihren Stühlen Platz nehmen, bestärken mich in meinem Eindruck. Es ist auch nichts Verwerfliches, sich nach einem anstrengenden Arbeitstag nach Ruhe und Momenten der Regeneration zu sehnen.

Nachdem ich von der Kitaleitung begrüßt wurde, beginne ich damit, den Raum zu gestalten. Ich möchte, dass sich alle kurz vorstellen und etwas zu Dominik sagen, auch wenn sie ihn nur gelegentlich sehen, da er nicht in ihrem Bereich ist. Bis auf zwei Kolleg*innen nehmen alle sofort eine neue Sitzposition ein. Die pädagogischen Fachkräfte stellen sich kurz mit Namen vor und können fast alle etwas zu Dominik sagen. Bei zwei Kolleg*innen, denen nichts zu Dominik einfällt, da sie ihn nicht erleben, stelle ich eine persönliche Frage. Dabei ist es mir wichtig, die einzelnen Personen beim Vornamen anzusprechen. Ich frage: »Maike, du konntest noch keine direkten Erfahrungen mit Dominik sammeln, aber kennst du Situationen, in denen dich Kinder sehr anstrengen oder sogar zur Verzweiflung bringen?« Die Kollegin antwortet: »Ja, natürlich!«, und ich bitte sie, eine solche Situation zu beschreiben.

Es ist sehr belebend, die Menschen mit ihrem Namen anzusprechen und jedem die Möglichkeit zu geben, etwas zu sagen. Es ist für den Einstieg in eine Kommunikation hilfreich, auch die eigene Stimme im Raum wahrzunehmen. Die Stimme zu erheben, eine reale Situation vom eigenen Handeln zu beschreiben, ist ein wichtiger Schritt, um vom Abstrakten zum Handeln zu kommen. Die Gedanken und die damit verbundenen Empfindungen gehen auch immer mit einer inneren Bewegung oder Reflexion einher, die Grundlage für Veränderung darstellt (vgl. Welzer, 2019, S. 50). Nur wenn sich die Menschen mit ihren Fragen und Gedanken einbringen, kann ich sie dort abholen, wo sie sich befinden, und die Motivation, Aufmerksamkeit und Engagiertheit erreichen, die nötig ist, um Erfahrungsprozesse auszulösen und Entwicklung zu ermöglichen. Eine Veränderung im Denken hervorzurufen, welches zu einem nachhaltigen Lösen von Problemen führt, gelingt nur, wenn wir uns aktiv beteiligen (vgl. Beck, 2020, S. 165).

Nachdem alle etwas gesagt haben, zeige ich eine Sequenz aus meiner Videobeobachtung und bitte die Kolleg*innen, sich im Anschluss zu zweit drei Minuten über die Bilder auszutauschen und sich dabei die Frage zu stellen, was Dominik in dieser Situation erreichen möchte. Nach der Betrachtung der kurzen Szene füllt sich der Raum mit einem lebendigen Gemurmel. Alle wirken jetzt aufmerksam, engagiert und redselig. Im anschließenden Austausch sind nun fast alle beteiligt und wir finden auch eine Art gemeinsamen Nenner. Dominik fällt es schwer, wenn er nicht genügend Aufmerksamkeit bekommt, bei seinen Aktivitäten zu verweilen. In diesen Situationen wirkt er sehr gestresst.

Wir schauen die Szene noch mal, um uns das gestresste Kind vor Augen zu führen. Der Stress nimmt genau in dem Moment, als sich eine Erzieherin räumlich von ihm entfernt, deutlich zu. Beim Betrachten der Szene beginnt eine Kollegin über das Elternhaus und die schwierigen Bedingungen, die Dominik dort vorfindet, zu sprechen. Nach ihren Ausführungen zeige ich eine Szene, in der Dominik nicht gestresst wirkt, obwohl sich die Erzieherin von ihm entfernt, und lasse die Kolleg*innen in Kleingruppen diskutieren, ob sie mögliche Gründe für diesen Unterschied erkennen können. Wieder eine lebendige Diskussion und wir erarbeiten dann im anschließenden Plenum ein Ergebnis. Die Erzieherin hat Dominik im zweiten Video kurz an der Schulter berührt, bevor sie gegangen ist, und angekündigt: »Ich komme gleich wieder!«

Als zwei Fachkräfte miteinander tuscheln, frage ich, was es zu sagen gibt. Da sagt die junge Kollegin: »Das ist heute irgendwie wie Schule!« Ich frage: »Und wie fühlt sich das an?« – »Gut!« – »Es ist sehr gut. Ich bekomme eine ganz andere Sicht auf den Arbeitsalltag.« Nun schließen sich andere an und betonen, wie gut es ist, sich diese Alltagszenen mal in Ruhe ohne den üblichen Stress anschauen zu können und zu merken, wie vielschichtig diese Arbeit ist.

Ich freue mich über die Reaktionen und halte einen kleinen Vortrag über die Bedeutung der Dienstbesprechung als pädagogisches Instrument.

Darin äußere ich auch meine tiefe Überzeugung, dass wir jede Dienstbesprechung zur Reflexion und für eine pädagogische Auseinandersetzung zum Umgang mit einem Kind nutzen sollten. »In jede Dienstbesprechung gehört ein Kind!«

Randbemerkung: Als sich die Kita nach vier Wochen immer noch nicht bei mir gemeldet hat, um einen neuen Termin zu vereinbaren, greife ich zum Hörer und rufe dort an. Die Leitung sagt: »Sorry, wir haben dich total vergessen!« – »Doch wahrscheinlich deshalb, weil es mit Dominik so gut läuft!«

Dies ist auf keinen Fall die Regel, kommt aber schon häufiger vor und zeigt, welche pädagogische Qualität und Wirksamkeit von einer Dienstbesprechung ausgehen kann.

6.2 Die Professionalisierung pädagogischer Fachkräfte

Die Anforderungen an pädagogische Fachkräfte ist in den letzten Jahren durch unterschiedliche gesellschaftliche Entwicklungen deutlich gestiegen. Hierzu gehören beispielweise neue Ansprüche und Erwartungen von Eltern, die sich durch die Digitalisierung mehr informieren, mehr vergleichen und dadurch möglicherweise weniger ihrem intuitiven Wissen folgen. Aber auch Kinder wie Moritz (siehe Kapitel 7.3), der unter dem starken Einfluss von medialen Bildern steht und welchem es schwerfällt, sich in ein angemessenes kindliches Spiel zu vertiefen, stellen die pädagogischen Fachkräfte vor neue Herausforderungen. Da stellt sich die Frage, wie die Ausbildung pädagogischer Fachkräfte der Komplexität der unterschiedlichen Anforderungsprofile noch gerecht werden kann.

Vor diesem Hintergrund ist die Dienstbesprechung, die einen Rahmen der kollektiven Struktur zur Verfügung stellt, ein zielführendes Instrument, um die Kompetenzen der Fachkräfte zu stärken und an neue Anforderungen anzupassen. Im Besonderen der kollegiale Austausch über eine gelebte und erlebte Alltagspraxis macht es hier möglich, die Fachkompetenz, die Analysekompetenz, die Methodenkompetenz, die Kooperationskompetenz und die Selbstreflexionskompetenz des Einzelnen weiterzuentwickeln sowie eine werteorientierte Handlungskompetenz zu verinnerlichen. Die gemeinsame, konkrete inhaltliche Arbeit stellt einen kollektiven Bezug her und ist ein unentbehrliches Fundament, das den Zusammenhalt und die Orientierung im Team stärkt (vgl. Kokemoor, 2018, S. 85). Diese Arbeit im Kollektiv schafft darüber hinaus eine gute Grundlage, um an der Teamkompetenz und einem pädagogischen Leitbild zu arbeiten (vgl. Gebauer, 1999, S. 44). Es ist wichtig, einen Rahmen zu erschaffen, in dem die pädagogischen Fachkräfte lernen, sich zu achten und zu vertrauen, um über diese Haltung eine Kultur zu entwickeln, die sich auch auf den Kontakt zu den Kindern auswirkt (vgl. Ballmann, 2019, S. 185). In diesem Rahmen ist es auch von Bedeutung, ein übergeordnetes Leitbild wie beispielsweise die offene Arbeit oder die Montessoripädagogik kontinuierlich weiterzuentwickeln. Eine lernende Organisation, in welcher Konzepte, Arbeitsabläufe und Organisationsstrukturen weiterentwickelt werden, ist eine nötige Vorrausetzung für professionelles Handeln (vgl. Friedrich & Schelle, 2017, S. 395).

Die Dienstbesprechung stellt neben Fortbildungen und Supervision ein geeignetes Forum dar, um die inhaltliche Arbeit einer Bildungseinrichtung kontinuierlich und praxisnah weiterzuentwickeln. In diesem Zusammenhang ist die Arbeit mit Videos eine gute Methode, weil sie den Fachkräften die Realität des pädagogischen Alltags vor Augen führt. Über die Bilder können die pädagogischen Fachkräfte am Verhalten von Kindern, wie oben im Beispiel von Melek, Dominik und anderen beschrieben, eine Verknüpfung zu theoretischen Gedanken herstellen. Dies ist ein Lernen am Modell, welches von der Alltagspraxis ausgeht, um sich so mit der Theorie zu verbinden oder diese verstehbarer zu machen (vgl. von Schlippe, 2009, S. 12). Wenn pädagogische Fachkräfte dadurch lernen, das eigene Handeln sowie die Bedeutung kindlicher Handlungen und Verhaltensweisen wieder mehr mit theoretischen Erkenntnissen zu verbinden, sollten sie diese Gelegenheit nutzen, ihr Wissen zu erweitern. Pädagogische Fachkräfte, die kindliche Verhaltensweisen fundiert aus theoretischen Zusammenhängen ableiten können und dies beispielsweise in Elterngesprächen tun, leisten einen wichtigen Beitrag, um das Berufsbild in der Gesellschaft aufzuwerten.

Darüber hinaus geht es immer um die Selbstreflexion der pädagogischen Fachkräfte, um am eigenen Modell die Handlungskompetenzen zu entdecken und zu erweitern. Denn trotz aller bestehenden gesellschaftlichen Veränderungen bildet die Interaktion mit den Kindern weiterhin den Kern der pädagogischen Arbeit (vgl. Friedrich & Schelle, 2017, S. 383).

6.3 Die Arbeit mit bewegten Bildern

Die Arbeit mit bewegten Bildern überzeugt mich täglich, da sich hieraus so viele Möglichkeiten ergeben, differenziert auf den pädagogischen Alltag zu schauen und Momente zu identifizieren, die ich als sehr wertvoll bezeichnen möchte und die in dieser Klarheit im Alltag nicht zu erkennen sind. So gibt es immer wieder die Rückmeldung von Erzieher*innen wie: »Ich war doch dabei, doch das habe gar nicht gesehen, das habe ich gar nicht bemerkt!« Der Alltag in der Begleitung von Kindern, in der Familie oder einer Bildungseinrichtung ist sehr bunt, es passieren viele Dinge gleichzeitig, und wie schon oben beschrieben, sind wir nur begrenzt multitaskingfähig. So erlauben wir uns mit einer Videointeraktionsanalyse den Alltag zu entschleunigen und mit einem mikroskopischen Blick auf eine Situation zu schauen, die sich real ereignet hat (vgl. von Schlippe & Hawellek, 2005, S. 30). Der Begriff »real« ist hier nicht unbedeutend, denn wir glauben oft nur das, was wir sehen. In der Videobeobachtung schaffen wir mit der Darstellung einer nicht zu leugnenden Alltagsrealität eine gemeinsame Betrachtungsgrundlage.

Es ist eine Betrachtung kindlicher Aktivitäten, die eine Sinnhaftigkeit oder eine Bedeutung in sich tragen. In seinen Bewegungen, seinen Handlungen sowie seinem Spiel probiert sich das Kind in der Welt aus. Das Explorieren, Ausprobieren ist immer mit einem Lernen verbunden und bildet die Grundlage für inneres und äußeres Wachstum. In seinem Alltagserleben ist das Kind oft in der Position, sich an die Interessen und die Regeln der Erwachsenen anzupassen sowie deren Vorstellungen zu folgen (vgl. Piaget & Inhelder, 1996, S. 66). Über das Rollenspiel passt das Kind die Welt an seine Vorstellungen an und wenn wir es dabei genau beobachten, erhalten wir einen Einblick über die Themen, mit denen es gerade beschäftigt ist. Das Spiel ist auch eine Art Regeneration für seine Seele und eröffnet dem Kind neue Räume des Denkens und Fühlens (vgl. Schulte-Markwort, 2019, S. 86f.). Es ist mir ein besonderes Anliegen, uns die Augen für das Einmalige, das Fantastische, das Kreative und das Engagierte im kindlichen Spiel zu öffnen. Die aufmerksame Beobachtung des kindlichen Treibens kann eine Entlastung zu den schwierigen Momenten, die es gibt, darstellen und ist gleichzeitig ein Weg, sich den Wirkweisen und Zusammenhängen der Pädagogik zu öffnen.

Das Video gibt uns jedoch auch einen Einblick in die Art und Weise, wie die Erwachsenen mit Kindern kommunizieren und interagieren. »Der Videofilm fängt ein Stück Wirklichkeit ein, konserviert sie und ermöglicht so eine Reflexion über das eigene Kommunikations- und Interaktionsverhalten. Erkennen und Verstehen werden verstanden als Voraussetzung für Lernen und Verändern« (Bünder et al., 2009, S. 13). In den Jahren, bevor mir diese Möglichkeit als Berater zur Verfügung stand, musste ich mir die Szenen und Geschichten, die mir Eltern oder pädagogische Fachkräfte von ihren Kindern erzählten, immer vorstellen. Natürlich kommt es da zu verzerrten Bildern, da meine Vorstellungskraft und mein Einblick in die Familie oder die Kita niemals ausgereicht haben, um die Szene in ihrer Komplexität und ihrer Eindeutigkeit zu erfassen. Den Einsatz von Videografie in der Dienstbesprechung oder der Beratung kann man am ehesten mit einem Mikroskop vergleichen, da interaktive und entwicklungspsychologische Prozesse genau und unmittelbar beobachtet werden können, wo früher Rekonstruktionen in Form von Erzählungen herangezogen werden mussten (vgl. von Schlippe & Hawellek, 2005, S. 23). Denn selbst beim Festhalten von Szenen mit der Kamera sehe ich erst beim anschließenden Betrachten der Bilder wichtige Details, die ich beim Filmen nicht wahrgenommen habe. In Seminaren und Vorträgen entdecken Teilnehmende manchmal noch weitere Details, die mir bis dahin verschlossen blieben, obwohl ich einzelne Filme schon viele Male gesehen habe. Diese Erfahrung zeigt die subjektive Sicht in der Betrachtung auf und unterstreicht den Wert einer gemeinsamen Betrachtung im Team, um so zu einem umfassenderen und objektiveren Eindruck zu kommen. Wir erhalten so wichtige Informationen, die auf den ersten Blick im Verborgenen bleiben, etwa die Berührung der Playmobilfigur von Fatma, bevor Melek die Initiative ergriff, diese in die Hand zu nehmen, um damit kurz in eine Handlung zu gehen. Es ist hilfreich, mit dem Begriff der Information zu arbeiten, weil er neutral ist und uns die Information helfen soll, Zusammenhänge besser zu verstehen. Es geht nicht darum, etwas zu beweisen oder anderen etwas zu erklären, was schnell Widerstände bei den Protagonist*innen hervorruft, sondern darum, die Bilder sprechen zu lassen. Er geht um das Zeigen als Darstellung, das Betrachten als Beobachtung, das Analysieren zum Verstehen von Handlungen und zwischenmenschlichen Verhaltensweisen (vgl. Aarts et al., 2005, S. 37).

Gerade in den Dienstbesprechungen bieten Filme, die Szenen aus dem pädagogischen Alltag darstellen, eine gemeinsame Arbeitsgrundlage, um über die sich wiederholende kollegiale Beratung ein intensives Reflexionsniveau zu erreichen (vgl. Bünder et al., 2009, S. 371). Wir können dieses Anschauungsmaterial mit den unterschiedlichsten Fragestellungen belegen oder nach spezifischen Verfahren beobachten.

Es ist natürlich von Vorteil, die Videobeobachtung nach einer speziellen Methode, wie beispielsweise der Marte-Meo-Videointeraktionsanalyse, durchzuführen, denn es erweitert das Grundverständnis für den Umgang mit Bildern und schafft einen differenzierteren Blick. Es ist jedoch auch schon hilfreich, sich die Bilder mithilfe einer bestimmten Fragestellung anzusehen oder sich einem Beobachtungsverfahren zu bedienen. Wichtig erscheint es mir, einen Ort, Zeitraum sowie einen Gedankenraum zu schaffen, der uns in die Lage versetzt, unsere eigenen Bilder zum Kind oder uns selber zu reflektieren und unsere Gedanken zu erweitern. Ich werde im Folgenden mehrere Ansätze und Beobachtungsskalen vorstellen, die wir für eine Betrachtung von Bildern aus dem pädagogischen Alltag nutzen können.

Ich beschreibe hier zunächst die Marte-Meo-Videointeraktionsanalyse, da diese Methode aus der Praxis entstanden ist und in ihrer Anwendung sehr stark in der Praxis wirkt. Weiter ist es hier möglich, die Theorie aus der Praxis heraus zu betrachten und so erlebbar zu machen. Vielleicht ist dies mit mein stärkstes Motiv, diesen Vorschlag zu machen, da ich es für sehr bedeutsam halte, die Hintergründe für das Verhalten von Kindern schon im Alltagserleben besser erkennen und verstehen zu können, damit sich unsere Erstreaktionen stärker dem Wirklichkeitserleben der Kinder anpassen können.

Gerade in belastenden Situationen schafft die theoretische Auseinandersetzung eine Distanz zu unserem emotionalen Erleben und gibt uns die Möglichkeit zur Selbstreflexion. Viele Fachkräfte treffen in der Beratung, in Dienstbesprechungen oder an Studientagen Aussagen wie: »Es rattert oder es arbeitet die ganze Zeit in mir!« Das Rattern und Arbeiten ist der Weg zum Erkennen, Reflektieren und Verändern. Die Beschäftigung mit Bildern nach der Marte-Meo-Videointeraktionsanalyse ist jedoch eine Bewegung von der Alltagspraxis, dem eigenen Handeln zur Theorie und nicht umgekehrt, und ist aus diesem Grund auch so wirksam (vgl. von Schlippe, 2009, S. 11).

Beim gemeinsamen Betrachten der Bilder in einer Dienstbesprechung berücksichtigen wir einen wichtigen Grundsatz. Wie schon oben angesprochen, schauen wir auf die gelungenen Momente, die Ressourcen, das, was im Spiel, der Handlung, der Begegnung passiert, damit Entwicklung möglich ist. Wenn wir mit den positiven Seiten des Kindes arbeiten, heißt das nicht, dass wir seine Schwierigkeiten ausblenden, sondern eher, diese nicht in den Vordergrund zu stellen. Also wenn ein Kind Schwierigkeiten hat, mit anderen zu spielen oder zu kommunizieren, macht es Sinn, uns damit zu beschäftigen, was Kinder dazu befähigt, mit anderen zu spielen. Also welche Fähigkeiten hat das Kind schon entwickelt, um mit anderen spielen zu können:

- Das Kind kann eigene Initiativen benennen: »Ich nehme das Auto, fahre Fahrrad ...!«
- Das Kind ist für die Initiativen (das Spiel, die Handlung, die Worte) anderer aufmerksam.
- Das Kind kann eigene Initiativen stoppen, um jemand anderem Aufmerksamkeit zu widmen.
- Das Kind kann die Spielsituation überblicken.
- Das Kind kann Spieltöne machen und sie mit anderen austauschen.
- Das Kind kann anderen Kindern nonverbal Emotionen zeigen.
- Das Kind kann geben und nehmen.
- Das Kind kann eine klare Spielgeschichte präsentieren.
- Das Kind kann mit Frustration und Kritik fertigwerden.
- Das Kind hat Problemlösemodelle zur Verfügung.
- Das Kind kann sich konzentrieren.
- Das Kind kann genießen, mit anderen zusammen zu sein, und eine gute Zeit verbringen.
- Das Kind kann Gefühle ausdrücken und austauschen.
- Das Kind kann zusammenarbeiten, aushandeln und sich einfühlen.

- Das Kind lernt sich besser kennen, indem es die Reaktionen anderer auf sich beachtet.
- Das Kind wird mit Enttäuschen und Verlieren fertig.
- Das Kind kann sich auf den Bewegungsrhythmus anderer einlassen (Auszüge von Verhaltensweisen, die ein Kind befähigen, mit anderen zu spielen; vgl. Hawellek & zu Gellenbeck, 2005, S. 81f.).

In der Beratung von pädagogischen Fachkräften oder Eltern in Bezug auf autistische Kinder habe ich einen Fragebogen entwickelt, in welchem mir die Beobachtung folgender Verhaltensweisen wichtig war:

- Das Kind nimmt von sich aus Kontakt zu anderen Kindern auf.
- Das Kind geht auf Kontaktangebote anderer Kinder ein.
- Das Kind begibt sich in ein wechselseitiges Spiel.
- Das Kind kann für sich allein spielen.
- Das Kind imitiert andere.
- Das Kind zeigt Rollenspiel.
- Das Kind zeigt Konzentration.
- Das Kind zeigt Ausdauer.
- Das Kind wirkt zufrieden.
- Das Kind zeigt Lust und Freude.
- Das Kind kann sich abgrenzen und »Nein!« sagen.
- Das Kind benutzt Sprache.
- Das Kind setzt Material ein.
- Das Kind geht mit Objekten in Handlung.

Insbesondere bei der Auswertung solcher Checklisten in der Dienstbesprechung, die sich auf ein Video beziehen, welches man gerade gesehen hat, ist es hilfreich, dies in einer Kleingruppe zu machen. Zum einen wird es uns als Individuum in der Regel nicht gelingen, auf alle einzelnen Punkte zu achten, denn acht Augen und Ohren sehen mehr als zwei! Zum anderen werden wir uns in der Gruppe darüber verständigen müssen, was beispielsweise mit »Das Kind zeigt Ausdauer« gemeint ist, und ob wir dies wirklich beobachten konnten. Wir kommen so zu einer differenzierten und tieferen Auseinandersetzung über den pädagogischen Alltag. Natürlich werden wir viele Verhaltensweisen entdecken, die das Kind noch nicht entwickelt hat. Hier ist es wichtig, sich immer wieder daran zu erinnern, zu den Punkten zurückzukehren, die das Kind bereits entwickelt hat, um auch die Entwicklungsmöglichkeiten zu erkennen. Wir sollten mit unseren Verhaltensangeboten an die unproblematischen Handlungen anschließen, um das Kind zu stärken und in seinen weiteren Entwicklungsschritten zu unterstützen.

Emre wird mir als Kind beschrieben, welches sich nicht allein beschäftigen kann, die ganze Gruppe durcheinanderbringt, ständig eine Einzelbegleitung benötigt, nicht auf Aufforderungen reagiert und einen absoluten Unruhefaktor in der Gruppe darstellt. Dies wird auch mit den gleichen Worten in einem Bericht dargestellt. In der Videobeobachtung wird deutlich:

- ➢ Emre kann sich allein beschäftigen.
- ➢ Emre beendet seine Aktivität nach vier bis sechs Minuten, wenn er dafür keine Ansprache oder Aufmerksamkeit erhält.
- ➢ Emre sucht sich eine neue Aktivität, ohne die Sachen, die er vorher benutzt hat, wegzuräumen. Emre ist gerade drei Jahre alt geworden.
- ➢ Emre räumt die Sachen weg, wenn er darauf angesprochen wird.

Die erstellten Videoaufnahmen stellen die Ausführungen der Fachkräfte sowie die Beschreibung zu Emre im Bericht auf den Kopf, was nicht heißen soll, dass es die von den Fachkräften beschriebenen schwierigen Momente nicht gibt. Sie treten jedoch nicht in der Ausschließlichkeit und Häufigkeit auf. Emre erhält in der Beratungssituation auch keine Einzelbegleitung, sondern alle vier bis sechs Minuten die Aufforderung, die Spielsachen, die er gerade benutzt hat, wegzuräumen. Er wird in dieser Situation nicht in seiner Kompetenz, sich allein beschäftigen zu können, gesehen, sondern mit seiner Schwierigkeit, die altersgerecht ist, wahrgenommen und konfrontiert.

Die Bilder machen allerdings auch deutlich, welche Ressourcen und Handlungskompetenzen die Erzieher*innen zeigen, um Emre zum Aufräumen zu motivieren. Sie suchen seine Nähe, wenn sie ihn ansprechen, nehmen Körperkontakt auf und finden Worte, die sich auf seinen Kontext beziehen. Hier zeigen die pädagogischen Fachkräfte deutliche Kompetenzen, angemessen auf ihn einzuwirken, um ihn zum Aufräumen anzuleiten. Es ist hier zielführend, an die Ressourcen der pädagogischen Fachkräfte anzuschließen und diese mit den gezeigten Ressourcen von Emre zu verbinden. Emre benötigt eine ähnliche Ansprache in Bezug auf sein Spiel, damit es für ihn noch mehr Bedeutung bekommt und er sich darin gesehen fühlt.

Emre benötigt nach meinem Eindruck auch keine ständige Einzelbegleitung, sondern hin und wieder eine Begleitung über die Augen und mit Worten, die an seine Handlungen und sein Spiel anschließt. Dies führt in der Folge dazu, dass er sich mehr in sein Spiel vertieft, um dann für längere Zeiträume bei seinen Aktivitäten verweilen zu können. Wir bahnen so einen nächsten Entwicklungsschritt für Emre an. Für diese Entwicklungsbegleitung brauchen wir Bilder und Vorstellungen von Emre, die uns zeigen, dass er hier bereits wichtige Verhaltensweisen entwickelt hat, sowie Bilder, die uns Informationen über das Handlungs- und Interaktionsvermögen der Erwachsenen zeigen.

Wir versuchen über die Kompetenz, über das, was unser Gegenüber bereits entwickelt hat, Anschluss herzustellen, um weitere Entwicklungsschritte zu ermöglichen. Wenn wir Menschen bewusst oder auch unbewusst auf ihre Defizite aufmerksam machen, reagieren die Menschen aus ihrer Verunsicherung oder Angst heraus mit Widerstand.

Natürlich müssen wir auch auf Verhaltensweisen reagieren und Antworten finden, die nicht positiv sind. Wir werden weiter unten in Kapitel 6.4 drei Kinder kennenlernen, die schlagen, kratzen oder beißen. Es ist wichtig, dass wir für diese Verhaltensweisen auch in der konkreten Situation Lösungen entwickeln, da fremd- oder autoaggressive Verhaltensweisen für alle Beteiligten eine große Belastung darstellen. Doch es geht um eine lösungsorientierte Betrachtungsweise. Wir werden die Bilder in Kapitel 6.4 unter folgender Fragestellung betrachten: Welches Kommunikations- und Interaktionsverhalten haben die pädagogischen Fachkräfte angewandt, um zu deeskalieren und auch darin die Entwicklung von Lösungskompetenzen der Kinder zu erhöhen? Hier werden Verhaltensweisen als zielführend deutlich, die wir wieder mit in die tägliche Praxis nehmen. Wir konzentrieren uns auch auf das, was gelingt, um die einzelnen Protagonist*innen zu schützen, denn jeder und jede, die sich im Video betrachtet, wird den Part einer kritischen Betrachtung in der Regel schon selber leisten (vgl. Bünder et al., 2009, S. 42).

Der Blickwinkel liegt also auf den Elementen gelungener Kommunikation und Handlungen, auch wenn der Ausgangspunkt durchaus eine problematische Situation aus dem pädagogischen Alltag sein kann. Wir sprechen somit eine Einladung an uns selbst aus, uns von der störungs- beziehungsweise problemfokussierten Betrachtung zu lösen, um uns für die Momente zu öffnen, die es in der Regel immer gibt, wo die Protagonist*innen, Kinder oder Erwachsene, entwicklungsunterstützendes Verhalten gezeigt haben (vgl. Hawellek & zu Gellenbeck, 2005, S. 77). So wird es uns zunehmend gelingen, unseren Blick darin zu schulen und zu kultivieren, vorwiegend die Ressourcen zu erkennen (vgl. Bünder et al., 2009, S. 42).

So nutzen wir als Basis beispielsweise sieben grundlegende Elemente kommunikativer Entwicklungsförderung für die Analyse der Ressourcen, die der Erwachsene zeigt (vgl. Hawellek & zu Gellenbeck, 2005, S. 83):

1. Die/der Erwachsene lokalisiert den Aufmerksamkeitsfokus des Kindes.
2. Die/der Erwachsene bestätigt den Aufmerksamkeitsfokus des Kindes.
3. Die/der Erwachsene wartet aktiv darauf, wie das Kind auf ihn regiert.
4. Die/der Erwachsene benennt die ablaufenden Ereignisse, Erfahrungen und Gefühle. Darüber hinaus antizipiert er naheliegende Erfahrungen.
5. Die/der Erwachsene bestätigt erwünschtes Verhalten unmittelbar.
6. Die/der Erwachsene setzt das Kind in Beziehung *zur Welt*, indem er ihm Personen, Objekte und Phänomene vorstellt.
7. Die/der Erwachsene sorgt für angemessene Anfangs- und Endsignale der Situation.

Natürlich ist es auch genauso gut möglich, die Videosequenzen unter anderen Gesichtspunkten zu betrachten. Es ist entscheidend, eine Betrachtungsweise einzuführen, die es uns ermöglicht, etwas Distanz zu unserem eigenen Erleben herzustellen. Viele Einrichtungen arbeiten nach spezifischen Beobachtungsverfahren, doch nicht wenige leiden darunter, dass sich diese Beobachtungen nicht als Handwerkszeuge in die alltäglichen beruflichen Situationen integrieren und die gezielte Anwendung nicht selten zu einem Vorsatz verkommt. Auch hier ist die regelmäßige

Dienstbesprechung der richtige Ort, um ein Verfahren gemeinsam anzuwenden und somit zu kultivieren.

Early Excellence ist beispielsweise ein Beobachtungsverfahren, welches viele Parallelen zur Marte-Meo-Methode erkennen lässt. Ein Grundsatz stellt hier der positive Blick dar und wir beschreiben mit den pädagogischen Strategien entwicklungsunterstützendes Verhalten der pädagogischen Fachkräfte:

1. Sanfte Intervention: Warten und Beobachten in respektvoller Distanz.
2. Kontextsensitivität: Dem kindlichen Kontext folge und fähig sein, seine früheren Erlebnisse mit einzubeziehen, damit Lernprozesse an Erfahrungen anknüpfen können.
3. Zuwendung durch physische Nähe und Mimik und damit Bestätigung des Kindes.
4. Das Kind ermutigen, zu wählen und selbst zu entscheiden.
5. Das Kind dabei unterstützen, angemessene Risiken einzugehen.
6. Das Kind ermutigen, etwas zu tun, was der/dem Erwachsenen im Ablauf selbst unklar ist; das Kind in diesem Experiment begleiten.
7. Wissen, dass die Haltung und die Einstellung der/des Erwachsenen das Kind beeinflussen.
8. Zeigen, dass die/der Erwachsene und das Kind im Lernen Partner sind.

Die pädagogischen Strategien beziehen sich auf Aussagen von Carl Rogers, der in seinen Beobachtungen und Forschungen zu dem Ergebnis kam, dass Kinder mehr lernen und sich besser verhalten, wenn ihnen von den Erwachsenen Echtheit, Zuwendung und Verständnis entgegengebracht werden (vgl. Burgdorf-Schulz & Ziegler, 2019, S. 12).

Bei der Beobachtung von kindlichen Verhaltensweisen konzentrieren wir uns beim Early-Excellence-Beobachtungsverfahren auf spezifische Schemata. Die Schematatheorie geht auf Piaget zurück, der bei Kindern spezifische Handlungsschemata beobachtet hat, die ihnen helfen, ein Bild oder Konzept von der Welt zu entwickeln. Da gibt es die Handlungen, bei welchen das Kind die Umwelt an sich selbst anpasst, die Piaget als Assimilation beschreibt, sowie die Handlungen, bei denen sich das Kind an die Umwelt anpasst, die Akkommodation. In diesem Selbstbildungsprozess formt das Kind über das Spiel und die Auseinandersetzung mit der Umwelt erworbene Schemata um. Es entwickelt so kognitive Strukturen oder Konzepte, wie sich die Dinge oder auch Personen zueinander verhalten (vgl. Piaget & Inhelder, 1996, S. 23). So entwickelt das Kind durch das Schichten von Materialien ein Konzept für Höhen oder statische Zusammenhänge. Die Beobachtung und Auseinandersetzung mit den Schemata hilft uns, kindliche Bildungsprozesse und kindliches Verhalten besser zu erkennen und verständlicher zu machen.

Schemata:

- Rotation: Sich selbst oder Objekte in der Umgebung drehen oder wickeln *(Veränderung des Blickwinkels, Verständnis für Bewegung).*
- Transport: Objekte herumtragen, fahren oder selber von anderen von einem Ort zum anderen getragen werden *(Klassifizieren und Einteilen, Anzahl und Mengen erfassen, Zahlenverständnis).*
- Einzäunen: Sich selbst, einen Gegenstand oder einen Raum einzäunen *(Kreise, Geometrie, Maße, Grenzen, Ein- und Ausgrenzung).*
- Einfüllen (Umfüllen): Material in geeignete Behälter hineintun *(Volumen, Verständnis von Aufnahmefähigkeit).*
- Verbinden: Interesse, sich selbst mit Dingen zu verbinden oder Objekte untereinander zu verbinden *(Knoten, Zeichnungen oder Modelle herstellen).*

Wenn wir nach standardisierten Verfahren wie dem Early-Excellence-Beobachtungsbogen arbeiten, für welche ich hier nur Auszüge darstellen konnte, ist es natürlich erforderlich, Fachkräfte im Team zu haben, die darin ausgebildet wurden. Wenn wir niemanden im Team haben, sollte uns dies aber nicht davon abhalten, Kinder zu beobachten und eigene Fragestellungen aus dokumentierten Beobachtungen zu entwickeln. Hier ist die Videografie ein wunderbares Instrument, um eine Beobachtung festzuhalten und sie dann mehreren Personen gleichzeitig zugänglich zu machen.

Es stellt sich natürlich die Frage, ob ich auch ohne eine spezifische Ausbildung mit Videografie arbeiten kann. Um sich einer Antwort anzunähern, habe ich ein Interview mit einer Kollegin (A.) geführt, die sich ohne eine spezifische Ausbildung in Videografie auf den Weg gemacht hat.

K.K.: Wie bist du auf das Thema Videografie gekommen?

A.: Wir arbeiten im Familienzentrum nach dem Early-Excellence-Ansatz und beobachten Kinder. Das haben wir zunächst mit den Beobachtungsbögen handschriftlich gemacht und dann nach und nach begonnen, die Kinder einfach mit dem Tablet zu filmen. In der Gemeinsam-Wachsen-Gruppe (für Eltern mit Kindern von null bis drei Jahren) haben wir uns auch gegenseitig in der Interaktion mit den Kindern gefilmt.

K.K.: War es für die ein Problem, ohne Ausbildung mit der Arbeit mit Videografie zu beginnen?

A.: Es gab ein anfängliches Fremdeln, doch ich finde es jetzt total gut, weil ich habe dann an mir selbst gemerkt, dass ich mich so besser reflektieren kann. Also mein eigenes Handeln, wie ich in Interaktion gehe.

K.K.: Es war also für dich kein Problem?

A.: Es war kein Problem, ich wollte es einfach probieren, also autodidaktisch einfach gucken. Und dann habe ich eben gute Erfahrungen damit gemacht.

K.K.: Wie hast du die Methode in der Kita eingeführt?

A.: In der Kita konnte ich es gut einführen, da wir eine DVD produziert haben, wo es um das Early-Excellence-Beobachtungsverfahren geht. Dann habe ich die Leitung gefragt, ob das okay ist, und die fand das in Ordnung. Danach habe ich die Mitarbeiter*innen gefragt, wer sich da zur Verfügung stellen würde. Da gab es einige, die gesagt haben: »Okay, da machen wir mit.«

K.K.: Gab es auch Kolleg*innen, die gesagt haben, möchten wir nicht?

A.: Ja, die gab es auch. Die haben gesagt, das könnten sie sich nicht vorstellen, wenn sie dann so beobachtet werden. Ich fand das auch okay und habe dann erst einmal die Personen genommen, die dazu bereit waren.

K.K.: Was hast du für Erfahrungen beim Filmen der Fachkräfte gemacht?

A.: Ich hatte schon das Gefühl, dass die Kolleg*innen so handeln, wie sie auch ohne Kamera handeln würden. Ich fand sie sehr authentisch, so wie ich sie sonst auch erlebe.

K.K.: Was ist beim Betrachten der Bilder im Anschluss sichtbar geworden?

A.: Durch den Perspektivwechsel konnte ich noch deutlicher sehen, wie die Kolleg*innen auf die Kinder eingehen und auf die Interessen der Kinder gucken.

Auch bei den Kolleg*innen gab es Momente, in denen sie gesagt haben: »Woouuh! So habe ich das Kind ja sonst gar nicht gesehen!« Also weg von so einem Schubladendenken.

Auch in Bezug auf die pädagogischen Strategien haben die Mitarbeiter*innen gesagt, dass sie diese Filme mehr in die Reflexion gebracht haben, über die pädagogischen Strategien nachzudenken. Da gab es auch Momente der Selbstkritik, denn ein Kollege konnte beobachten, dass sein Vorgehen nicht der pädagogischen Strategie entspricht!

K.K.: Bei diesem Beispiel kommt mir die Frage, ob die Fachkräfte sich eher positiv oder kritisch betrachtet haben.

A.: Unterschiedlich! Also wenn ich die Filme mit den Fachkräften besprochen habe, dann habe ich ressourcenorientiert geguckt und ihnen gesagt, welche pädagogische Strategie ich bei ihnen sehe! Die fanden das dann sehr wertschätzend und fühlten sich gesehen.

Bei der eigenen Bewertung gab es Positives und auch wie schon gesagt auch Selbstkritik!

K.K.: Gab es außer Early Excellence noch ein anderes Kriterium, nach dem ihr die Filme ausgewertet habt?

A.: Wir haben das nur unter dem Aspekt der pädagogischen Strategien und der Schemata besprochen.

K.K.: Würdest du sagen, dass sich die pädagogischen Strategien mit der Videografie besser abbilden?

A.: Auf jeden Fall, und ich möchte jetzt auch noch mal mit meiner Leitung sprechen, ob wir die Videografie nicht stärker installieren und in der Dienstbesprechung nutzen. Damit das ganze Team etwas davon hat und auch die anderen die Scheu davor verlieren.

K.K.: Was war für die die wichtigste Erkenntnis in der Auswertung der Bilder?

A.: Wie einfach das eigentlich ist mit der Videografie. Man kann sie nutzen für Gespräche mit Kolleg*innen, um sich auszutauschen und zu reflektieren. Aber auch für Elterngespräche. Es ist ein super Instrument.

Es beflügelt mich richtig!

K.K.: Das ist doch ein schönes Schlusswort! Oder möchtest du noch etwas sagen?

A.: Ja es beflügelt mich so, dass ich eine Merte-Meo-Ausbildung machen möchte.

K.K.: Schön! Danke für das Interview!

Es ist mir an dieser Stelle sehr wichtig zu sagen, dass eine Ausbildung in Videografie die Qualität beim Betrachten der Bilder um ein Vielfaches erhöht und bei einem dauerhaften Einsatz auch immer anzustreben ist. In diesem Beispiel hat die Kollegin mit dem Blick auf die pädagogischen Strategien auch einen Blickwinkel eingeführt, der etwas Distanz schafft zu einer rein subjektiven Betrachtung. Ich habe in den 15 Jahren Therapie mit autistischen Kindern oft eine Kamera aufgestellt, um mein eigenes Handeln sowie die Entwicklungsverläufe von Kindern präzise dokumentieren zu können. In der Nachbetrachtung war diese Erfahrung für mich der erste Schritt auf dem Weg zu einer intensiveren Auseinandersetzung mit dem Thema und dem Entschluss, die Ausbildung zum Marte-Meo-Therapeuten zu machen. Wenn wir ohne eine Ausbildung mit bewegten Bildern arbeiten, geht es für mich darum, Szenen aus dem pädagogischen Alltag festzuhalten, um darüber mit den Kolleg*innen sowie den Eltern ins Gespräch zu kommen. Es geht bei dieser zunächst autodidaktischen Arbeit mit Videografie auf keinen Fall um eine Beratung im Sinne der Marte-Meo-Methode oder einer anderen Qualifizierung in der Videografie.

Wir möchten Bilder aus dem realen pädagogischen Alltag nutzen, um eine realistische Sicht auf die Dinge zu erhalten, die uns unsere inneren Bilder durch eine verzerrte Wirklichkeitskonstruktion oft versperren. Darüber hinaus möchte ich dazu einladen, eine Fragestellung oder Schablone über diese Bilder zu legen, um den Blick zu erweitern. Die Fragestellung könnte lauten: »Was zeigen uns diese Bilder in Bezug auf Partizipation? Was zeigen und diese Bilder in Bezug auf offene Arbeit? Was zeigen uns diese Bilder in Bezug auf unsere sprachliche Begleitung von Kindern?« Es ist dabei unumgänglich, sich auf die Ressourcen der Protagonist*innen zu beschränken, um Kränkungen vorzubeugen und um sich darin zu üben, den positiven Blick zu weiten.

Im folgenden Beispiel haben wir uns anhand von drei Videosequenzen die Frage gestellt: »Welche Handlungsweisen der pädagogischen Fachkräfte war in der konkreten Szene zielführend, um auf das aggressive Verhalten eines Kindes angemessen zu reagieren?«

6.4 Konfliktbewältigung

Ich werde in der Beratung oder in Seminaren immer wieder mit der Fragestellung konfrontiert, wie man auf Kinder mit aggressivem Verhalten reagiert. Nun gibt es dafür nicht eine Antwort oder ein spezifisches normatives Vorgehen, sondern wir haben verschiedene Handlungsbereiche mit unterschiedlichen Handlungsoptionen. Was die drei Handlungsbereiche eint, die ich in diesem Zusammenhang beschreibe, ist, dass sich die Protagonist*innen wieder als handelndes Individuum erleben (vgl. Omer & von Schlippe, 2017, S. 29f.).

- Konzeptioneller und systemischer Handlungsbereich
- Der Bereich des präventiven Beobachtens und Handelns
- Die spontane interaktive Konfliktbewältigung

In Kapitel 5 habe ich einen Bereich beschrieben, in welchem wir uns eher mit den *konzeptionellen und systemischen Rahmenbedingungen* beschäftigt haben. Wir haben dort im Gesamtteam das ganze System beleuchtet, systemrelevante Personen (Mutter und Frühförderkraft) einbezogen und uns die Lebenssituation von Jerome vor Augen geführt. Wir haben seine biografischen Daten sowie die Bilder zu seinen Verhaltensweisen zur Hilfe genommen, um dem Bedürfnis, welches hinter dem Verhalten steht, näherzukommen. Hieraus wurden zukünftige Handlungsstrategien für die pädagogische Begleitung von Jerome entwickelt.

Beim *präventiven Handeln*, mit dem wir uns in Kapitel 7 beschäftigen werden, geht es darum, dem Konflikt vorzubeugen. Wir sollten uns nicht im Alltagserleben von den Konfliktsituationen in unserer Wahrnehmung einengen lassen. Denn dies führt zu einer Wirklichkeitskonstruktion, die uns dazu verführt, tendenziell nur auf die grenzüberschreitenden Handlungen des Kindes zu reagieren (vgl. ebd., S. 51). Nun soll es nicht darum gehen, die Störungen zu ignorieren, doch es ist von großer Bedeutung, dem Kind auch jenseits des destruktiven und aggressiven Verhaltens zu begegnen und sich ihm aktiv zuzuwenden.

Hierzu ist es erforderlich, bewusst Momente, Zeitfenster der Begleitung zu schaffen, in welchen ich das Kind beobachte und begleite, um dann auf seine adäquaten Handlungen reagieren zu können. Es ist wichtig, dem Kind zu zeigen, dass wir es auch in gelungenen Momenten wahrnehmen, damit es zunehmend das Gefühl erhält, in unseren Augen zu existieren.

Im folgendem Abschnitt kommen wir nun zum *spontanen Umgang* mit den Situationen, in denen das aggressive Verhalten des Kindes auftritt. Denn auch wenn wir uns alle zusammensetzen und uns gute Handlungsstrategien zur Vorbeugung von Konflikten überlegen, wird sich das Verhalten nicht immer in sehr kurzer Zeit auflösen. Wir brauchen alltagstaugliche Handlungsweisen, die deeskalieren, das einzelne Kind schützen, den Konflikt klären und dem Kind helfen, daraus zu lernen. Doch nicht selten kippen wir Öl ins Feuer, da wir uns mit Gefühlen wie Enttäuschung oder Wut konfrontiert fühlen. Studien haben gezeigt, dass eine psychophysische Erregung der Personen, die an einem Konflikt beteiligt sind, die Eskalationsgefahr erhöht hat (vgl. ebd., S. 53). Auf der einen Seite braucht ein aggressives Verhalten eine klare Grenze und eine Positionierung durch die/den Erwachsene*n. Die Worte »Nein« oder »Stopp« sind hier in der Regel eines unserer Instrumente. Doch es ist nicht hilfreich, sich lediglich hierauf zu beschränken, denn Kinder, die häufig durch aggressives oder oppositionelles Verhalten in Erscheinung treten, suchen nach Aufmerksamkeit. Mit einem »Nein« sowie Worten, die das Fehlverhalten noch einmal beschreiben, sind sie daher oft nicht zu beruhigen, da diese Worte in vielen Fällen Schuld oder Scham auslösen. Hier zieht sich das Kind schnell innerlich zurück und kommt so nicht in die Position, in Lösungen zu denken und Verantwortung zu übernehmen (vgl. Rosenberg, 2007, S. 1). Doch nicht selten löst unsere Intervention, wenn diese auf ein autoritäres »Nein« oder Strenge reduziert ist, auch bei uns Erwachsenen Scham aus. In diesem Moment verlieren auch wir ein Stück unserer persönlichen Präsenz.

Das heißt, wir brauchen Handlungs-, Kommunikations- oder Interaktionsmuster, die einen Rahmen schaffen, in welchem Kooperation möglich wird und wir in die Position kommen, unsere Bedürfnisse, Werte und Regeln vermitteln zu können, ohne die/den Andere*n zu beschuldigen (vgl. ebd., S. 17).

Vor diesem Hintergrund haben wir im Rahmen einer Dienstbesprechung drei Szenen beobachtet, in denen Konflikte nach unserem Eindruck sehr gut gelöst wurden. Wir wollten gemeinsam herausarbeiten, welche Verhaltensweisen der Erwachsenen zielführend waren, um einen Rahmen zu schaffen, in welchem Kommunikation und Deeskalation möglich waren. Es ist interessant, die drei Kolleg*innen zu beobachten, und letztlich festzustellen, wie viele Übereinstimmungen sie in ihrem Verhalten hatten und wie wir daraus positives oder angemessenes Konfliktverhalten ableiten können. In der Folge werde ich die Handlungen und Verhaltensweisen der Protagonist*innen in den drei Szenen beschreiben und die spezifischen Wirkweisen und Bedeutungen *kursiv* darstellen.

6.4.1 Der Stopptanz

Der Ausgangspunkt der ersten Szene ist ein Besuch in einer Kindertagesstätte, in welcher sich das Team um den fünfjährigen Erik sorgt, da er immer wieder dadurch auffällt, wie er andere Kinder beschimpft oder schlägt. In einem Vorgespräch mit einem Erzieher bringt dieser recht eindrücklich zum Ausdruck, dass Erik darunter leidet, wenn ihn andere Kinder im Spiel alleinlassen oder Vorstellungen formulieren, die nicht mit seinen übereinstimmen. Seine Sensibilität in Bezug auf diese Themen hat sicherlich ihren Ursprung in der Tatsache, dass seine Eltern nicht hinreichend präsent sind. Seinen Vater hat Erik nie kennengelernt und seine Mutter ist nicht sehr zuverlässig. Sie scheint mit seiner Erziehung und Betreuung überfordert, sodass Erik viel Zeit bei seinen Großeltern verbringt.

In der Beobachtungssituation gibt es gerade einen Streit darüber, ob das Licht im Gruppenraum an oder aus sein soll. Die Kinder wollen eigentlich miteinander Stopptanz spielen und Erik möchte gerne, dass das Licht dabei ausbleibt. Doch drei Mädchen wollen gerne das Licht anhaben und sie bedrängen Erik, der am Lichtschalter steht und das Licht gerade wieder ausschaltet. Als die Mädchen versuchen, das Licht wieder anzuschalten, boxt Erik und trifft eines der Mädchen im Gesicht.

Der Erzieher schreitet ein, geht neben Erik in die Hocke und nimmt Körperkontakt auf. Der Lichtschalter wird von den Kindern weiter an-

und blitzschnell wieder ausgemacht. Erik ruft dabei mit Nachdruck: »Ich will aber, dass das Licht ausbleibt!« Der Erzieher bleibt sehr ruhig und sagt: »Du spielst das Spiel [Stopptanz] nicht allein, also entscheidest du auch nicht allein!«

Der Kollege begibt sich über den Körper auf die gleiche Ebene, drückt durch diese Haltung sowie die Berührungen Nähe aus. Er stellt nicht das Schlagen in den Vordergrund, sondern bleibt auf der sachlichen Ebene, die Erik eher hilft, sein Gesicht zu wahren.

Nun wendet sich der Pädagoge dem Mädchen zu, nimmt zu ihr Körperkontakt auf und spricht ihr tröstende Worte zu.

Hier bringt er sein Mitgefühl sowie seine Bereitschaft, für alle da zu sein, zum Ausdruck.

Dann ruft Erik erneut, er möchte, dass das Licht ausbleibt, und der Kollege sagt: »Das habe ich verstanden, und die anderen möchten gerne das Licht anhaben!«

Hier zeigt der Erzieher das Erkennen und Anerkennen der Bedürfnisse und bringt gleichzeitig seine Allparteilichkeit zum Ausdruck.

Die Mädchen bringen nun noch mal ihr Bedürfnis zum Ausdruck und rufen gemeinsam: »Licht an! Licht an!« Worauf es einen verbalen Schlagabtausch gibt, bis Erik erneut zum Schlagen ausholt. Er wird jedoch vom Pädagogen, der die ganze Zeit nicht von seiner Seite gewichen ist, daran gehindert. Er sagt: »Erik, du kannst es gerne mit den Mädchen besprechen, doch ich möchte nicht, dass du sie schlägst!« Darauf sagt Erik: »Doch!«, und der Erzieher sagt ruhig und deutlich: »Nein!«

Die Kinder können hier weiter ihr Anliegen verbal zum Ausdruck bringen und der Erzieher schreitet ein, als Erik die verbale Ebene verlässt und erneut zum Schlagen ausholt. Er setzt hier dem Schlagen mit einem klaren Nein eine deutliche Grenze und bleibt dann weiter auf der Sachebene und zeigt die Möglichkeiten auf, die Erik hat.

In der Folge bleibt er weiter eng an Eriks Seite. Hält seinen rechten Arm um den Jungen, während die rechte Hand Eriks Bauch berührt.

Obwohl die pädagogische Fachkraft Erik im Moment des Schlagens kurz festhält, ist dieser Körperkontakt eher haltgebend als ein Festhalten, welches das Bedürfnis im Kind auslöst, sich aus diesem Kontakt befreien zu müssen.

Dann macht der Kollege einen Lösungsvorschlag: »Ich habe noch eine Idee, wie wir das Problem lösen können!«

Er schlägt hier eine Lösung vor und stellt mit dem Wort »wir« Verbundenheit her. Er spricht von dem Problem und löst es somit vom Kind. Es gibt ein Problem, aber nicht du bist das Problem.

Der Kollege macht immer wieder kleine Pausen und wartet auf die Antwort von Erik. Dann hält er dem Jungen eine Hand auf den Rücken und sagt: »Wir können mit den Anderen sprechen! – Bist du dazu bereit?« Doch Erik scheint noch nicht dazu bereit zu sein und bringt dies mit einem schmollenden »Nääh!« zum Ausdruck. Erik wirkt jedoch nicht mehr aggressiv, sondern nur noch enttäuscht, dass er sich nicht durchsetzen konnte und sich die Anderen von ihm abgewandt haben.

Durch seine Ruhe, das kurze Abwarten sowie die Berührung auf dem Rücken zeigt der Pädagoge: Ich habe Zeit für dich, ich bin für dich da. Hier berührt er einen wesentlichen Punkt in Eriks Geschichte und Eriks Aggression weicht, doch es bleibt das vertraute und enttäuschende Gefühl, alleingelassen zu werden.

Doch der Erzieher bleibt bei ihm, hält ihm nun eine Hand auf den Rücken und sagt auffordernd und aufmunternd: »Komm!« – und sie Verlassen den Ort des unmittelbaren Geschehens und gehen zu den Mädchen.

Hier übernimmt der Erzieher Leitung und fordert ihn durch die Hand auf dem Rücken und ein entschlossenes »Komm« auf, gemeinsam zu den Anderen zu gehen. Er stellt darüber hinaus seine Verbundenheit zu Erik her.

Hier begibt sich der Erzieher wieder auf die Ebene der Kinder und bleibt an der Seite von Erik. Nun fragt er die Kinder: »Ihr wollt alle zusammen Stopptanz spielen, ja!?«, was die Kinder bejahen. »Also wollt ihr schon mal zusammen spielen! Doch ihr wollt, dass das Licht an bleibt, und du Erik möchtest, dass das Licht aus bleibt!?«

Hier stellt der Kollege mit den Worten »ihr«, »alle« und »zusammen« das Bild der Gemeinschaft ins Zentrum, die Erik sich so sehr wünscht. Durch das wertfreie Benennen der unterschiedlichen Bedürfnisse zeigt er seine Allparteilichkeit, gibt Erik eine neue Chance zum gemeinsamen Spiel. Er führt weiterhin demokratische Werte ein, die über die Achtung, Wertschätzung und Anerkennung der Bedürfnisse auch eine persönliche, rechtliche und strukturelle Dimension haben (vgl. Prengel, 2013, S. 13).

»Ich auch!«, mischt sich ein weiteres Mädchen ein, das eine Puppe auf dem Arm trägt. »Und die Püppi auch!«, spricht es weiter und schafft somit eine Pattsituation gegenüber den anderen drei Mädchen. In der Folge wird geredet, diskutiert, abgewägt und eine Entscheidung getroffen, bis die Kinder gemeinsam Stopptanz spielen.

Im anschließenden Review kann ich dem jungen Kollegen seine vielen positiven und zielführenden Handlungsweisen vor Augen führen. Ich hebe seine ruhige, den Kindern mit Körper und Geist zugewandte Haltung hervor. Weiter betone ich seine verbindenden und anerkennenden Worte und wir sind uns einig, dass unser Vorgespräch, wo es unter anderem um die Suche nach verlässlichen Beziehungen von Erik gegangen ist, einen Einfluss auf das sehr einfühlsame Verhalten des Kollegen gehabt hat. So war es sicherlich zielführend, sein Bedürfnis über die Worte »ihr wollt doch zusammen spielen« in den Fokus zu stellen. »Dabei ist auch wichtig sich bewusst zu machen, dass gelingende Interaktionen auf der Beziehungsebene eine inklusive Dimension aufweisen, da sie Ausgrenzungen in alltäglichen Interaktionen entgegenwirken und leibliche, emotionale, soziale und kognitive Entwicklung und Zugehörigkeit fördern« (ebd., S. 13f.).

6.4.2 Der Turm

In der zweiten Szene möchte ich weitere bedeutungsvolle Aspekte hervorheben und verdeutlichen, wie reichhaltig die Interaktion zwischen den Erwachsenen und den Kindern oft ist und wie heilsam die Betrachtung einer solchen Szene für die pädagogischen Fachkräfte sein kann. In diesem Beispiel ging es um eine Kollegin, die den schwierigen Verhaltensweisen von Moritz, der täglich mehrere Male andere Kinder geschlagen oder gebissen hat, verzweifelt und ohnmächtig gegenübersteht.

In der hier dargestellten Videosequenz, die circa eine Minute dauert und schon vor dem Schlagen des Kindes beginnt, sitzt die Erzieherin mit drei Kindern (Marie, Emma und Moritz) auf dem Boden. Ein Kind hat sie dabei auf dem Schoß.

Moritz hat ein großes gelbes Auto in der Hand, als die Erzieherin ihn fragt: »Möchtest du mit uns bauen?«

Die Erzieherin spricht hier eine Einladung aus und stellt durch das Wort »uns« eine Anschlussmöglichkeit für Moritz her. – Moritz fühlt sich gesehen.

Moritz rückt mit dem Auto in der Hand näher zu den Anderen. Die Erzieherin rückt mit Marie auf dem Schoß auf Moritz zu.

Die Kollegin geht nun auch körperlich auf ihn zu! Obwohl sie Marie auf dem Schoß hat. Moritz erhält so das Gefühl: Ich bin wichtig!

Emma nimmt sich nun das Auto von Moritz. Als er sich das Auto zurückholen möchte, weint Emma. Die Erzieherin berührt die Hand von Emma und sagt: »Ja, das ist ja auch Moritz' Auto!«

Sie nimmt über die Augen und eine Berührung Kontakt zu Emma auf und erklärt ihr, wem das Auto gehört. Moritz erfährt in dieser Situation Schutz und Anerkennung. Die Kollegin schützt das Kind, das in der Einrichtung gerade den Ruf des Aggressors hat.

Einen kurzen Moment später holt Moritz zu einem Schlag in Richtung Emma aus, die vor sich einen kleinen Turm aus Bausteinen gebaut hat. Die Erzieherin reagiert blitzschnell, sie hält den Arm von Moritz kurz fest und sagt: »Stopp – nicht den Turm von Emma umschmeißen.«

Die Erzieherin ist sehr präsent und reagiert schnell. Durch ihre Worte »Stopp – nicht den Turm umschmeißen« übernimmt sie Leitung, setzt eine klare Grenze und lenkt die Aufmerksamkeit auf die Objekte. Sie schafft für die Kinder eine Distanz, indem sie die Objekte ins Spiel einführt.

Die Erzieherin lässt Moritz los und sagt: »Du kannst dir einen eigenen Turm bauen. Da baust du dir einen ganz großen!« (Sie hebt dabei ihre Stimme an.)

Sie macht Moritz ein Angebot. Sie sagt ihm, was er jetzt tun kann. Sie verändert ihre Stimme und sagt: »Da baust du dir einen ganz großen!« Durch das Anheben der Stimme und die Beschreibung der Größe des Turmes wertet die Erzieherin Moritz auf. Er erhält damit viel Wertschätzung.

Die Erzieherin sagt dann weiter im ruhigen Ton: »Komm, wir bauen einen zusammen – den kannst du dann umschmeißen!«

Sie benutzt die Worte »wir« und »zusammen« und stellt somit Nähe und Verbundenheit zu Moritz her. Sie erlaubt Moritz, der das Team durch sein destruktives Verhalten ohnmächtig gemacht hat, etwas zu zerstören. Sie führt eine symbolische Funktion ein und gibt ihm so einen angemessenen

Rahmen, auf symbolischer Ebene Destruktion zeigen zu können (vgl. Aucouturier & Mendel, 2001, S. 33). Sie gibt eine Möglichkeit und Orientierung, wo dieses so besetzte Verhalten sein darf.

Moritz baut sehr schnell vier Bauklötze aufeinander und stößt seinen Turm dann sofort um. Dabei trifft einer seiner Bauklötze den Turm von Emma und bringt diesen zum Einsturz. Mit einer ruhigen, verlangsamten und rhythmischen Stimme sagt die Erzieherin: »Oh – jetzt hat ein Bauklotz – den Turm von Emma – umgeschmissen!«

Durch ihre sehr ruhige und den Kindern zugewandte Stimme schafft sie eine gute Atmosphäre. Sie bleibt ihrer Linie treu und belässt die destruktiven Anteile bei den Objekten. Sie führt das am Anfang konfliktreiche Verhalten von Moritz von den Kindern weg zu den Objekten und ist dabei ganz nah bei den Initiativen der Kinder. Sie schafft in dieser Situation für Moritz einen Rahmen, in dem er handeln darf und somit seine Selbstwirksamkeit jenseits des Schlagens spürt.

In der anschließenden Rückschau sagt die junge Erzieherin von sich selbst überrascht: »Mir war nicht bewusst, dass ich das alles tue!« Wie schon oben angesprochen werden ähnliche Aussagen von den pädagogischen Fachkräften nach der Videointeraktionsanalyse sehr oft getroffen. Solche Selbstwahrnehmungen der eigenen Handlungsfähigkeiten mit deren Wirkung sind eine große Chance, eine Distanz zu den überwältigenden und den lähmenden Gefühlen von Ohnmacht zu bekommen (vgl. Kokemoor, 2014a, S. 159f.).

6.4.3 Die Sanduhr

In der dritten Szene geht es um den fünfjährige Robin, der die pädagogischen Fachkräfte seit einigen Wochen durch sein fremdaggressives Verhalten beschäftigt. In der folgenden Szene versucht er, Paul vom Fahrzeug zu entfernen, weil er dieses gerade selber nutzen möchte. Paul sagt daraufhin: »Das darf man nicht!«, und als Robin weiterhin nicht ablässt, schlägt er Robin mit der Hand auf den Rücken. Der wehrt sich prompt und schlägt zurück. Nun ruft Paul: »Auah!«, und eine Kollegin wird dadurch auf den Konflikt aufmerksam. Als sie sich nähert, läuft Robin weg, lässt sich anschließend auf den Boden fallen und sagt: »Paul hat mich auf den Rücken geschlagen! Ich möchte mit dem Fahrzeug fahren! – Aber alle sind besetzt!«

Daraufhin fragt ihn die pädagogische Fachkraft: »Was musst du dann machen?«, während sie sich auf seine körperliche Ebene begibt. Aus dieser Position heraus wartet sie Robins Antwort ab.

Die Kollegin stellt nicht das Fehlverhalten in den Vordergrund, sondern fragt nach einer Möglichkeit, die Robin hat, um sich seinen Wunsch zu erfüllen. Sie stellt über ihren Körper Nähe, Aufmerksamkeit sowie Präsenz her und leitet mit ihrer Frage eine Lösungsmöglichkeit ein.

»Ganz lange warten!«, antwortet Robin, und die Kollegin wiederholt seine Worte: »Ganz lange!« Dann fügt sie hinzu: »Wir haben fürs Warten eine Sanduhr! – Dann fährt jeder fünf oder zehn Minuten! – Die muss ich erst suchen. – Wartest du solange?« Robin nickt zustimmend.

Die Kollegin folgt mit ihren Worten den Worten von Robin und schlägt dann eine Struktur vor, die sie selber auch in die Position der Handelnden bringt. Sie übernimmt hier Leitung und gibt Robin eine Handlungsmöglichkeit, der er dann ebenfalls folgt.

Dann mischt sich Henry ein, der ebenfalls ein Fahrzeug fährt. Er betont, dass Robin sein Fahrzeug verlassen hat und nun Paul damit fährt. Die Erzieherin bleibt neben Robin in der Hocke sitzen, wendet sich dabei jedoch sehr aufmerksam Henry zu, indem sie ihren Körper in seine Richtung dreht und seinen Ausführungen zuhört. Nun fragt sie Robin: »Hast du verstanden, was Henry gesagt hat?« Robin regiert darauf mit einem Nicken.

Die Erzieherin stellt sich als Zuhörerin und Vermittlerin für beide Kinder zur Verfügung.

Nun beschreibt sie kurz, mit wem die Fahrzeuge aktuell besetzt sind, bevor sie Robin entschlossen fragt: »Ich hole die Sanduhr!?«, worauf Robin sofort mit einem erwartungsvollen »Jaaah!« antwortet. Hier fügt die Kollegin noch die Frage an: »Du wartest solange?«, und erhält noch mal ein zustimmendes Nicken von Robin. Nun steht die Kollegin auf, während sie »Gut!« sagt und Robin dabei noch mal rückversichernd anschaut.

Die Kollegin bleibt mit ihren Beschreibungen auf einer rein sachlichen und lösungsorientierten Ebene. Durch ihre rückversichernden Fragen schließt sie Robin in den Lösungsprozess ein. Für ihn entwickelt sich so das

Warten zu einer positiven, aktiven Handlung, die er nun gerne zu tun scheint.

Während ihrer Abwesenheit wartet Robin an Ort und Stelle. Als dann die anderen Kinder mit den Fahrzeugen vorbeifahren, geht Robin einen Schritt nach vorne und sagt: »Wir holen eine Sanduhr und dann darf jeder fünf oder zehn Minuten!«

Durch ihr ruhiges, sachliches, lösungsorientiertes und zugewandtes Verhalten beugt sie einer Ausgrenzung vor. Robin bringt durch das Wort »wir« die Akzeptanz der Regel zum Ausdruck. Hier bleibt nicht der Regelverstoß, sondern das Erkennen von den Möglichkeiten, die die Prozesse regeln, als Lernerfolg in Erinnerung.

In den drei Beispielen wurden uns Handlungs- und Verhaltensweisen vor Augen geführt, die eine wichtige Bedeutung im zwischenmenschlichen Kontakt haben, um konstruktiv mit Konflikten, die in einer Gemeinschaft immer auftreten, umgehen zu können. Es sind Elemente einer gelungenen Interaktion, die Ausgrenzung entgegenwirken und die Zugehörigkeit zur Gemeinschaft sowie die leibliche, soziale und kognitive Entwicklung fördern (vgl. Prengel, 2013, S. 14).

Im Folgenden werde ich auf die Bedeutung einzelner Handlungen aus den drei Szenen noch näher eingehen. Diese Handlungen, die sich für uns in der Beobachtung als deeskalierend und zielführend herauskristallisiert haben, sind:

- ➢ auf Augenhöhe sein
- ➢ an deiner Seite sein
- ➢ Ruhe ausstrahlen
- ➢ körperliche Anwesenheit
- ➢ Körperkontakt aufnehmen
- ➢ von Wir sprechen
- ➢ beim Bedürfnis bleiben
- ➢ Lösungen anbieten
- ➢ allparteilich sein
- ➢ klare Grenzen setzen
- ➢ keine Entschuldigung verlangen
- ➢ Aufmerksamkeit zeigen
- ➢ zuhören können

Der Statuswechsel

Die pädagogischen Fachkräfte sind in der Interaktion mit den Kindern alle körperlich *auf Augenhöhe*. Sie drücken damit Nähe aus und eine Körperhaltung, die vermittelt, dass sie nicht über dem Kind stehen, auf Verständigung aus sind und die Bereitschaft mitbringen, dem Kind zuzuhören (vgl. Pianta, 2014, S. 129). Statt aus einem ersten Impuls heraus streng oder autoritär handeln zu müssen, vollziehen sie einen Statuswechsel zu einer menschlichen Autorität (vgl. Plath, 2015, S. 15, 27). Durch die Positionierung neben dem Kind zeigen sie: »Ich bin an deiner Seite.« Zugleich verzichten sie darauf, die Kinder mit einem anhaltenden Blick zu konfrontieren. Sie verlangen auch keinen Blickkontakt und laufen so nicht Gefahr, das Kind möglicherweise zu beschämen.

»Verharrt jeder in seiner Rolle, gehen Authentizität des Individuums und die Echtheit von Beziehungen verloren« (Bönsch, 2017, S. 22). Es ist auch davon auszugehen, dass die Veränderung unserer Körperhaltung eine Hilfestellung darstellt, um dem Konflikt mit einer klaren, nicht autoritären Grundhaltung begegnen zu können. Wir werden durch diese körperliche Veränderung die Situation aus einer anderen Perspektive wahrnehmen und intuitiv anders verstehen. »Ich habe gelernt, dass das Gefühl, mit dem mein ganzer Organismus eine Situation wahrnimmt, verlässlicher ist als mein Intellekt« (Rogers, 1976, S. 38).

Präsenz zeigen

Die pädagogischen Fachkräfte haben über ihre Köperhaltung sehr viel Ruhe und die Bereitschaft ausgestrahlt, in der Situation beim Kind zu bleiben. Wenn wir als Erwachsene in einer konflikthaften Interaktion *Ruhe ausstrahlen*, hat das einen deeskalierenden Effekt (vgl. Omer & von Schlippe, 2017, S. 53). Die wichtigste Botschaft des Erwachsenen ist hier ihre *körperliche Anwesenheit*. »Ich bin da und ich bleibe, komme, was da wolle, denn du bist mir wichtig!« Dies ist eine Form von Präsenz, die Stärke vermittelt und dem Kind Sicherheit gibt (vgl. ebd., S. 30). Möglicherweise ist die Körperhaltung für die pädagogischen Fachkräfte eine Hilfestellung zur Selbstkontrolle, um sich nicht zu Handlungen verleiten zu lassen, die eine Eskalationsspirale in Gang setzen. Sie verankern sich regelrecht in der Situation und können aus dieser ruhenden Position heraus ihre Werte und Überzeugungen positionieren.

Verbundenheit herstellen

In den meisten Fällen sind die Kinder, die immer wieder durch aggressives oder oppositionelles Verhalten auffallen, auf der Suche nach echter Aufmerksamkeit. Sie leiden unter ihrer Rolle, die sie zunehmend zum Außenseiter macht. Aus diesem Grund sind *Körperkontakt* sowie Äußerungen wie die Worte »Wir zusammen«, die eine Verbundenheit herstellen, so wichtig. *Wir* finden *zusammen* eine Lösung für das Problem, denn nicht du bist das Problem, sondern es geht lediglich um dein oder euer aktuelles Verhalten. Wir müssen verstehen, dass ein Kind dazugehören möchte, und Worte finden, die diese Zugehörigkeit ausdrücken (vgl. Dreikurs & Soltz, 2008, S. 24).

Das Bedürfnis erkennen und benennen

Wenn wir das Bedürfnis hinter dem Verhalten erkennen und gegenüber dem Kind benennen, fühlt es sich angenommen und respektiert. Nach meiner Erfahrung resultiert aus Respekt wiederum Respekt und das Kind wird auch den weiteren Worten des Erwachsenen leichter zuhören können, da sich die Worte nicht gegen das Kind richten, sondern von ihm und seinem Bedürfnis ausgehen. Wenn das Kind sich mit seinem Bedürfnis verstanden fühlt, erfährt das Nein der Erzieher*innen ein anderes *Gehör*. Das Nein bekommt hier ein anderes Fundament durch das Erkennen des Bedürfnisses des Kindes, da es so ein grundsätzliches Ja zum Kind in sich trägt (vgl. Kokemoor, 2018, S. 247).

Partizipation und Inklusion

Die Qualität pädagogischer Beziehungen ist die Vorrausetzung für Partizipation und Inklusion, da sie Beteiligung ermöglicht und Ausgrenzung entgegenwirkt. Sie verlangt von uns Erwachsenen, gut zu beobachten und *zuzuhören*, um die Kommunikation nicht zu dominieren, sondern auf Augenhöhe zu ermöglichen (vgl. Winklhofer, 2014a, S. 59). Die pädagogischen Fachkräfte zeigen den Kindern gegenüber sehr viel *Aufmerksamkeit*, hören ihnen zu und beobachten ihr Verhalten. Sie sind *allparteilich* und verhalten sich allen Kindern gleichwertig gegenüber. Sie sind nicht wertend und geben den Kindern die Möglichkeit, Bedürfnisse zu äußern sowie eigene Entscheidungen zu treffen. Die Erzieher*innen haben den Kindern in den Konfliktsituationen einen Handlungs- oder Entscheidungsrahmen eingeräumt, und somit einen Rahmen der Selbstbeteiligung geschaffen. Denn echte Partizipation bedeutet, mitwirken, mitgestalten und mitbestimmen zu können (vgl. Hansen et al., 2015, S. 19).

Selbstverantwortung, Werte und Regeln vermitteln

Das Zusammenspiel der einzelnen Handlungen und Verhaltensweisen bringt eine Grundhaltung zum Ausdruck, die es den Fachkräften ermöglicht, den Kindern essenzielle Werte und Regeln zu vermitteln (vgl. Omer & von Schlippe, 2017, S. 20). Die Worte »Nein« und »Stopp« sind wichtig, um Kindern *Grenzen aufzuzeigen*, verhallen jedoch manchmal im Zustand der emotionalen Überflutung. Wenn an die Stelle von Bestrafungen oder Drohungen gegenseitige Achtung rückt, werden die Kinder die Führung durch die/den Erwachsene*n eher akzeptieren (vgl. Dreikurs & Soltz, 2008, S. 84). Durch die Sensibilität, wie die Fachkräfte den Kindern in der Konfliktsituation begegnen, können alle Beteiligten das Gesicht wahren und werden nicht beschämt (vgl. Omer & von Schlippe, 2017, S. 25). In solcher Atmosphäre können die Worte »Nein« und »Stopp« besser verstanden und angenommen werden, da sie nicht ausschließlich als Angriff auf die eigene Person erlebt werden.

Beim Lösen von Konflikten spielt die innere Haltung eine ganz wesentliche Rolle. In dem schon oben angesprochenen Beispiel um Tobi (3.7), in welchem es nach kurzer Zeit zu einer deutlichen Veränderung in seinem destruktiven Verhalten kam, hatten die pädagogischen Fachkräfte große Probleme damit, ihn fast täglich aus dem Gruppenraum entfernen zu müssen. Tobi musste dabei festgehalten oder auch getragen werden und die Kolleg*innen fühlten sich in ihrer Haut dabei sehr unwohl. In der Erörterung dieser schwierigen Situation mache ich den Vorschlag, mit der Haltung einer »Bärenumarmung« in die Situation zu gehen. Es geht dabei darum, das aufgebrachte Kind mit der Intention festzuhalten, ihm Halt zu geben und zu zeigen: »Ich bin da«! (vgl. ebd., S. 44). In der anschließenden Reflexion dieses Verhaltens, circa zwei Wochen später, haben die Kolleg*innen den positiven Effekt dieser Haltungsänderung zum Ausdruck gebracht. Tobi ist zu ihrem Verhalten viel weniger in den Widerstand gegangen und ihnen hat die Änderung der Grundeinstellung, mit der sie Tobi festgehalten haben, ebenfalls mehr Halt und eine Art Berechtigung gegeben, dies zu tun.

Das Machtgefälle zwischen Erwachsenen und Kindern hat sich deutlich verändert und es ist heute nicht mehr so entscheidend, aus welcher Rolle heraus wir unsere Werte vermitteln, sondern vielmehr geht darum, wie wir dies tun (vgl. Juul, 2012, S. 15). Die Konfliktbegleitung, die eigentlich immer von starken Emotionen begleitet wird, ist eine bedeutungsvolle pädagogische Aufgabe mit hoher Verantwortung für die Entwicklungsverläufe von Kindern (vgl. Hauch-Schnabel & Bensel, 2017, S. 46).

6.5 Der Weg der schrittweisen Dezentrierung

Es ist eine große Herausforderung für pädagogische Fachkräfte, Antworten auf wiederkehrende Verhaltensweisen wie Kratzen, Beißen, Hauen oder Spucken zu finden. Angemessene Antworten und Reaktionen, die ein Gegengewicht zu den Gefühlen der Hilflosigkeit und Ohnmacht darstellen. Gerade unter dem Gefühl der Hilflosigkeit greifen wir Erwachsenen oft auf Verhaltensweisen zurück, die von unseren Affekten gesteuert werden und die das Grundproblem für das schwierige Verhalten des Kindes noch verstärken.

Die Dienstbesprechung muss Raum geben, um schrittweise Abstand von einem zu stark emotionalen Erleben zu erarbeiten. Aus meiner Beobachtung als Berater von Kindertagesstätten scheinen viele Konflikte mit Kindern, mit deren Eltern oder im Team zunächst unüberwindbar, da wir als Protagonist*innen in der Regel emotional zu verwickelt sind. Gerade wenn Kinder immer wieder aggressives oder oppositionelles Verhalten zeigen, berühren uns diese Konflikte emotional. Hier sind es oft unser eigenes emotionales Berührtsein oder unsere emotionalen Ausbrüche, die unsere Gedanken immer wieder um diesen Konflikt kreisen lassen. Aus dieser Position heraus ist es uns nur schwer möglich, einen Ausweg aus dieser Situation zu sehen, und wir erleben eine zunehmende Handlungsunfähigkeit. Hier kann der Griff zum Telefon mit dem Impuls, sich Hilfe zu holen, um eine Veränderung anzustreben, die erste Handlung sein. Im Folgenden möchte ich in sechs Schritten einen Prozess beschreiben, der die innere Distanznahme vom Empfinden (Empfindungserleben) hin zum Handeln (Handlungserleben) beschreibt.

6.5.1 Schritt 1: Problembeschreibung

Ein Team beschreibt mir bei meinem ersten Besuch die Schwierigkeiten, die sie gerade mit der neunjährigen Marie im Hort haben. Marie hat ständig Konflikte mit anderen Kindern und die Art und Weise, wie Marie diese Konflikte austrägt, ist sehr massiv. Sie schlägt oder schubst Andere und ist auch schon mehrere Male mit der Schere auf die anderen Kinder losgegangen. In guten Momenten kann sie sich auch beschäftigen. Sie malt, bastelt oder spielt auch mit den anderen Kindern. Marie lebt mit Geschwistern, Cousinen und Cousins in einer Großfamilie, in welcher Gewalt ein Mittel zu sein scheint, um Konflikte zu lösen. Es ist auch für Marie nicht außergewöhnlich, dass die Polizei regelmäßig vorbeikommt.

Als die pädagogischen Fachkräfte die Gesamtsituation beschreiben, wirken sie rat- und hilflos. Aus dem Gefühl der Hilflosigkeit heraus, welche auch bei ihnen mit Gefühlen von Ohnmacht, Erschöpfung und Resignation einhergeht, fallen die Beschreibungen vom Kind sehr drastisch und dramatisch aus. So wird Marie als Kind beschrieben, welches mit ihrem Verhalten nicht mehr tragbar ist, da sie den ganzen Tag über für Chaos und Konflikte sorgt. Die Fachkräfte formulieren Sätze wie: »Wir sind alle den ganzen Tag damit beschäftigt, Streit zu schlichten oder aufzupassen, damit nichts Schlimmes passiert! Bei dieser besonderen Betreuung, die Marie braucht, bleibt uns natürlich keine Zeit mehr, auf die Bedürfnisse der anderen Kinder einzugehen!« Die Situation scheint ausweglos zu sein.

6.5.2 Schritt 2: Eindrücke sammeln

Als ich im Anschluss in die Beobachtung gehe, erhalte ich wie so oft zunächst ein ganz anderes Bild. Es ist jedoch auch logisch, denn die

Beschreibungen sind sehr stark von den oben beschriebenen Gefühlen geprägt, von denen die pädagogischen Fachkräfte gerade wie überflutet wirken. Natürlich sind nicht alle die ganze Zeit damit beschäftigt, die Konflikte, die auch nicht ständig auftreten, zu lösen. In den zwei Stunden, in denen ich im Hort bin, gibt es nicht einen Konflikt mit Marie. Von den vier Kolleg*innen ist eine Erzieherin damit beschäftigt, in einer Gruppe von Mädchen, zu der auch Marie gehört, Unterstützung bei deren Aktivitäten anzubieten. Diese Beobachtung soll nicht heißen, die Beschreibungen der pädagogischen Fachkräfte seien aus der Luft gegriffen und würden keinen realen Hintergrund haben. Ich möchte nur noch einmal deutlich machen, warum sich in den Beobachtungssituationen, und dies beschreiben auch andere Fachberater*innen, in den meisten Fällen eine andere Realität, die auch nicht zu leugnen ist, abbildet.

6.5.3 Schritt 3: Eindrücke reflektieren

Durch die Videos bin ich kurze Zeit später in der Lage, drei pädagogische Fachkräfte mit dieser Realität zu konfrontieren. Wir sehen, wie Marie darum bemüht ist, Kontakt zu der pädagogischen Fachkraft zu halten. Sie hält sich zwar auch in der Nähe der anderen Kinder auf, doch diese und deren Aktivitäten scheinen Marie in dieser Situation nicht so wichtig zu sein. Sie hält sich tendenziell immer in der Nähe einer Erzieherin auf und versucht verstärkt auf sich aufmerksam zu machen, wenn sich ein anderes Mädchen um die Aufmerksamkeit der Erzieherin bemüht. Sehr deutlich wird dies, als es um das Anziehen der Inliner geht, die sich einzelne Kinder gerade aus einem Schuppen holen. Als ein Mädchen die Erzieherin um Unterstützung beim Anziehen der Inliner bittet, nimmt sich Marie spontan auch Inliner und fordert Hilfe beim Anziehen ein. Sie lässt jedoch sofort wieder davon ab, Inliner fahren zu wollen, als die Erzieherin von den anderen Mädchen zum Zaun gerufen wird, wo diese Beeren pflücken. Marie folgt sofort der Erzieherin auf dem Weg zu den Mädchen.

Diese Szenen machen Maries Durst nach Aufmerksamkeit deutlich. Im Vordergrund ihrer Bemühungen stehen die Beziehungen zu den Anderen und es entstehen kaum eigene Handlungsideen. Marie scheint sich ihr Selbstbewusstsein hauptsächlich durch die Aufmerksamkeit und Zuwendung der Erwachsenen zu holen. Sie scheint es nicht hinreichend gelernt oder erfahren zu haben, ihr Selbstbewusstsein über Handeln oder Spielen zu erleben. Auch wenn die Videos, die Maries Verhalten zeigen, die von uns angestellten Interpretationen zulassen, versuche ich das Team noch über zwei Erfahrungsberichte darin zu unterstützen, die Dimensionen der Verhaltensweisen sowie unsere Reaktionen darauf besser einordnen zu können.

Ich erzähle dem Team zunächst die Geschichte von Melek. Denn wir erleben hier eine ähnliche Situation wie bei der kleinen Melek (siehe Kapitel 6.2), doch mit dem wesentlichen Unterschied, dass Marie deutliche Handlungsansätze zeigt, die von den Fachkräften im Gespräch als die guten Momente beschrieben wurden.

Diese guten Momente werden von uns Erwachsenen auch als gut empfunden, weil uns das Kind dann für einen Moment zufriedenlässt. Wir genießen diese guten Momente und kommen jetzt nicht auf die Idee, uns dem Kind, welches uns gefühlt sonst kaum von der Seite weicht, zuzuwenden. So erhalten diese Kinder erst wieder Zuwendung, wenn wir eine Erwartung an sie richten oder sie ein negatives Verhalten zeigen.

Ein Kollege beschreibt den vierjährigen Erik (siehe Kapitel 6.4), der immer seine Nähe sucht, sich nicht allein beschäftigen kann und es auch nicht aushält, wenn sich die anderen Kinder von ihm entfernen. Er wird sofort aggressiv, beschimpft oder schlägt die Kinder oder die pädagogischen Fachkräfte. Der Vater von Erik tritt in seinem Leben nicht mehr in Erscheinung und seine sehr junge Mutter gibt ihn sehr, sehr häufig bei ihren eigenen Eltern ab, da sie sich als junge alleinerziehende Mutter überfordert fühlt. Während meines dritten Besuches spielt Erik über 20 Minuten allein mit einer Schaufel hinter einem Schuppen auf dem Außengelände. Er wirkt vertieft, schaufelt das Herbstlaub zur Seite und sucht kleine Steine, die er in einer kleinen Blechdose sammelt. Als ich dem Kollegen, der sich auch die ganze Zeit auf dem Außengelände aufhält, diese Bilder zeige, fragt er sich selbst, warum er nichts von den Aktivitäten von Erik mitbekommen habe. Wir haben uns über das entlastende Gefühl, den Moment der Entspannung unterhalten, welcher vorherrscht, wenn ein Kind, das im pädagogischen Agieren sehr viel Raum einnimmt, nicht in Erscheinung tritt. Die Videoaufnahmen geben dem Kollegen nun die Möglichkeit, sich mit dem vertieften Spiel des Jungen zu beschäftigen.

Und sich auch darüber zu freuen. Er ist begeistert und es ist ihm sofort klar, dass diese Begeisterung auch bei Erik ankommen muss, um sich noch stärker mit seinem Handeln in Verbindung zu bringen. Beim Betrachten weiterer Bilder werden wir auf eine Szene aufmerksam, in welcher Erik dem Kollegen die Blechdose mit den gesammelten Steinen zeigt. Der Kollege begibt sich dabei in die Hocke und betrachtet die Dose. Nun hält Erik dem Erzieher die Dose so hin, dass dieser seine kleinen Schätze darin sehen kann. Eine schöne Szene, die verdeutlicht, dass der Erzieher schon seine Anteilnahme oder Aufmerksamkeit für die Handlung von Erik gezeigt hat. Im Anschluss haben die beiden noch die Dose in einen Abstellraum eingeschlossen, weil Erik für seine Dose einen sicheren Platz gesucht hat.

Die Bilder und das Gespräch zeigen, wie viel positive Ereignisse in dieser Beratungssituation bereits stattgefunden haben, und es so wichtig, uns die Bedeutung dieser Bilder und Szenen vor Augen zu führen.

Die Berichte von Melek und Erik sollen den Kolleg*innen helfen, mehr Distanz zu ihren eigenen inneren Bildern aufzubauen, die sehr stark von den zurzeit noch dominierenden Gefühlen von Ohnmacht und Ratlosigkeit bestimmt werden.

6.5.4 Schritt 4: Ein neuer Eindruck

Bei einem weiteren Besuch im Team kann ich folgende Beobachtung machen. Marie sitzt mit drei Mädchen am Tisch und bastelt. Während die drei anderen Mädchen auf ihren Stühlen sitzen, hockt Marie nur so halb auf dem Stuhl und hinterlässt den Eindruck, gleich wieder aufspringen zu wollen. Auch wenn sie sich hier nun länger einer Handlung widmet, deutet ihre Körpersprache darauf hin, dass sie noch nicht so vertieft ist. Sie wirkt noch etwas unruhig und schaut auch immer wieder im Raum umher. Einen kurzen Moment später springt sie auf und begibt sich zu einem Erzieher, um ihr gebasteltes Objekt zu zeigen. Der Kollege beugt sich etwas vor und folgt nun Marie zu einem kleinen Tisch, auf welchem sie ihre Handlungen fortsetzt. Nach einem Moment setzt sich der Erzieher zu Marie und kommentiert und betrachtet ihre Aktivitäten. Dies ist nur ein kleiner Ausschnitt von mehreren ähnlichen Szenen, die sich an diesem Nachmittag abspielen. Ich bin mit den Eindrücken sehr zufrieden, da Marie, nach meiner Beobachtung, mehr in Handlungen ist und sich auch der Erzieher sehr schön auf ihre Aktivitäten einlässt. Diese Szene wird auch Gegenstand der Betrachtung in der nächsten Dienstbesprechung, da wir an diesem Tag wegen Personalmangel nicht die Möglichkeit haben, die Bilder direkt gemeinsam zu betrachten. Natürlich soll hier insgesamt nicht der Eindruck erweckt werden, als würden die schwierigen Momente mit Marie gar nicht mehr vorkommen.

6.5.5 Schritt 5: Differenzierung und Relativierung

In der Dienstbesprechung lasse ich die pädagogischen Fachkräfte zunächst berichten, wie sich die Situation um Marie gerade darstellt. Eine Kollegin beginnt zu erzählen, der Umgang mit Marie wäre entspannter. Es würde ihr gelingen, sich deutlich länger zu beschäftigen. Sie hatte in der letzten Woche mit einem Jungen, zu dem sich eine Freundschaft zu entwickeln scheint, eine große Collage gebastelt. Die Kollegin beschreibt dann, wo und wie sie die Collage zusammen aufgehängt haben.

In ihrer komplexen Beschreibung der Situation wird deutlich, wie gut sie Marie in ihrem Handeln beobachtet und wahrgenommen hat. In der Regel kommt dieses Beobachten und Wahrnehmen der Aktivitäten der Kinder auch bei den Kindern an. Sie fühlen sich gesehen und machen die so wertvolle Erfahrung der Selbstwirksamkeit. Die Handlung erhält dadurch für das Kind noch mehr Bedeutung und es steigert sein Engagement.

Ich teile den Kolleg*innen diese Gedanken dazu mit und frage nach, ob die schwierigen Momente denn auch weiter in der Häufigkeit auftreten. Darauf antwortet sofort ein Kollege und sagt: »Ja, es gab vorgestern eine Situation, in welcher Marie mit Bauklötzen geworfen hat!« – Worauf ein anderer Kollege einwirft: »Das hat Marie jedoch nicht allein gemacht, sondern sie war Teil einer Gruppe von mehreren Kindern!« – »Also ist dies nicht einer von den für Marie charakteristischen Konflikten?«, werfe ich fragend ein. »Stimmt!« – »Nein, es ist nicht als ein Konflikt zu bewerten, den wir ausschließlich Marie zuschreiben!« – »Außerdem war es auch nur für uns eine gefährliche Situation, die Kinder hatten beim

Werfen mit den Klötzen untereinander gar keinen Konflikt, sondern ihren Spaß!«

Ich frage erneut, wann dann der letzte schwierige Moment mit Marie gewesen wäre. Worauf die beiden Kollegen einen Moment überlegen müssen und allein dieser Moment des Überlegens macht mir deutlich, dass alle im Raum nicht mehr überflutet werden von dem Gefühl der Ohnmacht, welches uns sofort jede Menge Konfliktbilder vor Augen führt.

Dann antwortet wieder ein Kollege und sagt: »Ich habe letzte Woche eine Auseinandersetzung mit Marie gehabt. Sie hat einem Mädchen einen Stift weggenommen und wollte diesen nicht zurückgeben!« Ich frage: »Und wie ist der Konflikt ausgegangen?« – »Ich habe auf Marie eingeredet und konnte sie überzeugen, den Stift zurückzugeben«, antwortet der Erzieher anschließend. Worauf ich sage: »Marie ist also auch in der Lage, mit Unterstützung bei Konflikten einzulenken!« – »Ja!«, sagt der Kollege – und bei einem Blick in die Runde können alle dieser Einschätzung zustimmen.

6.5.6 Schritt 6: Prozessbeschreibung

Wir sind immer noch in der Dienstbesprechung und ich fasse für die pädagogischen Fachkräfte meinen Eindruck zusammen. Ich gehe noch einmal auf die differenzierten Beschreibungen der Kolleg*innen in Bezug auf die Handlungen, Beziehungen und Konflikte von Marie ein. Es wird deutlich, dass es allen gelungen ist, mehr Distanz zu der Situation mit Marie aufzubauen. Ich betone, dass wir unter dem Einfluss von Stress und Überforderung kaum in der Lage sind, Situationen so differenziert zu beschreiben. Ich gehe noch mal auf die Darstellungen der Konfliktsituationen von den Kollegen ein. Es war sehr interessant, wie beide in der Beschreibung der Konflikte die Situationen immer mehr relativiert haben und sich so der erste Eindruck verändern konnte. Hier bildet sich der Entwicklungsprozess des Teams, in Bezug auf die Geschichte um Marie, ab. Es ist der Prozess der inneren Distanznahme und des gemeinsamen Lernens, der die Qualität der pädagogischen Arbeit erhöht und in dieser Form erst über das Coaching möglich war (vgl. Pianta, 2014b, S. 140). Es ist auch der Prozess von einem stark *emotionalen* Erleben hin zu einem *rationalen* Erleben. Wir können es auch beschreiben als den Prozess des Grübelns und Sich-Sorgens hin zum gezielten Beobachten, Reflektieren, Entwickeln und Handeln.

6.5.7 Schritt 7: Die Handlungsebene betonen

Damit sich dieses Erleben und reflektierte Wahrnehmen fortsetzt und wir weiter auf der Handlungsebene bleiben, zeige ich die oben schon beschriebene Videosequenz, die ich beim letzten Besuch gemacht habe. Diese Bilder können den pädagogischen Fachkräften hier noch einmal die Veränderungen, die Marie in den letzten Wochen gemacht hat, vor Augen führen. Marie ist mehr in Handlung, für kurze Momente vielleicht sogar darin versunken. Sie handelt in der Gruppe, auch wenn sie damit noch nicht so integriert ist. Sie sucht noch stärker die Bestätigung durch den Erwachsenen. Sie erhält die Zuwendung durch den Erwachsenen, der uns im Filmausschnitt zeigt, wie differenziert und vielschichtig sich diese Zuwendung darstellt. Es gibt ein Lächeln, ein zustimmendes Nicken sowie zustimmende Worte des Kollegen, der noch leicht nach vorne gebeugt neben dem Arbeitsplatz von Marie steht. Er stützt sich dabei mit einem Arm auf dem Tisch, an welchem Marie arbeitet, ab und drückt durch seine der Aktivität zugewandte Körperhaltung sein Interesse aus. Dann unterstreicht der Erzieher sein Interesse, indem er sich zu Marie an den Tisch setzt. Das Hinsetzen drückt aus: »Ich nehme mir Zeit für dich.«

Wir gehen also im doppelten Sinne wieder auf eine Handlungsebene. Wir schauen uns als Team diese Bilder an und betrachten die Bedeutung der scheinbar alltäglichen Handlungen. Wir reflektieren gemeinsam diese Bilder und helfen uns damit, zukünftig die Bedeutung von scheinbar alltäglichen Interaktionsmomenten bewusster wahrzunehmen. Hier wird auch die so wichtige Bedeutung von pädagogischem Handeln hervorgehoben.

Als ich mit meiner Kollegin die Dienstbesprechung verlasse, reflektieren wir kurz das gerade Erlebte und sind uns einig, dass die Ohnmacht gewichen ist und die Aussage »Marie ist so nicht mehr tragbar« nicht mehr im Raum steht.

7 Von inneren und äußeren Bildern

7.1 Das Problemtrauma

Wenn wir uns die Frage stellen, warum es häufig zu reglementierenden und somit nicht wertschätzenden Ansprachen in Bezug auf das Verhalten oder Handeln eines Kindes kommt, müssen wir uns auch mit dem Thema Problemfixierung beschäftigen. Eine Problemfixierung bei pädagogischen Fachkräften kann ich beobachten, wenn keine positiven Momente mit dem entsprechenden Kind gesucht oder gesehen werden können, selbst wenn sich das Kind positiv zeigt. Ein regelrechtes Problemtrauma kann bei Eltern entstehen, wenn sie sehr stark in Kontakt mit Sorgen, Ängsten, Befürchtungen und gesellschaftlichem Druck in Bezug auf die Entwicklung ihres Kindes sind. Bei einer Problemfixierung oder einem Problemtrauma wirken die Erwachsenen in den Beratungsgesprächen oft erschöpft, resignativ und ratlos, wenn sie über das problematische Kind sprechen. Ihre Worte und Beschreibungen zum Kind sind dann Ausdruck ihrer eigenen Wirklichkeitskonstruktion, die sich aus ihren inneren, meist Sorgenbildern speist. Die inneren Bilder bestimmen dann das Handeln, das Denken und das Fühlen des Menschen (vgl. Esser, 2009, S. 54). Diese inneren Bilder werden immer hartnäckiger, solange Ängste, Sorgen, Überforderung und Ohnmacht den Alltag der Eltern oder pädagogischen Fachkräfte dominieren. Diese Ängste und Sorgen beziehen sich nicht nur auf das Kind, sondern auch auf die eigene Kompetenz in Bezug auf die Erziehung und Begleitung des Kindes.

In dem folgenden Beratungsanliegen geht es wieder einmal um ein Kind, welches andere Kinder haut, kratz, schubst und beißt. Phillip wird mir von den pädagogischen Fachkräften als ein bewegungsfreudiges Kind beschrieben, welches immer wieder Konflikte mit anderen Kindern sowie den pädagogischen Fachkräften provoziere. Ich erhalte in einem kurzen Vorgespräch auch ein paar Informationen zur momentanen Lebenssituation von Phillip, der gerade vier Jahre alt geworden ist. Seine Eltern haben sich getrennt und etwa vor einem Jahr ist sein kleiner Bruder geboren. Sein kleiner Bruder scheint nach Aussage der Fachkräfte in der »Familie« sehr viel Raum einzunehmen, da er eine leichte Körperbehinderung hat. Als ich die Frage stelle, wie lange Phillip denn schon dieses herausfordernde Verhalten zeige, wird den Fachkräften der Zusammenhang zu seiner Lebenssituation sehr deutlich. Doch scheinbar unberührt von diesem Zusammenhang beginnt eine Fachkraft mit einer weiterführenden Beschreibung des Kitaalltags. »Der Tag hat noch nicht ganz begonnen und schon ist es wieder soweit! Phillip haut oder beißt ohne erkennbaren Grund ein anderes Kind. Da hilft dann auch kein Nein mehr!« – »Ja, es scheint nicht zu wirken, das ignoriert der!«, wirft eine andere Kollegin ein. »Wir haben auch schon mit den Eltern gesprochen, doch es hat nicht verändert!«, fügt dann die andere Kollegin an.

Die Reaktionen der pädagogischen Fachkräfte machen deutlich, dass sie aus ihrer Perspektive, ihrem eigenen Leiden, das Leid des Kindes nicht mehr hinreichend erspüren, um es auch lindern zu können. Das Leiden der Erwachsenen entsteht hier aus dem Zusammenhang von subjektiven Bewertungen, äußeren Belastungsfaktoren sowie dem Eindruck vom persönlichen Umgang damit (vgl. Ebring, 2014a, S. 235).

Als ich das Außengelände der Kindertagesstätte betrete, um Phillip zu beobachten, befindet sich dieser inmitten einer Gruppe von Kindern, die gerade über ihn reden. »Phillip, du sollst nicht immer treten.« – »Mich hat er gestern gekniffen!«, sind die Worte eines Jungen und eines Mädchens, die beide eine Schaufel in der Hand haben, um damit eine kleine Schubkarre zu beladen. »Der kneift immer!«, sagt ein anderes Mädchen, bevor ihr Phillip mit seiner Schaufel ein wenig Sand entgegenschleudert, um seinem Unmut zu den Worten der Kinder Ausdruck zu verleihen. Nun gesellen sich die Worte »Nein Phillip, nicht mit Sand schmeißen!« einer Erzieherin dazu. Als die Kinder bald darauf anfangen, Sand in die Schubkarre zu laden, verlässt Phillip die kleine Gruppe der Kinder und klettert auf das Fundament des Zaunes, der das Außengelände umgibt. Hier wird er umgehend von einer anderen Fachkraft angesprochen, die ihn darauf hinweist, vom Zaun zu klettern. Phillip folgt der Anweisung und holt sich einen kleinen Besen und zieht den lustlos hinter sich her. Er umkreist die Gruppe der Kinder, während diese eine Schubkarre mit Sand beladen und sich dabei fröhlich über ihre Aktivitäten austauschen. Sie bilden eine kleine Gemeinschaft, zu welcher Phillip gerade keinen Zugang bekommt. Die Kinder verlieren sich in ihrem Spiel mit der Schubkarre sowie dem Gefühl, in einer Gemeinschaft zu handeln. Phillip ist weder mit dieser Gemeinschaft verbunden, noch gibt es gerade eine Aktivität, die ihn bindet. Als ich gerade diese Gedanken habe, begibt sich Phillip zu einer anderen Schubkarre und schiebt diese kreuz und quer über das Außengelände. Möglicherweise nutzt er das gleiche Objekt wie die anderen Kinder, um sich darüber etwas mit ihnen verbunden zu fühlen. Sein Blick geht dabei nach außen, als würde er etwas Bestimmtes suchen. Es scheint kein Ziel zu geben und in der Art, wie er die Karre schiebt, ist auch noch kein Spiel, sondern ein Festhalten an der Schubkarre zu beobachten. Er geht weiter mit seiner Schubkarre über das gesamte Außengelände, bleibt hier und da mal stehen und schaut sich suchend um. Dann steuert er auf einen Jungen zu, der auf ein Podest am Zaun klettert. Phillip folgt diesem Jungen auf das Podest und beide beginnen einen Bagger zu beobachten, der sich auf der anderen Straßenseite befindet. Hier beginnt ein schöner Dialog der beiden Jungen über den Bagger. Sie sind fasziniert von dem großen Schaufelarm und machen mit ihren eigenen Armen und Händen die Bewegungen des Baggers nach. Ich kann dieses Spiel der beiden Jungen, die danach noch zusammen mit der Schubkarre spielen, eine geraume Zeit beobachten. Nach einer Weile fällt mir auf, dass ich mit meinen Beobachtungen von Phillip ganz allein bin, da sich die pädagogischen Fachkräfte alle am anderen Ende des Außengeländes befinden, dort, wo sich das aktuelle »Problemkind« gerade nicht befindet.

Ich beobachte hier den Rückzug von der Belastung, die mit Phillip in Verbindung gebracht wird. Wie schon oben beschrieben, erleben wir die Momente, in denen Kinder wie Phillip für sich oder auch mit Anderen spielen, als große Entlastung und nutzen die Gelegenheit, um uns zu regenerieren. Dieser Rückzug wird jedoch vom Kind nicht als positiv empfunden, da es die Aufmerksamkeit der/des Erwachsenen dann immer nur in den schwierigen Momenten erhält und in seinen positiven Momenten eher auf sich gestellt bleibt. Bei Phillip dockt das Erleben des Alleingelassenseins genau an seine Realität in seiner Familie an und es ist eine Frage der Zeit, wann er den nächsten Konfliktmoment nutzt, um sich die Aufmerksamkeit der Erwachsenen zu sichern.

Es liegt auf der Hand, dass hier eine wohlwollende, umsorgende Haltung dem Kind gegenüber gefordert ist, um den Teufelskreis, in welchem sich diese Kinder befinden, zu durchbrechen (vgl. Kalicki, 2014a, S. 50). Doch auch wenn uns dieses beim Lesen dieser Zeilen eine logische Konsequenz ist, scheint es hier bei den pädagogischen Fachkräften auf dem Hintergrund des Belastungsgefühls nicht möglich zu sein, wohlwollend und feinfühlig auf das Kind zuzugehen. Hier benötigen die pädagogischen Fachkräfte dringend eine Möglichkeit, die Perspektive des Kindes einzunehmen, um wieder eine emotionale Nähe zu ihm aufbauen zu können, die sich durch ein aufrichtiges Interesse am Kind und seinem Handeln ausdrückt. Denn es ist echtes Beziehungserleben, welches das Fundament darstellt, um die sozialen Herausforderungen zu bewältigen und dem Kind das so wichtige Gefühl der Zugehörigkeit zu vermitteln (vgl. Ziegenhain & Fegert, 2014a, S. 34).

In dem Beratungskontext entscheiden wir uns für die Durchführung einer Dienstbesprechung, um uns über die Bilder die herausfordernden Momente mit Phillip vor Augen zu führen. Bei der Betrachtung der Videosequenzen wurde für alle Beteiligten schnell deutlich, dass es zwar herausfordernde Momente gibt, doch die positiven Momente absolut überwiegen. Vor dem Hintergrund der Trennung der Eltern und der besonderen Situation mit seinem Bruder war im Rahmen der Dienstbesprechung auch viel Verständnis für das Verhalten von Phillip erkennbar. Die pädagogischen Fachkräfte trafen die Vereinbarung, sich häufiger und gezielt zu den positiven Momenten von Phillip in Beziehung zu setzten. Weiter wurde ein Gespräch mit beiden Elternteilen vereinbart, um ihnen die positiven Verhaltensweisen ihres Sohnes zu zeigen und sie somit von ihren Sorgenbildern zu entlasten. Es waren in der Folge zwei weitere Beratungen nötig, um die pädagogischen Fachkräfte zu entlasten und Phillip zu unterstützen, sich von der Rolle des schwierigen Kindes, die er ja auch schon bei einzelnen Kindern hatte, zu entlasten.

7.2 Die Bedeutung von Handlung, Beziehung und Ort

Noah benötigt nach Aussagen der Fachkräfte permanent eine Eins-zu-eins-Betreuung. Wenn er diese nicht erhält, ist er häufig in Konflikte mit anderen Kindern verwickelt. In der Regel ist eine Person damit beschäftigt, mit Noah ein Gesellschaftsspiel wie beispielsweise Uno zu spielen. In diesen Spielen mit klaren Regeln läuft es dann recht gut, auch wenn Noah im Spiel gerne bestimmen möchte. Das Gefühl von Noah, manipuliert oder bevormundet zu werden, wird von den Erzieher*innen grundsätzlich als sehr anstrengend erlebt. In den Freispielphasen hat er große Schwierigkeiten, sich alleine oder auch mit anderen Kindern zu beschäftigen. Manchmal gibt es jedoch kurze Momente, in denen es Noah gelingt, für sich alleine zu spielen. In diesen Situationen hegen dann alle die Hoffnung, es möge immer so sein. Mit diesem Gefühl geht der Impuls einher, ihn jetzt bloß nicht zu stören, um sich anderen Kindern oder Aufgaben widmen zu können.

Bei meinem Besuch kann ich einen dieser Momente mit der Kamera festhalten. Noah, der viereinhalb Jahre alt ist, spielt mit ein paar Schleichtieren. Er ist jedoch während seines Spiels immer wieder mit der Beobachtung der anderen Kinder beschäftigt. Nach einer Weile wird deutlich, dass Noah nicht hinreichend in sein Spiel vertieft ist. Als er dann sein Spiel abbricht, aufsteht und zu den anderen Kindern geht, gibt es direkt einen der häufigen Konflikte, da sich diese sofort durch ihn gestört fühlen. Eine Kollegin kommt in die Situation, um den Konflikt zu entschärfen. Sie bittet Noah, die anderen Kinder in Ruhe spielen zu lassen, und fordert ihn auf, erst seine Schleichtiere wegzuräumen, wenn er damit nicht mehr spielen möchte. Doch Noah verweigert sich dieser Anweisung und wechselt nun in die vertraute Rolle des Provokateurs. Er zeigt sich dabei uneinsichtig und sehr redegewandt. Die Kollegin erlebt sich wieder einmal in einem Konflikt mit ihm und wirkt zunehmend hilflos.

Wir schauen uns die Szene, in der Noah mit den Schleichtieren spielt, am nächsten Tag in der Dienstbesprechung an. Hier wird den pädagogischen Fachkräften deutlich, dass sich Noah nicht wirklich in sein Spiel vertieft. Er scheint die Figuren fast nur zu berühren, während er mit seinen Augen immer wieder zum Spiel der anderen Kinder schaut. In seinem beobachtenden Blick wird auch sein Bedürfnis nach Beziehung deutlich, welches jedoch von den anderen Kindern in dieser Situation nicht erwidert wird. In der anschließenden Verweigerung, die Schleichtiere wegzuräumen, geht er in die ihm schon sehr vertraute Konfliktbeziehung.

Ich beobachte in der Beratung sehr viele solcher Szenen. Kinder wie Noah definieren sich sehr stark über die Beziehungsebene und es gelingt ihnen nur für kurze Zeit, in Handlung zu kommen (vgl. Kokemoor, 2018, S. 231). Bei Noah scheint möglicherweise auch die Trennung seiner Eltern, die schon seit drei Jahren besteht, einen Anteil daran zu haben. Auch sie beschreiben den Alltag mit Noah als sehr anstrengend, da er ständig ihre Aufmerksamkeit einfordere und sich nur selten alleine beschäftige. Er wolle auch immer alles bestimmen, provoziere viele Konflikte herauf und lasse sich am besten mit bewegten Bildern auf dem Tablet oder dem Fernsehen beruhigen. Weiter beschreiben beide Eltern, die sonst in der Vorstellung von Erziehung wenig Übereinstimmungen zeigen, als wie erholsam sie die Momente empfinden, in denen Noah sich so ruhig verhält.

In der Beschreibung der Eltern sowie meiner Beobachtung in der Kita wird wieder die gleiche Dynamik deutlich, in der sich die Erwachsenen befinden. Bei einem Kind, welches uns herausfordert, indem es oft Konflikte heraufbeschwört, genießen wir, wie schon in der Geschichte um Phillip beschrieben, die Momente, in denen es sich allein beschäftigt. Wir nutzen dann diese Momente, um uns zu erholen oder anderen Aufgaben nachzugehen. Dies ist auch ein legitimes Bedürfnis und aus der Perspektive der Erwachsenen ein nachvollziehbares Verhalten. Doch durch diesen Rückzug bleibt das Kind in seinem Spiel alleine und wir erleben das Kind vom Gefühl her häufig nur in den Konfliktmomenten.

Es braucht eine Gegenbewegung, denn das Kind benötigt unsere Aufmerksamkeit vor allem in Momenten, in denen es ein eigenes Spiel oder Handlungen aus intrinsischer Motivation heraus zeigt, mögen diese auch noch so kurz oder zart sein. Genau in solchen Situationen braucht das Kind die Aufmerksamkeit sowie die Worte der Erwachsenen, die seine Initiativen und sein Spiel begleiten. Durch das Erleben von Zugehörigkeit und sozialer Einbettung wird die intrinsische Motivation weiter gefördert (vgl. Kalicki, 2014a, S. 50). Das Kind braucht das Gefühl, spielend oder handelnd in unseren Augen zu existieren (vgl. Bauer, 2017, S. 22). Kinder wie Noah müssen lernen, sich stärker über das Spiel oder die Handlung zu definieren, damit ihre Abhängigkeit von den Beziehungen nicht ihr Selbsterleben bestimmt. Wenn sich die Bindung zum Spiel oder zur Handlung vertieft, entsteht darüber hinaus oft gleichzeitig eine Verbindung zu dem Ort, an dem diese Handlungen ausgeführt werden.

Bei meinem nächsten Besuch ist Noah in der Bauecke, in welcher er beginnt, eine Art Gehege um ein paar Schleichtiere herum zu bauen. Ich freue mich zu sehen, wie die Fachkraft am Boden sitzt und dieses Spiel mit Worten begleitet. Auch hier signalisiert die Fachkraft, die neben dem Kind am Boden sitzt, unbewusst: *Ich habe Zeit.* So hilft sie dem Kind, sich besser mit dem Ort und der Situation zu verankern. Es wird deutlich, dass Noah die Anwesenheit genießt. Bei der Konstruktion des Zaunes, den er um die Zootiere baut, folgt er einer visuellen Struktur. Er macht keine Spieltöne, wenn er weitere Tiere in das Gehe stellt, sondern ist mehr damit beschäftigt, die Anzahl der Tiere zu bestimmen. Noah macht hier noch kein Rollenspiel, wirkt jedoch konzentriert und zunehmend engagiert, da er durch die Erzieherin in seinem Spiel begleitet wird. Er beobachtet jetzt nicht, was die anderen Kinder machen, sondern bleibt bei seinen Aktivitäten.

Natürlich können wir ein Kind wie Noah nicht den ganzen Tag begleiten, da es auch noch andere Aufgaben in der Kita oder zu Hause zu tun gibt. Doch die Momente der Entwicklungsbegleitung, in denen wir mit unseren Augen, Worten und Emotionen ausschließlich bei den Initiativen des Kindes sind, geben dem Spiel eine größere Bedeutung (vgl. Aucouturier, 2005, S. 84). Das Kind erlebt dadurch eine intensivere Verbindung zu seinem Spiel. Wenn wir uns dann anderen Aufgaben widmen müssen, hat es sich als zielführend erwiesen, wenn wir das Kind kurz berühren, wenn wir gehen, und ihm dadurch signalisieren, dass wir zurückkommen. Wenn wir das Spiel des Kindes mit unseren Worten und Emotionen begleiten, sind wir für das Kind oft auch in unserer Abwesenheit noch präsent, erhöhen – wie oben erwähnt – seine intrinsische Motivation, sein Spiel weiterzuführen. Dies wird deutlich, wenn uns das Kind zeigen möchte, was es in der Zwischenzeit gebaut oder gespielt hat. Das Spiel wird dann zu einer Art Übergangsobjekt. In der Folge können wir die Abstände zunehmend verlängern.

In der Folge hat sich das Spielverhalten von Noah deutlich verändert, auch wenn es immer wieder Momente gibt, in denen sich die pädagogischen Fachkräfte mit ihm verwickeln. Das liegt an bestimmten Interaktionsmustern, die sich im Kontakt mit Noah schon eingeschliffen haben. In solchen Situationen laufen wir Gefahr, uns im Denken zu verlieren und die Lösung in einer Diskussion zu suchen.

Als ich vier Wochen später wieder in der Einrichtung bin, spielt Noah mit einer Erzieherin im Bewegungsraum eine Art Baseball. Noah ist in diesem Spiel mit einem Schläger aus Schaumgummi bewaffnet und befördert mit diesem »Baseballschläger« einen Ball in Richtung der Erwachsenen, die als Torwartin zu fungieren scheint. In diesem Spiel scheint es Noah sehr wichtig zu sein, das Spiel und dessen Regeln zu bestimmen. Im Gesicht und der Körpersprache der Erzieherin wird deutlich, dass es wieder ein Duell mit Noah ist, welches das Gefühl hinterlässt, die Unterlegene zu sein. Es hat dadurch irgendwann nichts Spielerisches mehr, da es in der Realität angekommen ist, unter welcher das Team leidet. Noah sagt uns, *wo es langgeht.*

Nun kommt Theo in die Situation und fragt: »Darf ich mitspielen?« – »Nein, wir spielen allein!«, sagt Noah bestimmt, bevor die Erzieherin überhaupt einen Gedanken fassen oder aussprechen kann, welche Meinung sie dazu hat. Dann unternimmt sie einen zaghaften Versuch, indem sie sagt: »Aber wir können doch alle zusammen spielen!« – »Nein!«, sagt Noah unmissverständlich und versteht es, durch seine Entschlossenheit eine sehr klare Grenze zu ziehen. Die beiden setzen das Spiel fort und Theo klettert einen Moment an der Sprossenwand, bevor er einen weiteren Versuch unternimmt, die Erzieherin auch an sich zu binden. »Können wir ein Haus bauen?«, fragt er erwartungsvoll, mit einem auffordernden Blick in Richtung der Erzieherin. Die Kollegin überlegt einen Moment und richtet die gleiche Frage an Noah: »Noah, wollen wir zusammen ein Haus bauen?« – Seine Antwort kommt prompt: »Nein!«

Nun steht die Erzieherin zwischen den Stühlen. Man merkt ihr ihre Verunsicherung an und sie beginnt nach Argumenten zu suchen, um dem klaren Nein von Noah etwas entgegenzusetzen. Doch sie spricht nicht nur, sondern beginnt zusammen mit dem anderen Kind ein Haus zu bauen. Dieses Projekt wird begleitet durch viele Worte und Argumente aus beiden Lagern. »Komm Noah, wenn wir es zusammen bauen, sind wir schneller fertig und können dann noch Ball schlagen spielen!« Worauf Noah sofort erwidert: »Nein, wenn das Haus hier steht, ist gar kein Platz mehr da und außerdem ist dann Mittagessen!« Die Erzieherin baut und spricht weiter und Noah ist nur damit beschäftigt, sich zu beschweren und damit zu drohen, seine Eltern anzurufen, während langsam ein kleines Haus entsteht. Doch auch wenn das Haus wächst, droht die Stimmung zu kippen. Alle drei Personen im Raum wirken unzufrieden, nicht in ihrer Kraft. Nun erhalte ich einen Blick von der Erzieherin, der so viel sagt wie: »Was kann ich tun?«

Ich folge meinem inneren Impuls, gehe zu der Kollegin und sage: »Krieche in das Haus!« Worauf sie mich fragt: »Und dann?« – »Warte, was du dann empfindest, und spreche in Bildern.« Die Erzieherin kriecht bäuchlings unter die Weichbodenmatte, die nun als Dach dient. Es ist alles sehr eng, da die Mauer, auf der das Dach liegt, nur aus einer Schicht Bausteine besteht. »Oooh, das ist aber eng und dunkel!«, ist es nun von ihr zu hören. Worauf Theo in Windeseile ebenfalls in das Haus kriecht und sagt: »Ja, eng und dunkel, wie ein Höhle!« Allein diese Bilder von einer engen, dunklen Höhle laden Noah, ohne weitere Worte, dazu ein, sich auch bäuchlings in die Höhle zu begeben. Sie krabbeln und robben durch die wirklich sehr enge *Höhle* und pressen mit aller Kraft ihre Rücken gegen die Weichbodenmatte, die sich dabei leicht anhebt. »Oh, wir heben das *Dach* hoch!«, sagt Noah, und Theo folgt mit den Worten: »Ja mit aller Kraft!«

Wir müssen die Kraft der inneren Bilder nutzen, um den Kindern zu helfen, in ein kreatives Spiel mit scheinbar unbegrenzten Möglichkeiten und Chancen zu kommen. Die Situation ändert sich völlig. Die Kinder sind wieder im Spiel und Noah spricht jetzt sogar von »wir« – er, der vorher auf keinen Fall zulassen wollte, mit Theo zusammen zu spielen. Es gelingt ihm auch augenblicklich, aus seinem Denken ins reine oder überwiegend körperliche Erleben zu kommen.

Das symbolische Spiel erlaubt den Kindern, zwischen der Realitätsebene und der Fantasieebene zu wechseln. Es ist wie ein Hin- und Herwandern zwischen den Welten (vgl. Schulte-Markwort, 2019, S. 86). Durch die intensiven körperlichen Erfahrungen, die die Kinder hier im Bewegungsraum machen, und die damit verbundenen Emotionen werden weiter innere Bilder freigesetzt (vgl. Esser, 1995, S. 49f.). Das imaginäre Erleben ist an das unbewusste Erleben gebunden und hat seine Wurzeln in dem frühen tonisch-emotionalen Erleben mit den Eltern (vgl. Hobson, 2003, S. 43). Bernard Aucouturier spricht auch hier von den Spielen der tiefgreifenden Rückversicherung, welche insbesondere über das körperliche Erleben ihre Wirkung haben und die Kinder stabilisieren (vgl. Esser, 2009, S. 22). Es ist jedoch nicht nur das körperliche Erleben, sondern auch gerade die Verbindung zu inneren Bildern, wie beispielsweise der Höhle, die dann in eine Geschichte, ein Rollenspiel eingebettet sein können.

In der Folge verwenden Noah und Theo ihre ganze Kraft, um letztlich mit viel Getöse gemeinsam das Dach anzuheben. Nun steht die Weichbodenmatte hochkant, während ein paar Mädchen, durch das Getöse angelockt, den Raum betreten. Doch niemand ist zu sehen, der dieses Getöse gemacht haben könnte, da sich Noah und Theo hinter der Wand befinden. »Wir sind hier, wir sind im Gefängnis!«, ruft Noah und fordert damit die Mädchen auf, nach ihnen zu schauen. Dann stoßen Theo und Noah die Weichbodenmatte um und schreien: »Ausbruch!« – Was die Mädchen sofort dazu animiert, sich *aus Spaß* in Polizistinnen zu verwandeln, und die Verfolgungsjagd beginnt.

Wir erleben hier eine Aneinanderreihung von Bildern, die die Kinder im Raum erschaffen und die die Grundlage für ein kreatives Spiel darstellen. Dieses Rollenspiel oder So-tun-als-ob-Spiel ist ein angenehmer Kontrast zum »Baseballspiel« mit der Erzieherin, weil hier die inneren Bilder der Motor für das Handeln zu sein scheinen. Im Vordergrund steht weder das Gewinnen oder Verlieren, noch ist es so entscheidend, in welcher Beziehung die Personen zueinanderstehen. Ja sie verlassen ihre eigenen Rollen und verwandeln sich in Diebe und Polizistinnen. Das symbolische Spiel gibt den Kindern die Möglichkeit, eine Distanz zu ihrem realen Erleben herzustellen (vgl. Dornes, 2007, S. 204). Bei Kindern wie Noah, die Schwierigkeiten haben, sich auf die symbolische Ebene einzulassen, und umgekehrt eher Regelspiele vorziehen, die einer klaren Struktur folgen, ist es wichtig, die symbolische Ebene einzuführen. Es ist hilfreich, dabei Dinge zu beschreiben, die sichtbar sind, um sich vom Denken zu lösen und eher auf die Ebene der Wahrnehmung, des Fühlens zu kommen (vgl. Kokemoor, 2018, S. 59). Das körperliche Erleben gibt dabei die besten Impulse. So wäre es auch beim »Baseball« möglich gewesen, die reale Erschöpfung durch die Diskussion mit Noah in eine gespielte Erschöpfung zu verwandeln und sich theatralisch auf den Boden fallen zu lassen. Manche Kinder holen dann sofort eine Decke oder den symbolischen Arztkoffer.

Bei meinem dritten Besuch in der Kita sitzt Noah zusammen mit zwei Mädchen auf einer Weichbodenmatte, die vor einer Kletterwand lehnt. Er ist hier sehr intensiv ins Spiel vertieft und hat einen guten Kontakt zu den Mädchen. Es gibt viele Dialoge, die sich auf ihr Spiel beziehen, und Noah benutzt Worte wie »wir«, »warte«, »Moment«. Es sind Worte, die zeigen, dass er in einer kleinen Gemeinschaft agiert. Doch auch mit seinen Augen folgt er seinen eigenen und den Initiativen der anderen Kinder. Dieses intensive Spiel kann ich eine Viertelstunde beobachten, und es wird deutlich, dass Noah jetzt über das Spiel in Beziehung mit den anderen Kindern ist. Die Beziehung zu anderen Kindern über das Spiel stellt eine deutliche Entlastung für Noah dar, denn hier können wir über das gemeinsame So-tun-als-ob-Spiel ein Stück den Mustern der Realität entfliehen. Hier finden folgende Worte Friedrich Schillers ihre Bedeutung: »[D]er Mensch spielt nur, wo er in voller Bedeutung Mensch ist, und er ist nur da ganz Mensch, wo er spielt« (Schiller, 1795, S. 88).

Auch die pädagogischen Fachkräfte genießen die Entlastung durch die Beziehung von Noah zu den anderen Kindern. Als ich später im Nachgespräch erfahre, er wäre seit einer Woche täglich im Bewegungsraum, sind für mich die wesentlichen Komponenten erfüllt, die einem Kind helfen, sicher in der Kita anzukommen. Die intensive Beziehung zur Handlung, die Beziehung zu anderen Kindern sowie die Beziehung zu einem Raum, in welchem man sich gerne aufhält, sind drei entscheidende Faktoren, die zur Zufriedenheit und zur Stabilisierung des Kindes beitragen.

Das Spiel mit den Mädchen auf der Weichbodenmatte ist weiter intensiv, als eine Erzieherin den Raum betritt. Es ist nicht klar, wodurch sich genau diese Veränderung ergibt, doch plötzlich wird Noah in seiner Sprache etwas albern. Die Kollegin beobachtet die Situation einen Moment lang, bis das eine Bein, eines der Mädchen, zwischen Matte und Wand eingeklemmt wird. Dies ist ein Vorgang, der auch vorher schon viele Male passiert war, welchem die Kinder im Eifer des Gefechtes jedoch keine Bedeutung gegeben hatten, da es Teil des Spiels war.

Als die Erzieherin das Mädchen auf ihren Fuß anspricht, sagt es: »Auah!«, und die Kollegin bittet Noah, ein Kühlkissen zu holen. Dieser protestiert und behauptet, unschuldig zu sein, woraufhin die Erzieherin ihn daran erinnert, wie wichtig es sei, vorsichtig zu sein. Noah sagt: »Ich bin vorsichtig«, und es beginnt ein Gespräch, in dem es um Rechtfertigungen, Erklärungen und Belehrungen geht. Durch diese Situation, die eine typische Situation im Kitaalltag darstellt, in welche jeder geraten kann, verändert sich die Atmosphäre im Raum. Der Stimmungswechsel veranlasst die Mädchen dazu, den Raum zu verlassen. Hatte Noah eben noch eine Verbindung zu seinen Spielpartnerinnen – einer Handlung – und einem Ort, bindet er nun die Erwachsene über ein ihm sehr vertrautes Konfliktgespräch. Er geht wieder auf die ihm vertraute Beziehungsebene, auf welcher jedoch die Gefahr besteht, sich wieder im Konfliktgespräch zu verwickeln.

In der anschließenden Videobeobachtung im Team nehmen wir uns viel Zeit, um uns mit der Veränderung zu beschäftigen, die wir zusammen beobachten können. Das Spiel von Noah ist viel intensiver geworden und die pädagogischen Fachkräfte fühlen sich von ihm nicht mehr so eingenommen. In seinem Spiel mit den anderen Kindern wird auch seine Kompetenz zur Kooperation und zum Abwarten deutlich und Positionen tauschen deutlich. Für die Erzieher*innen ergibt sich in der Videobetrachtung ein differenzierteres Bild von Noah und seinen Möglichkeiten, mit anderen Kindern zu interagieren.

Als wir dann die Szene betrachten, in welcher die Erzieherin den Raum betritt, fällt es der Kollegin wir Schuppen von den Augen, dass sie dem Spiel der Kinder mit ihrer Intervention eine deutliche Wendung gegeben hat. Im Erleben der Kinder stehen die Erwachsenen für das Gesetz oder für Recht und Ordnung. So kann es bei einem vermeintlichen Konflikt sein, dass die/der Erwachsene als Richter*in fungieren soll. Wenn wir uns dieser Dynamik nicht bewusst sind, verleiten uns einzelne Kinder unbewusst dazu, die Rolle der Richterin beziehungsweise des Richters zu übernehmen. In der Videobetrachtung haben wir nun die Möglichkeit, diese Dynamik zu erkennen und andere Handlungsoptionen durchzuspielen.

Die Kollegin sagt mit etwas Ärger über sich selbst: »Man, die klettern da ja wie an einer Felswand, bis ich in die Situation komme!« – Ich antworte darauf: »Ja, hier genau liegt unsere Chance, neue Handlungsmöglichkeiten zu entwickeln, die uns in der Regel immer zur Verfügung stehen, doch für die wir im Alltag oft blind sind.« Ich bitte die Kollegin, sie solle die Worte wiederholen, die sie eben gesagt hat, und frage, welche inneren Bilder ihr Satz enthält. Nach einer Weile sagt sie: »Die Felswand!«, und ich antworte: »Ja hier liegt eine mögliche Handlungsoption!« Denn wenn die Kinder an einer *Felswand* klettern (aus Spaß) und der Fuß des Mädchens in einer *Felsspalte* eingeklemmt ist (aus Spaß), so sind auch die *Schmerzen* aus Spaß. Das kindliche Rollenspiel ist in der Lage, die Realität zu verändern und zu entdramatisieren. Das Spiel schafft hier eine Distanz zum eigentlichen Erleben (vgl. Piaget & Inhelder, 1996, S. 66).

Hier ist eine Parallele zu der Erfahrung zu sehen, die die pädagogischen Fachkräfte bei der Beratung machen. Sie erhalten neue Handlungsimpulse und die Möglichkeit, den pädagogischen Alltag differenzierter zu betrachten:

- Da gibt es die Möglichkeit der Entwicklungsbegleitung als Hinführung zum vertiefenden Spiel.
- Weiter die drei wichtigen Bindungsfaktoren: Beziehung zur Handlung, Beziehung zur/zum Anderen sowie Beziehung zum Ort.
- Weiter gibt es den Reichtum an inneren Bildern, die dem Kind helfen, das Spiel weiterzuführen und mehr Distanz zur Alltagsrealität aufzubauen.

Bei vielen Konflikten reduzieren wir uns auf ein reines Beziehungserleben, und wir spüren dann oft unsere Ohnmacht. Wenn wir uns über die Handlungsmöglichkeiten bewusster werden und uns stärker handelnd erleben, überwinden wir die diffusen Gefühle der Ohnmacht und der Hilflosigkeit (vgl. Esser, 2009, S. 37).

7.3 Vom anderen Planeten

Eine Gruppe von 20 Kindern sitzt im Morgenkreis und bei der kleinen Unterhaltung erzählen sie, was sie am Wochenende gemacht haben. Moritz scheint dieser Unterhaltung jedoch nicht zu folgen. Er dreht sich immer wieder von den anderen Kindern weg und hinterlässt den Eindruck, er würde diese Situation möglichst schnell beenden wollen. Er strahlt eine innere Unruhe aus und seine Blicke gehen nur für sehr kurze

Augenblicke zu den anderen Kindern. Deren Erzählungen scheinen nicht auf sein Interesse zu stoßen.

Als dann der Morgenkreis zu Ende ist, steht Moritz blitzartig auf und begibt sich zur Fensterbank, wo ein Roboter aus Lego auf ihn wartet. Mit diesem Roboter begibt er sich zu zwei Mädchen, die auf dem Boden mit Pferden einen kleinen Reiterhof bespielen wollen. Als Moritz sich zu den Mädchen begibt, wenden sich diese ihm zu und betrachten den Roboter, den Moritz in seiner Hand hält. Nun spricht er zu den Mädchen: »Das ist ein Megaroboter, der kann zerstören! – Pferde können nicht zerstören!« Ein Mädchen betrachtet den Roboter, hüpft mit einem Pferd auf den Roboter zu und stellt zu einem Detail des Roboters die Frage: »Was ist das?« Die Antwort von Moritz kann ich nicht verstehen, doch sie führt dazu, dass sich die Mädchen ihrem Reiterhof zu- und somit von Moritz abwenden, wie es ihm an diesem Vormittag häufig wiederfahren wird. Als sich die Mädchen abwenden, steht Moritz auf und kommt auf mich zu. Ich stelle eine Frage zu seinem Roboter und erhalte die Antwort: »Auch wenn man 1.000 Jahre alt ist, darf man nicht alle Filme schauen!«

Es folgt eine Unterhaltung mit Moritz, die jedoch von der Wiederholung seiner Aussage dominiert wird und welche mir keine Klarheit darüber verschafft, was er mir eigentlich genau sagen will. Es ist ein Gespräch, in welchem es mir schwerfällt, seinen Gedanken zu folgen, und ich fühle mich an Begegnungen erinnert, die ich in den letzten Wochen mit anderen Jungen – ja, es waren nur Jungen – erinnern. Sie orientieren sich in ihren Erzählungen an »äußeren Bildern«, mit denen sie sich gerne beschäftigen oder besser gesagt berieseln und welche sie auf den unterschiedlichsten Bildschirmen zu sehen bekommen. Es gibt hier eine starke Identifikation mit den Figuren, die sich auf den Bildschirmen tummeln und die nicht selten damit beschäftigt sind, etwas zu zerstören. Was sie jedoch auch zerstören, ist die Form von Kreativität von Kindern, die sich beispielsweise in Rollenspielen, die von einer intrinsischen Motivation geprägt sind, finden. Das Rollenspiel orientiert sich an »inneren Bildern«, die ihre Grundlage aus der Interaktion mit der personellen Umwelt der Kinder erhalten (vgl. Dornes, 2010, S. 172ff.). Das Rollenspiel ist eine symbolische Kreation und hat für die Rückversicherung des Kindes eine wichtige Funktion (vgl. Esser, 2009, S. 30). In diesem Erleben spielt der sich bewegende lebendige Körper, der sich tonisch-emotional mit Situationen, Objekten oder Anderen in Beziehung setzt, eine elementare Rolle. Beim reinen Betrachten von Bildern kommt das Erleben über den Körper nicht hinreichend vor. Auf diesem Hintergrund scheinen die Bilder keine Möglichkeit der tiefgreifenden Rückversicherung zu haben. Sie haben darüber hinaus weniger Bezugspunkte zur realen Umwelt. Kinder, die unter dem Konsum von Medien leiden, wirken dann oft unruhig und innerlich getrieben (vgl. Spitzer, 2012, S. 248). Sie scheinen durch die Filme und Spiele, die sie immer wieder betrachten, eine Art Anleitung für ihr Spiel zu erhalten, und es fällt dann Anderen schwer, sich auf dieses Spiel einzulassen, da sie diese Anleitung nicht im Kopf haben. Heute bauen Kinder auch viel mehr nach Anleitungen und es wird bei Lego, welches immer noch eines der besten Spielzeuge ist, nichts mehr der eigenen Fantasie überlassen. Wir können die Dinge exakt so bauen, wie sie in der Realität aussehen, und es bleibt wenig Raum für Kreativität, eigene Lösungen und Improvisation (vgl. Beck, 2020, S. 151; Welzer, 2019, S. 84). Bei den Spielen, bei denen die Kinder das auf dem Bildschirm gesehene nur nachahmen, kommt es nicht zu einem Affektabstimmungsverhalten. Die Abstimmung von Affekten, welche eine Verbindung zu inneren Zuständen schafft, benötigt immer einen realen Menschen als Interaktionspartner (vgl. Stern, 1998, S. 204).

> »Die Erfahrung des Selbst gegenüber dem (einfühlsamen regulierenden) Anderen und die Erfahrung des Selbst in Gemeinschaft mit dem Anderen kann durch nichts ersetzt werden, trotz der zunehmenden virtuellen Kontakte im Computerzeitalter. Virtuelle Interaktionspartner können nicht als sensible, einfühlsame selbstregulierende Andere auftreten« (Klemm, 2003, S. 94).

Der Austausch dieser inneren Bilder schafft die Grundlage dafür, im Fantasiespiel miteinander zu korrespondieren. Beim symbolischen Spiel tauchen über die Emotionen innere Bilder im Kopf der Kinder auf, die sich auf ihr Alltagserleben beziehen und wo es immer Überschneidungen zu anderen gibt.

Dies gilt auch für Moritz, den die Erzieherinnen, aber auch seine Eltern als unruhiges Kind charakterisieren. In der Kita pendelt er zwischen den Aktivitäten der Kinder, doch es gelingt ihm nicht wirklich, Anschluss zu ihrem Erleben und ihrer Themen herzustellen. Als Moritz in den Bewegungsraum kommt, legt er zunächst ein wuscheliges Stofftier, welches einem Kugelfisch ähnelt, sorgsam, fast pedantisch auf die Fensterbank. Ein paar Mädchen und Jungen rennen durch den Bewegungsraum. Moritz nimmt keinen Blickkontakt zu ihnen auf, sondern begibt sich zu Boden und krabbelt kopfschüttelnd durch den Raum. Er erinnert mich von seinen Bewegungen her an Gollum aus *Der Herr der Ringe*. Danach steht er auf und geht mit der Stirn zuerst auf einen Jungen zu, der einen gelben Schaumgummiblock in den Händen hält. Der Junge lächelt, geht kurz auf den Kontakt ein, bevor sich Moritz an den Baustein klammert. Der andere Junge zieht nun Moritz, der am Baustein hängt, über den Boden quer durch den ganzen Raum. Als er dabei jedoch keinen Kontakt zu Moritz erhält, lässt er den Baustein los und wendet sich ab. Moritz klammert sich noch eine Weile am Boden liegend an den gelben Baustein, als suche er dort Halt und Orientierung.

Dieses Szenario wiederholt sich einige Male, während ich Moritz beobachte. Die anderen Kinder versuchen zu Aspekten seines Handelns oder seines Spiels Kontakt aufzunehmen, doch sie lassen nach einem kurzen Moment wieder ab, wenn sie in der Gestik und Mimik von Moritz keine Resonanz auf ihre Bemühungen spüren. Sie scheinen nicht zu verstehen, was Moritz mit seinem Spiel ausdrücken möchte oder welche Spielidee sich dahinter verbirgt. Die Probleme und das Unverständnis ergeben sich daraus, dass Moritz sich mit seinem Handeln nicht im gleichen Bedeutungsraum wie die anderen Kinder befindet (vgl. Bauer, 2005, S. 16).

Die anderen Kinder spielen Fangen, verständigen sich untereinander auf ein Regelwerk, welches an Steh Bock – Lauf Bock erinnert. Sie sind in einem Resonanzerleben, einem wechselseitigen Aufnehmen von Signalen und Einfühlen, was die/den jeweils Andere*n gerade bewegt. Die Kinder benötigen dafür einfache Worte und kurze Blicke. Moritz hält sich weiter an dem Baustein fest, als er langsam auf die anderen Kinder zuläuft. Nun stößt oder schubst er einzelne Kinder mit dem Baustein, ohne dabei auf die Reaktion der Kinder zu achten. Er verfolgt die Kinder und es hat für einen Moment den Eindruck, als wäre dies das gleiche Verfolgen, welches die anderen in ihrem »Steh Bock – Lauf Bock«-Spiel teilen. Doch der Eindruck trügt, denn während die anderen Kinder Blicke, Emotionen und Worte tauschen, wählt Moritz fast stereotyp immer wieder die gleiche Handlung.

Es vergehen ein paar Minuten, bis die anderen Kinder zunächst mit Ausweichbewegungen reagieren, bevor sie sich aktiv abwenden. Manche Kinder heben die Arme wie eine Art Schutzschild vor ihr Gesicht. Moritz hat mittlerweile den Schaumgummiblock zur Seite gelegt und berührt, schubst oder stößt die Kinder, indem er mit der Stirn voraus auf sie zugeht. Es wirkt zunächst so, als wollten sie sich mit ihren Schutzschildern auf das Spiel von Moritz einlassen, doch dem Ganzen fehlt irgendwie die spielerische Leichtigkeit. Die Kinder lachen nicht, wirken nicht entspannt, und darum scheint dann auch ein Mädchen zu rufen: »Moritz, wir wollen das nicht!«

Moritz reagiert jedoch weiterhin nicht auf die Gesten, die Mimik und Worte der Kinder, sondern bleibt im wahrsten Sinne des Wortes in »seinem Film«. Er zeigt weiter die gleichen Bewegungen und die Reaktionen der anderen Kinder werden zunehmend hilflos. Nun neigt er den Kopf wie ein Stier nach vorne und breitet seine Arme aus. Er verfolgt Marie mit den Worten: »Ich bin ein Zauberer, du bist unter meinen Kräften! – Meine Macht ist zu stark!« Marie macht Abwehrbewegungen, läuft davon und lässt sich irgendwann zu Boden fallen. Nun schaut sie im Raum hin und her, sucht auch keinen Blickkontakt mehr zu Moritz, da dieser darauf keine Reaktionen zeigt, sondern jetzt fortlaufend und stereotyp »Hoppi!« in den Raum ruft.

Marie steht auf und flieht auf einen der großen Schaumgummiblöcke. Hier hält sie sich nun einen Fuß und sagt: »Auah!« Nun begeben sich zwei Kinder zu ihr, um nachzusehen, was passiert ist. Tim fragt: »Was ist los?« – »Schau doch selber!«, ist die Antwort von Marie. Doch Tim schaut nicht zu ihrem Fuß, sondern mit einem traurigen und vorwurfsvollen Blick zu Moritz, der weiterhin monoton sein »Hoppi!« zum Ausdruck bringt. Als er damit nicht aufhört und Marie wieder sehr nahe kommt, schreit sie ihn an: »Hör auf!« Er weicht etwas zurück, doch sein »Hoppi, Hoppi!« füllt weiter den Raum. Nun habe ich das Bedürfnis, meine Rolle als Beobachter aufzugeben und die Situation zu verändern. Ich weiß gar nicht, ob sich mein Bedürfnis vordergründig darauf bezieht, Marie zu Hilfe zu eilen oder dieses monotone und durchdringende »Hoppi, Hoppi!« zu beenden.

Es gleicht dem Wunsch, den Piepton der Zeitschaltuhr am Backofen auszuschalten, welcher keinerlei Rücksicht darauf nimmt, wenn wir für einen kurzen Moment verhindert sind. Er piept weiter, bis wir ihn und uns mit einem Druck auf den Knopf erlösen. Doch vielleicht ist Siri hier ja eine Lösung. Nein, sie ist es nicht, denn Siri ist trotz ihrer hohen Kompetenz ein Apparat, den wir fremdsteuern können, um scheinbar banale Dinge des Alltags zu bewältigen. Denn was die wirklichen Probleme unserer Zeit betrifft, so gehört sie eher zu den Verursacher*innen. Doch Siri kann nichts dafür. So wurde sie von uns erschaffen, um uns das Leben zu erleichtern. Wie die anderen Dinge, die Kindern helfen sollen, die Zeitfenster von Langeweile zu überbrücken, oder Eltern entlasten, wenn gerade keine Zeit fürs Kind da ist. Jeder, der Kinder hat, weiß um diese Verführung, sein Kind vor einem technischen Gerät zu parken, um etwas Luft zu haben. Doch nicht selten nutzen wir diese gerade gewonnene Freiheit, um uns selbst den Blick auf einen Bildschirm zu gönnen. Moritz kann auch nichts dafür. Er wurde verführt, sich einer Welt zu öffnen, deren Unbegrenztheit und Reichtum an Eindrücken fantastisch ist und die er als Herrscher über die Bedienung oder Berührung erlebt.

Es stellt sich nun nur die Frage, wie ich einschreite, um den Konflikt zu lösen, den Moritz möglichweise gar nicht als solchen erkennt. Aus diesem Grund geht es nicht darum, ihn zu begrenzen, sondern eher darum, ihm und den Kindern andere Möglichkeiten aufzuzeigen, wie sie sich als Gemeinschaft der Spielenden erleben. Ich entscheide mich schnell dafür, den Kindern Bilder zu Verfügung zu stellen, an die alle in ihrer Fantasie anschließen können. – Ich gehe auf die Kinder zu und spreche Marie an: »Hast du eine Verletzung?« Sie antwortet mit einem Lächeln, welches deutlich macht, dass diese Verletzung eher gespielt ist: »Jaaaa!« Ich zeige mein Mitgefühl: »Mmmmh!«, und frage: »Müssen wir ein kleines Krankenhaus bauen?« Sie antwortet mir wieder entspannt lächelnd: »Neeeiin!«, und betrachtet ihren Fuß. Doch ehe sie sich versieht, ergreift Felix, der direkt neben ihr hockt, die Initiative und zieht Marie mit ihrem Schaumgummiblock, auf dem sie sitzt, durch den Raum. Während Felix den Baustein zieht, sagt er: »Jaaah, ein Krankenaus bauen, ein Krankenhaus, ab ins Krankenhaus mit Marie!« In dem Moment, wo Felix dies sagt, also seine Handlung mit einer Bedeutung oder mit einem Ziel versieht, greift Sophie die Spielidee auf und hilft beim Schieben des Blockes. Nun schreitet auch Moritz ein, packt einen Baustein unter das verletzte Bein und sagt: »Ich mache einen Verband!« Ich begleite alle Worte der Kinder mit einem anerkennenden »Jaaaah!«, um mein Interesse und auch etwas Bewunderung für ihre Initiativen zum Ausdruck zu bringen. Es sind mittlerweile sechs Kinder am Bau des Krankenhauses beteiligt.

Auch Moritz ist es gelungen, an diese Bilder anzuschließen. Es sind Bilder, die allen Kindern vertraut sind und welche sich von ihrer Substanz deutlich von den Bildern unterscheiden, die Moritz sonst beschäftigen und überfluten, wenn er darauf, wie oben beschrieben, keine Resonanz erfährt. Hier verhält er sich anders, denn die anderen Kinder können mit seinen Worten »Ich mache einen Verband!« sowie den dazu passenden Handlungen sofort etwas anfangen und zeigen ihm dies durch ein Lächeln. Diese inneren Bilder sind symbolische Repräsentationen, die die Kinder in ihren sozialen Interaktionen mit anderen Personen lernen. Sie sind deshalb so besonders, weil sie intersubjektiv sind, das heißt, im Bewusstsein aller existieren und so untereinander geteilt werden können (vgl. Tomasello, 2002, S. 115). Doch in der Folge zeigt sich, dass die Orientierung an diesen inneren Bildern bei Moritz fragil und es wichtig ist, ihn einen Moment in diesem Spiel zu begleiten und die Situation weiter mit solchen Bildern anzureichern, die den Gehalt des symbolischen Spiels erweitern.

Ich frage die Kinder: »Braucht ihr für den verletzten Fuß noch eine Decke?«, und sie antworten: « Jaaah!«, während sie mich alle anstrahlen. Nun schaue ich direkt Moritz an und sage: »Magst du für den verletzten Fuß eine Decke holen?« Er sagt: »Jaah!«, springt auf und sucht – und findet im Bewegungsraum eine Decke. Als Moritz zurückkommt, deckt er Marie mit der Decke zu, wobei dieses Zudecken nicht gerade wie eine umsorgende Zuwendung wirkt. Dies spiegelt sich auch in seinen Worten wider, denn er sagt zu Marie: »50 Jahre musst du jetzt hier drin bleiben!« Das Bild des Krankenhauses scheint verloren und als Moritz seinen Satz wiederholt und ich den Eindruck nicht loswerde, dies ist wieder eine Anlehnung an ein Zitat aus einem Film, versuche ich ihn wieder in eine Symbolik zu holen, die für alle greifbar und verstehbar bleibt.

Als ich nun die Frage »Wer ist hier der Arzt? stelle, nickt Moritz, während er die zugedeckten Beine von Marie hin- und herwiegt. Nun sage ich: »Ah, du bist der Arzt!« Dann füge ich hinzu: »Ach du schaukelst!« –

Moritz strahlt mich nun mit einem entspannten Lächeln an. Als ich dann betone: »Du wiegst sie in den Schlaf!«, muss Marie laut lachen und Moritz lacht mit. Beide lachen sich an.

Langsam scheint sich auch Moritz durch die kontinuierliche Bewegung des Wiegens zu entspannen und er steht nach einer Weile auf und holt Marie seinen Kugelfisch. Dieses Stofftier scheint sein Übergangsobjekt zu sein, welches bei allen Kindern eine Verbindung zu ihren Eltern herstellt. Möglichweise hat ihn die Zuwendung, die er gerade Marie gegeben hat, an die Zuwendung erinnert, welche er beim Zubettgehen von seinen Eltern erfahren hat. Hier sind dann die inneren Bilder wirksam, die in der frühen Eltern-Kind-Interaktion ihren Ursprung haben.

Meine Beobachtungen machen deutlich, dass Moritz einen Zugang zu diesen so wichtigen inneren Bildern, die eine Verbindung zu den Empfindungen der anderen Kinder herstellen, hat. In seiner Alltagsrealität werden diese Bilder durch äußere Bilder, zu denen andere Kinder oder Erwachsene nur schwer einen Zugang finden, überlagert. Bei einem von der Qualität und der Quantität her unangemessenen Konsum von Medien haben die Kinder zu wenig Bewegung und vor allem viel weniger Interaktionsmomente mit Anderen. Der emotionale Austausch im Dialog mit der/dem Anderen hat einen fundamentalen Einfluss auf unsere Sprache sowie unser gesamtes Denken und Fühlen (vgl. Hüther, 2004, S. 25).

7.3.1 Medienkonsum

Die aktuelle und rasante Entwicklung im Medienkonsum hat nicht zuletzt durch die Coronapandemie und die damit verbundene Betreuung von Kindern zu Hause in den Familien zu tun. Laut der miniKIM-Studie (mpfs, 2014) gab es jedoch schon 2014 in den Familien eine nahezu Vollausstattung in puncto Fernseher, Smartphone sowie Computer oder Laptop und gut neun von zehn Haushalten verfügten über einen Internetzugang. Weiter ist laut dieser Studie festzustellen, dass die Ausstattungsrate von Smartphones schon damals innerhalb von zwei Jahren um 17% und die von Tablets um acht Prozentpunkte gestiegen ist (vgl. ebd., S. 31). In einer aktuellen Studie der DAK wurden Kinder zu ihrem Medienkonsum in der Coronapandemie befragt. Auch wenn 89% der Kinder angaben, durch die Nutzung sozialer Medien soziale Kontakte aufrechtzuerhalten, gaben immerhin 86% an, damit ihre Langeweile zu bekämpfen, 38%, um ihre Sorgen zu lindern, und 36%, um der Realität zu entfliehen (vgl. »Mediensucht 2020«; DAK-Gesundheit, 2020). Auch wenn laut verschiedener Studien weiter der Fokus der meisten Kinder auf dem eher klassischen Konsum von Fernsehen oder Radio liegt und weiterhin fast ausschließlich auf Papier gelesen wird, sind immerhin 14% der Vier- bis 13-Jährigen sogenannte Streamer*innen. Ihr Leben spielt sich vorwiegend in der digitalen Welt ab und ihr Kommunikationsverhalten wird zunehmend dadurch geprägt (vgl. »Horizont Kinder Medien Monitor 2020«; Hein, 2020). Die Folgen für die Entwicklungsprozesse der Kinder sind sicherlich sehr stark davon abhängig, welche Medien sie nutzen, zu welchem Zweck (Kommunikation, Sorgenpflaster oder Langeweile), in welcher Häufigkeit und ab welchem Alter den Kindern der Zugang ermöglicht wird. Auch wenn 80% der Zwei- bis Fünfjährigen nach Aussage der Eltern noch keine Erfahrungen mit Spielkonsolen, Tablets und Smartphones gemacht haben, erlauben immerhin 13% der Eltern ihren Kindern, das Internet ohne Aufsicht zu nutzen (vgl. mpfs, 2014, S. 32). In der Studie des Medienpädagogischen Forschungsverbundes Südwest (mpfs, 2014) werden diese 13% mit dem Wort »nur« betitelt, was ich aus meiner praktischen Erfahrung heraus nicht verstehen kann, denn einen unkontrollierten Konsum von Medien sollten wir unseren Kindern auf keinen Fall in diesem Alter zumuten.

Ich beobachte immer mehr Kinder, denen es wie Moritz schwerfällt, auf symbolischer Ebene zu spielen, deren Gedanken um die Bilder aus den Medien kreisen und die sich so nicht hinreichend selbst regulieren können. Sie haben zunehmend Probleme im sprachlichen Ausdruck, wirken wie getrieben, eher hyperaktiv und sind nicht in der Lage, sich auf die Themen der anderen Kinder zu konzentrieren (vgl. Riedel & Büsching, 2017, S. 7). Diesen Kindern geht mehr und mehr die innere Verbundenheit zu den anderen Kindern verloren, die ihre inneren Erfahrungen im bewegten Spiel kontinuierlich miteinander teilen (vgl. Stern, 1998, S. 224). Hier ist eine Parallele zu autistischen Kindern zu erkennen, die auch keinen Anschluss an andere Kinder herstellen können, da sie sich ebenfalls eher an äußeren Bildern orientieren. So formulieren Menschen mit Asperger-Syndrom, einer Beeinträchtigung aus dem Spektrum Autismus, sie würden vorwiegend in statischen Bildern denken, während ja andere Menschen in einer Mischung aus inneren Bildern und innerer Sprache denken (vgl. Dornes, 2010, S. 140). Autistische Kinder haben Probleme im symbolischen Spiel, verstehen keine Metaphern und nutzen in ihrer Alltagsbewältigung Routinen und Strukturen. Wenn diese äußeren Strukturen, die die Welt des autistischen Kindes zusammenhalten, durcheinandergeraten, werden die Kinder schnell unruhig, ängstlich oder panisch. Ein erwachsener Mann mit Asperger-Syndrom sagte in diesem Zusammenhang einmal zu mir: »Uns fehlt dann der Leim, der irgendwie zusammenhält!« Unter diesem Leim sind die inneren Bilder zu verstehen, die von Empfindungen, Emotionen und Fantasie getragen werden, die auch das Zwischen-den-Zeilen-Lesen im zwischenmenschlichen Miteinander ausmachen. Das soll im Umkehrschluss aber nicht heißen, das autistische Kinder keine Fantasie und keine Empfindungen hätten, doch sie richten ihr Interesse anders aus. Sie verstehen zwar keine Wortspiele, die an innere Bilder gebunden sind, haben aber eine Intuition und Empfindungen für logische Zusammenhänge, die wir beispielsweise in der Mathematik finden. »Zahlen sind meine Hauptsache, in der ich oft denke und fühle«, meint Daniel Tammet (2006, S. 24). Und Christopher Bonne sagt: »Oder wenn man einen Namen sieht und jedem Buchstaben einen Wert von 1 bis 26 zuordnet (a = 1, b = 2 etc.) und dann die Zahlen dann im Kopf addiert und merkt, dass eine Primzahl herauskommt, wie bei Jesus Christ (151) oder Scooby Doo (113) oder Doctor Watson (167)« (vgl. Haddon, 2003, S. 40).

Diese spezifische Entwicklung des autistischen Kindes ist jedoch nicht das Resultat eines genetischen Programms, auch wenn genetische Faktoren bei den Ursachen durchaus eine Rolle spielen, sondern die Auswirkung einer nicht hinreichend gelebten Eltern-Kind-Interaktion (vgl. Bauer, 2005, S. 59). Es soll hier jedoch nicht der Eindruck erweckt werden, die Verantwortung dieser Entwicklung läge bei den Eltern. Nein, das autistische Kind hat eine von Geburt an bestehende Schwierigkeit, auf die Beziehungsangebote der Eltern angemessen einzugehen. Das Kind ist mit dem Beziehungsangebot überfordert und setzt sich von Geburt an mit anderen Faktoren, die auch verlässlich da sind, in Beziehung. »Sie lächelt immer, wenn sie auf der Kommode liegt ... Immer in die rechte Ecke. Da kann man sprechen und locken, wie man will ... Sie hat dort ihren (unsichtbaren) Lachpartner« (Schäfer, 1997, S. 22).

Doch wenn wir uns wieder etwas vom Thema Autismus lösen, können wir sagen, dass die Eltern, deren Kinder dem Konsum von Medien verfallen sind, hier schon in die Verantwortung zu nehmen sind, auch wenn sie diese Entwicklung weder gewollt noch bewusst herbeigeführt haben. Ich möchte an dieser Stelle auch Mut machen, dies zu tun, denn ich konnte in zwei Fällen beobachten, dass das unruhige und aggressive Verhalten der Kinder nach kurzer Zeit zurückging, nachdem es den Eltern gelungen war, den Medienkonsum auf eine halbe Stunde am Tag zu reduzieren beziehungsweise im anderen Fall ganz zu entziehen. Ja, es ist wie eine Art Entzug, der sicherlich auch nicht ohne Konflikte auskommt, doch im Ergebnis sehr positiv ist. Beide Jungen fingen nach kurzer Zeit an, mit andern Kindern zu spielen. In diesem Spielen kam es dann auch zu gemeinsamen Rollenspielen, die sich, wie oben mit dem Krankenhaus beschrieben, an inneren Bildern orientierten. Diese Spiele tragen zu einem erheblichen Anteil zur Selbstregulation und zum Abbau von Spannungen bei.

7.3.2 Das erste Beratungsgespräch

In der folgenden Beratung wird deutlich, dass Moritz die pädagogischen Fachkräfte an ihre Grenzen bringt und dass die Kolleginnen mit ihrem Latein am Ende sind. Sie beschreiben, wie sie immer wieder den Kontakt zu ihm suchen, doch in dem Moment, in dem sie sich abwenden, gibt es schon wieder einen Konflikt mit einem oder mehreren anderen Kindern. In diesen Konfliktsituationen, in denen ihm die Kolleg*innen klare Grenzen aufzeigen, kommt es jedoch nicht zu einer Beruhigung, sondern in der Regel zu einer weiteren Eskalation der Situation. Moritz scheint nach Aussagen der pädagogischen Fachkräfte kein Stopp oder Nein zu akzeptieren. So verhält er sich meistens im Morgenkreis »unmöglich« und muss dann von einer Kollegin hinausbegleitet werden, damit die anderen Kinder noch etwas davon haben. Ein Verhalten im Morgenkreis wie bei meinem Besuch stellt nach Aussagen der Erzieher*innen eine absolute Ausnahme dar. Doch das ist nicht verwunderlich, denn Moritz scheint zu den Inhalten dieser Zusammenkunft keine Bezugspunkte zu haben. Die Figuren, denen er nacheifert und mit denen er sich identifiziert, kommen hier nicht vor und seine Vorbilder reagieren auch nicht auf

Grenzen. Im Gegenteil, sie sehen die Grenze möglicherweise als die große Herausforderung. Im Grunde genommen laufen wir dann mit unserer normalen Intervention ins Leere. Sie wird vielleicht falsch verstanden. – Natürlich beruhigt sich Moritz auch irgendwann wieder, auch wenn dies ungewöhnlich viel Zeit, die man eigentlich nicht hat, in Anspruch nimmt. Er benötigt ganz viel emotionale Zuwendung sowie Körperkontakt und die eigentliche Beruhigung findet dann letztlich auf dem Schoß einer Erzieherin statt. Hier wirkt er dann ganz sanft, fast wie ein Kleinkind.

In der Beratung schauen wir zunächst auf die Szene, die oben beschrieben wurde, und betrachten die Bemühungen von Moritz, mit den anderen Kindern in Kontakt zu treten. Es wird deutlich, dass es ihm nicht gelingt, ein wechselseitiges Spiel aufzubauen, da auch die anderen Kinder seine Spielideen nicht deuten können. An den Gesichtern der Kolleg*innen ist beim Betrachten der Bilder abzulesen, wie sie den Konflikt auf sich zukommen sehen. Dies sind genau die Szenen, denen sie im Alltag wie das Kaninchen vor der Schlange hilflos gegenüberstehen. Doch um dem sich nähernden Konflikt mit der sich anschließenden Eskalationsspirale vorzubeugen ist es wichtig, präventiv zu handeln und sich an der Stelle einzubringen, in der das Kind noch offen ist für unsere Ansprache, unsere Intervention als Interesse und nicht als Angriff auf das eigene Selbst empfindet.

Doch wie können hier unsere präventiven Handlungen aussehen? Wie sollen wir – und das ist für mich immer der zentrale Punkt – das Kind dort abholen, wo es ist, wenn wir uns in der Welt, in der es ist, gar nicht auskennen und zurechtfinden? Wir holen es zurück in die Normalität, und zwar zu einem (recht frühen) Zeitpunkt, an welchem wir noch nicht angestrengt sind von seinem Spiel. Wir konfrontieren es mit Bildern, die in der Regel an seine eigenen inneren Bilder gebunden sind. Dazu gehören die ganz existenziellen Themen, mit denen wir aufwachsen und mit denen sich Kinder zwangsläufig täglich oder in besonderen Momenten umgeben. Es sind Begriffe wie: Essen, Trinken, Schlafen, Kindergarten, Wohnen, Papa, Mama, Opa, Oma, Schwester, Bruder, Freund, Urlaub, Krankenhaus und andere, mit denen alle etwas verbinden. Es ist zunächst wichtig, Interesse an dem besonderen uns fremden Spiel zu zeigen und in der Folge Fragen zu stellen wie »Wo wohnt denn der Roboter?« – »Wo schläft er?« – »Hat er einen Bruder – einen Freund?«

Ein Junge, der sehr von Batman begeistert war, antwortete darauf sofort mit »Ja«, und ich bat ihn, dessen Freund zu malen. Es wurde deutlich, dass er selber dieser Freund war. Doch dies war nicht das Entscheidende, sondern das Malen. Etwas sichtbar machen und somit für alle erlebbar machen, ist ein wichtiger Aspekt. Es ist wichtig, sich nicht mit einer Antwort wie »Ja« zufriedenzugeben, sondern sich den Ort zeigen zu lassen, wo der Held wohnt oder schläft. Ist es in der Puppenecke oder dort an der Sprossenwand, wo die Weichbodenmatte liegt? Ja, wie liegt denn der Roboter da, wenn er schläft? Und benötigt er noch eine Decke, also einen sichtbaren und spürbaren Alltagsgegenstand?

Nun machen die Beschreibungen deutlich, dass das keine einfache Intervention ist, die auch durchaus schon in den therapeutischen Bereich geht. Doch mit etwas Übung und der Unterstützung der anderen Kinder, die sich mit hoher Wahrscheinlichkeit mit Vorschlägen und Erweiterungen einbringen, wächst zunehmend eine Sicherheit und Routine. Wir sind ja in diesen Situationen noch nicht im so schwierigen Feld des Konfliktes, sondern in einem Moment, in welchem das Kind noch offener und zugänglicher ist. Es ist also durchaus ein Experimentieren möglich und auf alle Fälle weniger anstrengend als die üblichen Konfliktlösungen, die es natürlich in der ersten Zeit auch weiter geben wird. Wir versuchen das Spiel des Kindes mit Bildern anzureichern, die uns selber vertraut sind und an welche auch die anderen Kinder anschließen können. Die meisten Kinder, die dem Medienkonsum verfallen sind, merken sehr schnell, wie viel positiver dieses Erleben ist, und lassen sich so immer leichter in die uns vertraute imaginäre Welt entführen. Die oben beschriebene Entwicklungsbegleitung muss jedoch von einer Zusammenarbeit mit den Eltern flankiert werden, in der es darum geht, den Medienkonsum stark zu reduzieren und die elementare Bedeutung der Interaktion zu vermitteln.

In dem ersten Gespräch mit den Eltern wird deutlich, dass diese sich zwar Gedanken um die Verhaltensweisen von Moritz machen, der ihnen, so wie sie es ausdrücken, öfters auf der Nase herumtanzt. Doch sie machen nicht den Eindruck, als würden sie einen Zusammenhang zwischen dem häufigen Medienkonsum ihres Sohnes und seinen besonderen Verhaltensweisen sehen. Sie machen eher den Eindruck, als würden sie Moritz' Umgang mit den unterschiedlichsten Medien eher als Kompetenz einstufen. Schließlich kennt er schon nach kurzer Zeit die Passwörter, obwohl sie sich ständig neue geben. Ich möchte diese besondere Kompetenz auch gar nicht leugnen, doch eine solche Spezialisierung geht auf Kosten seiner sozial-emotionalen und körperlichen Reifungsprozesse. Ich bin in diesen Momenten immer wieder überrascht über die Kurzsichtigkeit mancher Eltern, auch wenn umfassende Untersuchungen zeigen, dass die Medienkompetenz vieler Erziehungsberechtigter nicht angemessen ausgebildet ist und einer Sensibilisierung bedarf (vgl. Riedel & Büsching, 2017, S. 6).

In der Dienstbesprechung, die circa zwei Wochen nach der Beratung des Teams stattfindet, erarbeiten wir nach Feststellung der aktuellen Situation einen pädagogischen Handlungsplan.

Das Team beginnt und schildert die momentanen Eindrücke, Erlebnisse und Empfindungen in Bezug auf das Verhalten von Moritz. Eine Kollegin berichtet und die anderen Teammitglieder bestätigen ihre Beschreibungen durch ein zustimmendes Nicken: »Wir sind immer in Habachtstellung, wenn Moritz kommt, und er zieht so viel Aufmerksamkeit auf sich, dass kein Platz mehr für die anderen Kinder bleibt. Hier gibt es auch schon Beschwerden von einzelnen Eltern, die das natürlich auch immer mal wieder mitbekommen!« Im Besonderen werden die gemeinsamen Aktionen wie der Morgenkreis, die Mahlzeiten oder die Vorschulgruppe beschrieben, in denen Moritz jedes Mal den Rahmen sprengt. Dann sagt eine Kollegin: »Entschuldigung, dass ich dies so deutlich sage, doch mir reicht es mit Moritz, er ist so laut und schreit herum!« Worauf eine andere mit den Worten anschließt: »Ich erlebe es als große Entlastung, ja ich bin wirklich froh, wenn er nicht kommt!« Es herrscht für einen Moment Stille und die Kollegin sagt sichtlich betroffen: »Ja so ist es einfach!«

Ich nehme die Aussagen sehr ernst und bedanke mich für die so ehrlichen Worte. Ich nehme noch mal Bezug zu den Schilderungen und sage, dass ich die Anstrengung verstehen kann. Auch das Gefühl, welches sich in der Aussage »ja, ich bin wirklich froh, wenn er nicht kommt« ausdrückt, ist mir aus meiner beruflichen Tätigkeit als Heilpädagoge vertraut, in deren Rahmen ich mit autistischen Kindern gearbeitet habe.

Ich halte dies für einen entscheidenden Moment und bitte die Kolleg*innen, die Augen zu schließen und sich etwas vorzustellen: »Stellt euch vor, ihr als Erzieher*in kommt jeden Tag mit dem Gefühl in diese Kita, alle anderen sind froh, wenn ihr nicht da seid! – Was löst dieses Gefühl in euch aus?«

Es wird uns allen klar, dass dies ein unerträglicher Zustand für jede und jeden im Raum wäre. Aus diesem Eindruck heraus ist es zunächst wieder still, bevor einige Kolleg*innen ein paar positive Beobachtungen der letzten Tagen schildern. »Ich habe in den letzten Tagen auch Momente erlebt, in denen Moritz etwas besser zeigen konnte, wie er mit Anderen spielen kann!«

Im Anschluss gibt es Aussagen und Gedanken, dass dies möglicherweise auf die Reduzierung von Medien durch die Eltern zurückzuführen ist. Er hat auch mehr Ansätze zu echten Rollenspielen gezeigt, die mehr Möglichkeiten der Selbstregulation beinhalten. Im Rollenspiel, welches sich auf Medienbilder bezieht, ist das nicht hinreichend möglich. Darauf sagt eine Kollegin, dass sie ihn im Rollenspielraum darin unterstützt hat, sich als Pirat zu verkleiden, und er daraus sehr klare Ansätze zum Rollenspiel mit anderen Kindern gezeigt hat.

Es ist interessant zu beobachten, welche emotionale Schaukelbewegung das Team in dieser Dienstbesprechung macht. Oft ist es hilfreich, sich durch dieses Wechselbad der Gefühle zu begeben, um sich wieder den empathischen Empfindungen zu nähern. Hier ist es von Bedeutung, allen Gefühlen Raum zu geben und die ausdrückliche Erlaubnis zu erteilen, auch ehrliche unbeliebte Aussagen zu tätigen. Dabei ist es wichtig, sich immer wieder auf unseren eigentlichen Auftrag zu besinnen, der die Entwicklungsbegleitung von Kindern bedeutet und uns klarmacht, dass wir die Veränderungen einleiten müssen, da das Kind mit diesem Schritt überfordert ist.

Es wurden dann folgende Handlungsmöglichkeiten besprochen, um die Situation entspannen zu können:

- Moritz nimmt nicht am gemeinsamen Morgenkreis teil, sondern erhält im Bewegungsraum eine Eins-zu-eins-Situation, die sich in diesem Zeitfenster auch personell organisieren lässt. Hier bekommt Moritz dann die Chance auf einen guten Start in den Tag und eine pädagogische Fachkraft ein Übungsfeld, um sich in der Begleitung zur Hinführung zum Rollenspiel zu üben. Wir sprechen hier auch noch einmal über die Bedeutung der realen Bilder und Gegenstände wie das Krankenhaus und die Decke. In diesem Zusammenhang erscheint es zur Erwirkung einer Stabilisierung zielführend, sich wie oben beschrieben mit Interesse, aber auch mit Worten eine gewisse

Zeit für seine besonderen Themen zu interessieren. Es geht aber vor allem darum, einen positiven Moment zu gestalten.

- In Absprache mit den Eltern nimmt Moritz vorerst auch nicht am Vorschulangebot teil, um auch den anderen Kindern hier einen guten Rahmen bieten zu können. Eine mögliche Teilnahme soll regelmäßig durch Besuche von Moritz in der Gruppe geprüft werden.
- Wir entscheiden uns auch in diesem Fall für eine Staffelstabpädagogik (Wechsel nach 45–90 Minuten). Sie bietet den Vorteil, die positiven Momente besser wahrzunehmen und darauf einzugehen. Weiter entlastet es alle Kolleg*innen, da sie permanent das Gefühl begleitet, die anderen Kinder kämen zu kurz. Diese Maßnahme erfordert Disziplin, wird aber von allen als angenehmer und leichter erlebt als das Gefühl, ständig zu disziplinieren.
- Weiter brauchen die Eltern eine klare Rückmeldung zu den Gründen, dem Einzelangebot oder zur im Raum stehenden Frage, warum die Vorschulgruppe gerade nicht möglich ist. Weiter muss der mögliche Zusammenhang zwischen der vorgenommenen Reduzierung des Medienkonsums und besseren Spielmomenten, die Moritz seitdem zeigt, verdeutlicht werden.
- Das Team nimmt sich vor, mehr auf positive Verhaltensweisen zu achten und diese im Team zu kommunizieren. Das ist wichtig, um sich von einer Problemfixierung zu lösen. Natürlich ist auch Moritz auf Reaktionen zu seinen konstruktiven, kreativen und angemessenen Verhaltensweisen angewiesen, um ein positives Selbstbild zu entwickeln.

In den folgenden Wochen und Monaten hat Moritz mit dieser Unterstützung der pädagogischen Fachkräfte und zwei weiteren Beratungen neue Möglichkeiten gefunden, sich innerhalb des Kindergartens zu zeigen. Er hat sich verändert und das schwierige Verhalten tritt heute nur noch gelegentlich auf. Der Grund für diese einschneidende Entwicklung des Kindes liegt in der Selbstreflexion, der Ressourcenorientierung und der Entwicklungsbegleitung der Erzieher*innen sowie der Zusammenarbeit mit den Eltern. Die pädagogischen Fachkräfte haben sich auf der Grundlage des Erkennens ihrer eigenen Handlungsfähigkeit verändert. Es ist ein Lernen, eine Entwicklung am eigenen Modell nach dem professionellen Leitgedanken: *Ich habe die Kompetenzen und die Kraft, aus mir heraus dem Kind die Unterstützung anzubieten, die es braucht.* Aus dieser Erfahrung heraus können wir mit jedem Kind arbeiten! »Wir zeigen Interesse an seinen Bewegungen, seinen Handlungen und konfrontieren es nicht mit dem, was es nicht kann« (Aucouturier, 1998, S. 20).

8 Fazit: Die Faszination kindlicher Reifungsprozesse

Ich bin fasziniert, auf welche besondere Weise jedes Kind seine eigene Persönlichkeit, seine individuelle Geschichte, sein inneres Bewegtsein zum Ausdruck bringt. Seine individuelle Ausdrucksweise ist Ansatzpunkt für unser pädagogisches Handeln und beinhaltet gleichzeitig die Chance, das Kind zu verstehen. Doch manche Ausdrucks- oder Verhaltensweise trägt durchaus zunächst zur Verunsicherung oder sogar zur Überforderung bei. Wenn es uns jedoch gelingt, genau hinzuschauen, unseren Blick zu weiten und die Perspektive zu wechseln, wird sich unser Wissen um das Kind erweitern. Doch es geht dabei nicht nur um dieses eine Kind, denn neben der Individualität gibt es viele Übereinstimmungen darüber, was Kindheit ausmacht.

So gibt es eine Reihe von Handlungen und Spielen, die kulturunabhängig sind und die alle Kinder weltweit zeigen. So spielen »alle« Kinder auf der Welt Verstecken, um von Anderen gesucht, gefunden und gesehen zu werden. Das Versteckspiel ist ein schönes Beispiel dafür, wie das kindliche Spiel ein existenzielles Bedürfnis des Menschen zum Ausdruck bringt. Wir wollen alle gesehen werden und darum ist es so wichtig, den jeweils anderen – das Kind oder den Erwachsenen – in seiner Art und Weise, sich auszudrücken, zu erkennen und anzuerkennen.

Bei manchen Kindern fällt es uns sehr schwer, ihr Verhalten anzuerkennen, da wir den Sinn nicht erkennen und wir spezifische Verhaltensweisen schnell mit Symptomen belegen. Autistische Kinder zeigen oft bizarres Verhalten und spielen nicht wie andere Verstecken, obwohl sie auch das Bedürfnis haben, in unseren Augen gesehen zu werden. Doch auch in ihrem Verhalten steckt eine Sinnhaftigkeit, die sich an den existenziellen

Bedürfnissen des Menschen orientiert. Es ist sehr spannend, denn autistische Kinder suchen auch kulturübergreifend nach visuellen, akustischen und motorischen Rhythmen, um sich rückzuversichern. Diese Rückversicherung hat den gleichen Sinn wie das rhythmische Wiegen von Eltern, wenn sie ihren Säugling beruhigen. Doch um dieses zu erkennen oder anzuerkennen, müssen wir uns für Momente immer wieder auf eine Reise begeben, bei der das Kind der Reiseleiter ist.

Die Eintrittskarte zu dieser Reise ist das Einlassen auf die spontanen Initiativen des Kindes und das Verstehen seiner Verhaltensweisen. So erscheint mir die Beobachtung von Kindern, welche unterschiedliche Qualitäten hat, eine unserer wichtigsten Handlungsmöglichkeiten im pädagogischen Alltag zu sein, um das Kind verstehen und in seinem individuellen Reifungsprozess begleiten zu können. In der *gezielten* Beobachtung erhalten wir ein komplexeres Bild der Ausdrucksmöglichkeiten des Kindes. In der *spontanen, alltäglichen* Beobachtung folgen wir dem Kind, seinen Bewegungen und Handlungen mit unseren Augen. Wenn dieses Folgen des Kindes auch mit unserer inneren Beteiligung sowie handlungsbegleitenden Worten einhergeht, fühlt sich das Kind gesehen und spürt seine individuelle Kraft durch die Erfahrung der Selbstwirksamkeit.

Inklusion bedeutet, genauer hinzuschauen und Lernen sowie Lernangebote stärker aus der Perspektive des Kindes zu gestalten. Dies erfordert eine Pädagogik in Kindertagesstätten und Schulen, die die individuellen Entwicklungsbedürfnisse des Kindes einschließt. Es braucht Rahmenbedingungen und Konzepte, die diese Haltung vermitteln und ermöglichen. Gerade im Bereich von Kindertagesstätten gibt es an vielen Orten bereits diese innovativen Konzepte, und ich kann ihre Wirksamkeit auf die Entwicklungsprozesse von Kindern beobachten. Auch oder gerade das Kind, das aus dem Rahmen fällt, braucht unser Interesse an seinem Handeln und seinem Sein, damit wir seinem Bedürfnis nach Bildung und sicherer Bindung gerecht werden.

Literatur

Aarts, Maria (2005). Von der Botschaft hinter den Problemen. In Christian Hawellek & Arist von Schlippe (Hrsg.), *Entwicklung unterstützen – Unterstützung entwickeln* (S. 37–55). Göttingen: Vandenhoeck & Ruprecht.

Aarts, Maria (2012). *Marte-Meo Programm für Autismus*. Eindhoven: Marte-Meo International.

Aarts, Maria & Aarts, Josje (2019). *Das Goldene Geschenk*. Eindhoven: AARTS Productions.

Alexander, Andrea (2003). *Team erfolgreich entwickeln und leiten*. Ilmenau: EduMedia.

Aucouturier, Bernard (1982). *Bruno. Bericht über eine Psychomotorische Therapie mit einem zerebral geschädigten Kind*. München & Basel: Ernst Reinhardt.

Aucouturier, Bernard (2002). Über Kinder, die leiden … *Praxis der Psychomotorik, 27*(1), 32–34.

Aucouturier, Bernard (2005). *Der Ansatz Aucouturier – Handlungsfantasmen und psychomotorische Praxis*. Bonn: proiecta.

Aucouturier, Bernard & Lapierre, André (1995 [1978]). Le manque au corp. In Marion Esser, *Beweggründe* (S. 22). München & Basel: Ernst Reinhardt.

Aucouturier, Bernard & Lapierre, André (1998). *Die Symbolik der Bewegung*. München & Basel: Ernst Reinhardt.

Aucouturier, Bernard & Mendel, Gerard (2001). *Was bewegt ein Kind?* Bremen: Ed. Doering.

Ballmann, Anke Elisabeth (2019). *Seelenprügel. Was Kindern in Kitas wirklich passiert und was wir dagegen tun können*. München: Kösel.

Bauer, Joachim (2005). *Warum ich fühle, was du fühlst*. Hamburg: Hoffmann & Campe.

Bauer, Joachim (2008). Das System der Spiegelneurone: Neurobiologisches Korrelat für intuitives Verstehen und Empathie. In Karl Heinz Brisch & Theodor Hellbrügge (Hrsg.), *Der Säugling – Bindung, Neurobiologie und Gene* (S. 117–123). Stuttgart: Klett-Cotta.

Bauer, Joachim (2017). Über die Bedeutung kindlicher Beziehungserfahrungen aus neurobiologischer Sicht. In Renate Zimmer & Ina Hunger (Hrsg.), *Gut*

Starten – Bewegen – Entwicklung – Diversität (S. 20–24). Schondorf: Hofmann.

Beck, Henning (2020). *Das Neue Lernen heißt Verstehen*. Berlin: Ullstein.

Becker, Uwe (2015). *Die Inklusionslüge*. Bielefeld: transcript.

Boeckh, Albrecht (2008). *Methodenintegrative Supervision*. Stuttgart: Klett-Cotta.

Bönsch, Manfred (2017). *Starke Schüler durch starke Pädagogik. Individuell, gemeinsam und differenziert zum Lernerfolg*. Braunschweig: Westermann.

Brazelton, Berry T. (2008). Der kompetente Säugling – sein mächtiger Einfluß auf die Eltern-Kind-Bindung. In Karl Heinz Brisch & Theodor Hellbrügge (Hrsg.), *Der Säugling – Bindung, Neurobiologie und Gene* (S. 207–224). Stuttgart: Klett-Cotta.

Brisch, Karl Heinz & Hellbrügge, Theodor (Hrsg.). (2008). *Der Säugling – Bindung, Neurobiologie und Gene*. Stuttgart: Klett-Cotta.

Bünder, Peter, Sirringhaus-Bünder, Annegret & Helfer, Angela (2009). *Lehrbuch der Marte-Meo-Methode*. Göttingen: Vandenhoeck & Ruprecht.

Burgdorf-Schulz, Jutta & Ziegler, Julia (2019). *Der positive Blick. Unsere pädagogische Arbeit nach dem Early Excellence-Ansatz*. Pestalozzi Fröbel Haus Berlin.

Cantzler, Anja (2021). Biografische Selbstreflexion als Basis einer professionellen Haltung. *KiTa aktuell spezial, 2*, 47–49.

Clearingstelle Medienkompetenz (2021). KIM-Studie 2020: Kindheit, Internet, Medien. https://medienkompetenz.katholisch.de/kim-studie-2020-kindheit-internet-medien/ (01.04.2022).

DAK-Gesundheit (Hrsg.). (2020). Mediensucht 2020 – Gaming und Social Media in Zeiten von Corona. DAK-Längsschnittstudie: Befragung von Kindern, Jugendlichen (12–17 Jahre) und deren Eltern. Hamburg. file:///Users/vogt/Downloads/dak-studie-gaming-social-media-und-corona-2296434.pdf (01.04.2022).

Davis, Madeleine & Wallbridge, David (2007). *Einführung in das Werk von D. W. Winnicott*. Frankfurt am Main: Dietmar Klotz.

Dornes, Martin (2004). *Der kompetente Säugling. Die präventive Entwicklung des Menschen*. Frankfurt am Main: Fischer Taschenbuch.

Dornes, Martin (2007). *Die emotionale Welt des Kindes*. Frankfurt am Main: Fischer Taschenbuch.

Dornes, Martin (2010). *Die Seele des Kindes*. Frankfurt am Main: Fischer Taschenbuch.

Dreikurs, Rudolf & Soltz, Vicki (2008). *Kinder fordern uns heraus. Wie erziehen wir sie zeitgemäß?* Stuttgart: Klett-Cotta.

Ebring, Saskia (2014). Systemische Beratung als Hilfe bei unprofessionellen Kommunikationsverhalten von Lehrkräften. In Annedore Prengel & Ursula Winklhofer (Hrsg.), *Kinderrechte in pädagogischen Beziehungen. Band 1* (S. 235–242). Opladen, Berlin & Toronto: Barbara Budrich.

Esser, Marion (1995). *Beweg-Gründe*. München & Basel: Ernst Reinhardt.

Esser, Marion (2009). *Beziehungen wagen – Mit Körper und Bewegung (psycho)therapeutisch arbeiten*. Bonn: proiecta.

Fried, Lilian (2013). Die Qualität der Interaktion zwischen frühpädagogischen Fachkräften und Kindern – Ausprägungen, Mederatorvariablen und Wirkungen am Beispiel DO-RESI. In Klaus Fröhlich-Gildhoff, Iris Nentwig-Gesemann, Anke König, Ursula Stenger & Dörte Weltzien (Hrsg.), *Forschung in der Frühpädagogik VI Band 12* (S. 35–58). FEL Verlag Forschung – Entwicklung – Lehre Five – Forschungs- und Innovationsverbund an der Evangelischen Hochschule Freiburg e. V.

Friedrich, Tina & Schelle, Regine (2017). Professionalisierung frühpädagogischer Fachkräfte Inklusion. In Andrea Platte & Donja Amirpur (Hrsg.), *Handbuch Inklusive Kindheiten* (S. 383–399). Stuttgart: UTB.

Gebauer, Karl (1999). *Ich habe sie ja nur leicht gewürgt. Mit Schulkindern über Gewalt reden*. Stuttgart: Klett-Cotta.

Gebauer, Karl (2007). *Klug wird niemand von allein. Kinder fördern durch Liebe*. Düsseldorf: Patmos.

Gebauer, Karl & Hüther, Gerald (2004). *Kinder brauchen Wurzeln*. Düsseldorf & Zürich: Patmos.

Haddon, Mark (2003). *Supergute Tage oder die sonderbare Welt der Christopher Boone*. München: Karl Blessing.

Hansen, Rüdiger, Knauer, Raingard & Sturzenhecker, Benedikt (2015). *Partizipation in Kindertageseinrichtungen*. Weimar & Berlin: Verlag das Netz.

Hauch-Schnabel, Gabriele & Bensel, Joachim (2017). *Grundlagen der Entwicklungspsychologie. Die ersten 10 Lebensjahre*. Freiburg: Herder.

Hawellek, Christian (2005). Ein-Sichten – Marte-Meo in der Erziehungs- und Familienberatung. In Christian Hawellek & Arist von Schlippe (Hrsg.), *Entwicklung unterstützen – Unterstützung entwickeln* (S. 56–72). Göttingen: Vandenhoeck & Ruprecht.

Hawellek, Christian & Meyer zu Gellenbeck, Kai (2005). Die Kunst der kleinen Schritte. In Christian Hawellek & Arist von Schlippe (Hrsg.), *Entwicklung unterstützen – Unterstützung entwickeln* (S. 75–85). Göttingen: Vandenhoeck & Ruprecht.

Hawellek, Christian & von Schlippe, Arist (Hrsg.). (2005). *Entwicklung unterstützen – Unterstützung entwickeln*. Göttingen: Vandenhoeck & Ruprecht.

Hein, David (2020). Horizont Kinder Medien Monitor 2020. So überraschend klassisch ist die Mediennutzung von Kindern. https://www.horizont.net/medien/nachrichten/kinder-medien-monitor-2020-kinder-nutzen-medien-noch-weitgehend-klassisch-184552 (01.04.2022).

Hellbrügge, Theodor (2008). Vom Dauerschlafen zum kompetenten Menschling. In Karl Heinz Brisch & Theodor Hellbrügge (Hrsg.), *Der Säugling – Bindung, Neurobiologie und Gene* (S. 12–28). Stuttgart: Klett-Cotta.

Herrmann, Karsten & Sauerhering, Meike (2019). Fest auf eigenem (Werte-)Grund stehen und offen sein für Neues. In Peter Cloos, Edita Jung & Annedore Prengel (Hrsg.), *Inklusive Haltung und Beziehungsgestaltung. Kompetenter Umgang mit Vielfalt in der KiTa* (S. 15–24). Freiburg, Basel & Wien: Herder.

Hildebrandt, Frauke, Scheidt, Alexander, Hildebrandt, Andrea, Hedervari-Heller, Eva & Dreier, Annette (2016). Sustained shared thinking als Interaktionsmodell und das Sprachverhalten von Kindern. *Frühe Bildung, 5*(2), 82–90.

Hobson, Peter (2003). *Wie wir denken lernen*. Düsseldorf & Zürich: Walter.

Hüther, Gerald (2004). Die Bedeutung emotionaler Sicherheit für die Entwicklung des kindlichen Gehirns. In Karl Gebauer & Gerald Hüther (Hrsg.), *Kinder brauchen Wurzeln* (S. 15–34). Düsseldorf & Zürich: Patmos.

Juul, Jasper (2012). *Grenzen, Nähe, Respekt. Auf dem Weg zur kompetenten Eltern-Kind-Beziehung*. Reinbek: Rowohlt Taschenbuch.

Juul, Jasper (2014). *Aggression*. Frankfurt am Main: Fischer Taschenbuch.

Kalicki, Bernhardt (2014). Kindliche Entwicklung und die Bedeutung pädagogischer Beziehungen. In Annedore Prengel & Ursula Winklhofer (Hrsg.), *Kinderrechte in pädagogischen Beziehungen, Band 1: Praxiszugänge* (S. 47–56). Opladen, Berlin & Toronto: Barbara Budrich.

Katzenbach, Jon R. & Smith, Douglas K. (1993). *Teams. Der Schlüssel zur Hochleistungsorganisation*. Wien: Ueberreuter.

Kermit, Patrick (2011). Inklusion und Anerkennung – hermeneutische Analyse einer Szene. In Max Kreuzer & Borgunn Ytterhus (Hrsg.), *»Dabei sein ist nicht alles«* (S. 153–163). München & Basel: Ernst Reinhardt.

Klein, Ferdinand (2010). *Inklusive Erziehungs- und Bildungsarbeit*. Troisdorf: Bildungsverlag 1.

Klemm, Ruth-Etienne (2003). *Die Kraft der inneren Bilder. Entstehung, Ausdruck und therapeutisches Potential*. Basel: Schawabe & CO AG.

Kokemoor, Klaus (2005). Die Psychomotorische Praxis Aucouturier mit autistischen Kindern. *autismus. Zeitschrift des Bundesverband des autismus Deutschland e.V.*, 20–26.

Kokemoor, Klaus (2011). Was bewegt das autistische Kind? In Marion Esser (Hrsg.), *Psychische Reife fördern – Psychomotorische Praxis Aucouturier in verschiedenen Arbeitsfeldern* (S. 87–118). Bonn: proiecta.

Kokemoor, Klaus (2014). Videogestützte Beratung als wirksame Unterstützung bei Erziehungsschwierigkeiten. In Annedore Prengel & Ursula Winklhofer (Hrsg.), *Kinderrechte in pädagogischen Beziehungen, Band 1: Praxiszugänge* (S. 151–164). Opladen, Berlin & Toronto: Barbara Budrich.

Kokemoor, Klaus (2016a). *Autismus neu verstehen – Begegnung mit einer anderen Kultur*. Munderfing: Fischer & Gann.

Kokemoor, Klaus (2016b). Autismus neu verstehen und früher erkennen. *Wirtschaftsmagazin für den Nervenarzt, 5, 33–35.*

Kokemoor, Klaus (2017). Inklusion und die Bedeutung der eigenen Kraft. In Andrea Platte & Donja Amirpur (Hrsg.), *Handbuch Inklusive Kindheiten* (S. 381–396). Stuttgart: UTB.

Kokemoor, Klaus (2018). *Das Kind, das aus dem Rahmen fällt. Wie Inklusion von Kindern mit besonderen Verhaltensweisen gelingt*. Munderfing: Fischer & Gann.

Kokemoor, Klaus (2019a). Sternstunden der inklusiven Beratung. Über den Umgang mit Kindern mit besonderen Verhaltensweisen. In Peter Cloos, Edita Jung & Annedore Prengel (Hrsg.), *Inklusive Haltung und Beziehungsgestaltung. Kompetenter Umgang mit Vielfalt in der KiTa* (S. 81–91). Freiburg, Basel & Wien: Herder.

Kokemoor, Klaus (2019b). Inklusive Bildung – multiprofessionelle Teamarbeit zum Erfolg führen. *KiTa aktuell spezial, 4*, 141.

Krappmann, Lothar (2014). Vorwort: Die Qualität pädagogischer Beziehungen, gegründet in den Rechten der Kinder. In Annedore Prengel & Ursula Winklhofer (Hrsg.), *Kinderrechte in pädagogischen Beziehungen, Band 2: Forschungszugänge* (S. 11–16). Opladen, Berlin & Toronto: Barbara Budrich.

Krenz, Armin (2002). Teamarbeit als Voraussetzung für eine qualitätsgeprägte Elementarpädagogik. *Das Kita Handbuch WWD, 76*, 28–29.

Kreuzer, Max & Ytterhus, Borgunn (2011). *»Dabeisein ist nicht alles«*. München & Basel: Ernst Reinhardt.

Maywald, Jörg (2017). Das Kind als Träger eigener Rechte: Vorgaben der UN-Kinderrechtskonvention. In Andrea Platte & Donja Amirpur (Hrsg.), *Handbuch Inklusive Kindheiten* (S. 321–335). Stuttgart: UTB.

Maywald, Jörg (2020). Fehlverhalten und Gewalt durch pädagogische Fachkräfte in Kitas. Warum Wegsehen, Verschweigen und Banalisieren nicht weiterhelfen. *frühe Kindheit*, (1), 24–31. https://www.erzieherin.de/files/editorials/fK_0120_Art_J%C3%B6rg%20Maywald.pdf (01.04.2022).

Medienpädagogischer Forschungsverbund Südwest (mpfs) (Hrsg.). (2014). miniKIM 2014. Kleinkinder und Medien Basisuntersuchung zum Medienumgang 2- bis 5-Jähriger in Deutschland. https://www.mpfs.de/fileadmin/files/Studien/miniKIM/2014/Studie/miniKIM_Studie_2014.pdf (01.04.2022).

Omer, Haim & von Schlippe, Arist (2017). *Autorität ohne Gewalt. Coaching für Eltern von Kindern mit Verhaltensproblemen*. Göttingen: Vandenhoeck & Ruprecht.

Piaget, Jean & Inhelder, Bärbel (1996). *Die Psychologie des Kindes*. Stuttgart: Klett-Cotta.

Pianta, Robert C. (2014). Analysen und Interventionen zur Verbesserung der Lehrer-Schüler-Beziehungen. In Annedore Prengel & Ursula Winklhofer (Hrsg.), *Kinderrechte in pädagogischen Beziehungen, Band 2: Forschungszugänge* (S. 127–142). Opladen, Berlin & Toronto: Barbara Budrich.

Plath, Maike (2015). *Spielend unterrichten und Kommunikation gestalten*. Weinheim & Basel: Beltz.

Platte, Andrea & Amirpur, Donja (Hrsg.). (2017). *Handbuch Inklusive Kindheiten*. Stuttgart: UTB.

Prengel, Annedore (2013). *Pädagogische Beziehungen zwischen Anerkennung, Verletzung und Ambivalenz*. Opladen, Berlin & Toronto: Barbara Budrich.

Prengel, Annedore & Winklhofer, Ursula (Hrsg.). (2014a). *Kinderrechte in pädagogischen Beziehungen, Band 1: Praxiszugänge*. Opladen, Berlin & Toronto: Barbara Budrich.

Prengel, Annedore & Winklhofer, Ursula (Hrsg.). (2014b). *Kinderrechte in pädagogischen Beziehungen, Band 2: Forschungszugänge*. Opladen, Berlin & Toronto: Barbara Budrich.

Riedel, Rainer & Büsching, Uwe (2017). BLIKK-Medien – Kinder und Jugendliche im Umgang mit elektronischen Medien. https://www.bundesgesundheitsminis

terium.de/fileadmin/Dateien/5_Publikationen/Praevention/Berichte/Abschlussbericht_BLIKK_Medien.pdf (01.04.2022).

Rogers, Carl R. (1976). *Entwicklung der Persönlichkeit*. Stuttgart: Ernst Klett.

Rosenberg, Marshall B. (2007). *Erziehung, die das Leben bereichert. Gewaltfreie Kommunikation im Schulalltag*. Paderborn: Junfermann.

Sauerhering, Meike & Kiso, Carolin (2019). »Man muss auch aushalten können …« Haltung und Selbstkompetenz als Ansatz zum Umgang mit den Herausforderungen inklusiver Bildung und Erziehung?! In Peter Cloos, Edita Jung & Annedore Prengel (Hrsg.), *Inklusive Haltung und Beziehungsgestaltung. Kompetenter Umgang mit Vielfalt in der KiTa* (S. 25–34). Freiburg, Basel & Wien: Herder.

Schäfer, Susanne (1997). *Sterne, Äpfel und rundes Glas*. Stuttgart: Freies Geistesleben & Urachhaus.

Schiller, Friedrich von (1795). Ueber die ästhetische Erziehung des Menschen. [2. Teil; 10. bis 16. Brief.] In ders. (Hrsg.), *Die Horen, 2. Stück* (S. 45–124). Tübingen: Deutsches Textarchiv.

Schmidt, Thilo & Smidt, Wilfried (2015). Wir werden Kinder im Kindergartenalter am besten gefördert? Orientierung frühpädagogischer Fachkräfte im Spannungsfeld zwischen Selbstbildung und Instruktion. *Empirische Pädagogik, 29*(3), 393–414. https://www.researchgate.net/profile/Wilfried-Smidt/publication/286331575_Wie_werden_Kinder_im_Kindergarten_am_besten_gefordert_Orientierungen_fruhpadagogischer_Fachkrafte_im_Spannungsfeld_zwischen_Selbstbildung_und_Instruktion_Erschienen_in_Empirische_Padagogik/links/5a76afc8aca2722e4def575b/Wie-werden-Kinder-im-Kindergarten-am-besten-gefoerdert-Orientierungen-fruehpaedagogischer-Fachkraefte-im-Spannungsfeld-zwischen-Selbstbildung-und-Instruktion-Erschienen-in-Empirische-Paedagogik.pdf (01.04.2022).

Schulte-Markwort, Michael (2019). *Familienjahre – Wie unser Leben mit Kindern gelingt*. München: Droemer.

Sollied, Sissel (2011). Der Kindergarten eine inkludierende Arena für Kinder mit multiplen Behinderungen und Kommunikationsschwierigkeiten? In Max Kreuzer & Borgunn Ytterhus (Hrsg.), *»Dabei sein ist nicht alles«* (S. 264–282). München & Basel: Ernst Reinhardt.

Spitzer, Manfred (2012). *Digitale Demenz. Wie wir unsere Kinder um den Verstand bringen*. München: Droemer.

Stern, Daniel N. (1998). *Die Lebenserfahrung des Säuglings*. Stuttgart: Klett-Cotta.

Strasser, Susanne (2011). *Die gluten- und kaseinfreie Ernährung für Menschen mit Autismus, ADS/ADHS und Allergien*. Graz, Österreich: JP.

Tammet, Daniel (2008). *Elf ist freundlich und fünf ist laut*. Düsseldorf: Patmos.

Thunig, Klaus & Knauth, Peter (2000). Erfolgsfaktoren für die Zielerreichung von Fertigungsteams. *Arbeit, 9*(1), 22–39.

Tomasello, Michael (2002). *Die kulturelle Entwicklung des menschlichen Denkens*. Frankfurt am Main: Suhrkamp.

Trautmann-Voigt, Sabine & Voigt, Bernd (Hrsg.). (1998). *Bewegung ins Unbewußte*. Frankfurt am Main: Brandes & Apsel.

Urban, Martin (2002). Die unheimliche Macht der Bilder. *Spektrum der Wissenschaft, 4,* 106.

Voigt, Bernd & Trautman-Voigt, Sabine (1998). Zur Rezeption Lichtenbergs und Sterns: Das Unbewußte in der Sprache der Bewegung. In Sabine Trautmann-Voigt & Bernd Voigt (Hrsg.), *Bewegung ins Unbewußte* (S. 43–72). Frankfurt am Main: Brandes & Apsel.

von Lüpke, Hans (1997). Das Spiel mit der Identität als lebenslanger Entwicklungsprozeß. In Hans von Lüpke & Reinhard Voß (Hrsg.), *Entwicklung im Netzwerk* (S. 82–93). Pfaffenweiler: Centaurus.

von Lüpke, Hans & Voß, Reinhard (Hrsg.). (1997). *Entwicklung im Netzwerk.* Pfaffenweiler: Centaurus.

von Schlippe, Arist (2009). Vorwort. In Peter Bünder, Annegret Sirringhaus-Bünder & Angela Helfer (2009), *Lehrbuch der Marte-Meo-Methode* (S. 11–12). Göttingen: Vandenhoeck & Ruprecht.

von Schlippe, Arist & Hawellek, Christian (2005). Entwicklung unterstützen und Unterstützung entwickeln. In dies. (Hrsg.), *Entwicklung unterstützen und Unterstützung entwickeln* (S. 17–34). Göttingen: Vandenhoeck & Ruprecht.

Voß, Reinhard (1997). Der andere Weg. Perspektiven interprofessioneller Verständigung und Zusammenarbeit. In Hans von Lüpke & Reinhard Voß (Hrsg.), *Entwicklung im Netzwerk* (S. 41–56). Pfaffenweiler: Centaurus.

Wallbridge, David & Davis, Madeleine (2007). *Eine Einführung in das Werk von D. W. Winnicott.* Frankfurt am Main: Dietmar Klotz.

Weltzien, Dörte (2013). Erfassung von Interaktionsgelegenheiten im Alltag – erste Ergebnisse der Entwicklung und Überprüfung des Beobachtungsverfahrens GInA. In Klaus Fröhlich-Gildhoff, Iris Nentwig-Gesemann, Anke König, Ursula Stenger & Dörte Weltzien (Hrsg.), *Forschung in der Frühpädagogik VI, Band 12* (S. 59–86). FEL Verlag Forschung – Entwicklung – Lehre Five – Forschungs- und Innovationsverbund an der Evangelischen Hochschule Freiburg e. V.

Welzer, Harald (2019). *Alles könnte anders sein.* Frankfurt am Main: Fischer.

Wildgruber, Andreas, Wirts, Claudia & Wertfein, Monika (2014). Interaktionsqualität in Kindertageseinrichtungen in Deutschland – Forschung mit dem »Classroom Assessment Scoring System«. In Annedore Prengel & Ursula Winklhofer (Hrsg.), *Kinderrechte in pädagogischen Beziehungen, Band 2: Forschungszugänge* (S. 183–194). Opladen, Berlin & Toronto: Barbara Budrich.

Winklhofer, Ursula (2014). Partizipation und die Qualität pädagogischer Beziehung. In Annedore Prengel & Ursula Winklhofer (Hrsg.), *Kinderrechte in pädagogischen Beziehungen, Band 1: Praxiszugänge* (S. 57–70). Opladen, Berlin & Toronto: Barbara Budrich.

Ziegenhain, Ute & Fegert, Jörg (2014). Zur alltäglichen und biografischen Bedeutung der Qualität pädagogischer Beziehungen. In Annedore Prengel & Ursula Winklhofer (Hrsg.), *Kinderrechte in pädagogischen Beziehungen, Band 1: Praxiszugänge* (S. 33–45). Opladen, Berlin & Toronto: Barbara Budrich.

Zollinger, Barbara (1999). *Die Entdeckung der Sprache.* Bern, Stuttgart & Wien: Paul Haupt.

Glossar

Affektives Erleben: gefühlsbetontes Erleben

Neurobiologisches System: der Aufbau des Nervensystems mit seinen Neuronen und anderen Zelltypen

Protagonist*innen: Mit Protagonist*innen sind im klassischen Sinne die zentralen Personen einer Geschichte oder eines Theaterstückes gemeint. In dem vorliegenden Text wird der Begriff auch aus Gründen der besseren Lesbarkeit gewählt, um nicht wiederholt die handelnden Personen eines Fallbeispiels aufzählen zu müssen.

Review: In einer Videoberatung lässt man eine Szene/Situation gemeinsam mit den Ratsuchenden Revue passieren.

Sensomotorik: das Zusammenspiel von sensorischem und motorischem Erleben

Spiegelneuronen: Die Spiegelneuronen befinden sich im Frontalhirn und sind verantwortlich für das Mitgefühl sowie das Erkennen und Wiedererkennen von Hand-Objekt-Interaktionen. Sie bieten auch eine Grundlage für Imitation.

Tonus: Spannungszustand der Muskulatur

Tonisch-emotionales Erleben: Bernard Aucouturier wählt diesen Begriff in Anlehnung an Henri Wallon, der den Zusammenhang von Muskelspannung/Tonus und Emotionen beschrieben hat: Mit jedem tonischen Verhalten gehe eine Emotion einher – und umgekehrt. Dieses tonisch-emotionale Verhalten des Menschen löst wiederum beim Gegenüber ein tonisch-emotionales Erleben und somit auch Verhalten aus. Ein Dialog oder wechselseitiger Austausch entsteht, der nicht über Worte, sondern den Körper und den Gefühlsausdruck vermittelt wird.

Psychosozial-Verlag

Thomas Harms

Keine Angst vor Babytränen

Wie Sie durch Achtsamkeit das Weinen Ihres Babys sicher begleiten. Das Elternbuch

2019 · 184 Seiten · Broschur
ISBN 978-3-8379-2891-4

Durchatmen statt durchdrehen! Emotionelle Erste Hilfe für Eltern mit schreienden Kindern

Extra: Kostenlose Körper- und Achtsamkeitsübungen als Audiodatei zum Herunterladen

Der Babytherapeut Thomas Harms erklärt verständlich und fundiert, warum Babys weinen und wie Eltern die Gefühle ihrer Babys sicher und erfolgreich regulieren können. Hieß es früher noch, stundenlanges Schreien kräftige die Lungen und habe eine gesundheitsfördernde Wirkung, wissen TherapeutInnen heute, dass Babys sich nur dann sicher fühlen, wenn sie mit all ihren Gefühlen gespiegelt und wahrgenommen werden. Das Babyschreien enthält eine Botschaft an die Umwelt, die es zu entschlüsseln gilt. Doch das Schreien stellt Eltern vor größte emotionale Herausforderungen und kann im Alltag zu Stress und Unsicherheit führen.

Aktuelle Forschungsergebnisse zeigen, dass Eltern ihre Säuglinge besser verstehen und begleiten können, wenn sie mit den Gefühlen und Empfindungen ihres Körpers verbunden bleiben. Körper- und Achtsamkeitsübungen, die als Audiodatei heruntergeladen werden können, unterstützen Eltern dabei, eine achtsame Selbstbeobachtung und die richtige Bauchatmung zu lernen sowie die inneren Ressourcen zu stärken. So können sie die Tränen und Bedürfnisse ihres Babys besser wahrnehmen, verstehen und hinreichend beantworten.

Walltorstr. 10 · 35390 Gießen · Tel. 0641-969978-18 · Fax 0641-969978-19
bestellung@psychosozial-verlag.de · www.psychosozial-verlag.de

Evelin Kirkilionis

Ein Baby will getragen sein

Alles über das Tragen und seine Vorteile

2022 · 214 Seiten · Broschur
ISBN 978-3-8379-3143-3

- **Der Klassiker ist zurück – komplett überarbeitet und in neuem Layout**
- **Mit praktischen Schritt-für-Schritt-Fotoanleitungen zu verschiedenen Bindetechniken**

Was gibt es Schöneres für Babys als Nähe und Körperkontakt? Von den Eltern gehalten und getragen zu werden, gehört zu den Grundbedürfnissen eines Kindes und fördert sowohl eine sichere Bindung als auch eine gesunde Entwicklung. Eltern profitieren ebenso von der Nähe, durch die sie intuitiv auf die kindlichen Bedürfnisse eingehen und diese mit viel Sensibilität beantworten können.

Evelin Kirkilionis zeigt, warum das Tragen aus verhaltensbiologischer, stammesgeschichtlicher und entwicklungspsychologischer Sicht gerade im Säuglingsalter so wichtig ist und wie durch das richtige Tragen Hüftdysplasie und auch dem Schiefkopf vorgebeugt werden kann. Sie erklärt, worauf es beim Kauf einer Tragehilfe ankommt und was es bei der Nutzung zu beachten gibt. Mithilfe von Fotoanleitungen lernen Eltern für die wichtigsten Bindevarianten Schritt für Schritt die richtige Anwendung eines Tragetuches.

Walltorstr. 10 · 35390 Gießen · Tel. 0641-969978-18 · Fax 0641-969978-19
bestellung@psychosozial-verlag.de · www.psychosozial-verlag.de